7 Plonches double Pages

I0023866

MANUEL.

DÉPOSÉ.

MANUEL

DES

RECONNAISSANCES

MILITAIRES.

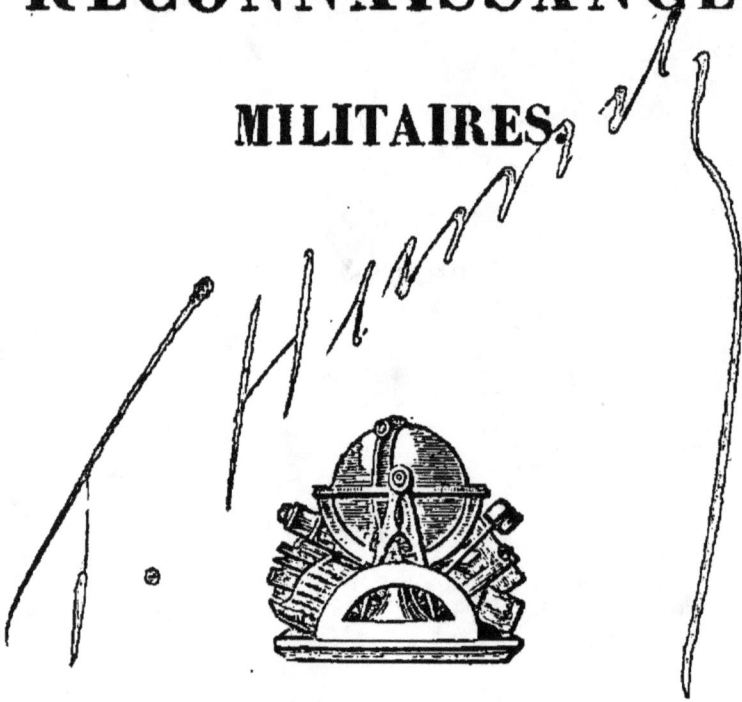

GAND,

VANDERHAEGHE-MAYA, LIBRAIRE-ÉDITEUR,

Rue de Brabant, n.º 12.

1845.

AVERTISSEMENT.

L'Éditeur du *Manuel* a fait tout ce qui était possible pour rendre ce petit livre digne d'être présenté à MM. les officiers de l'armée. Il a cherché à réunir dans ce cadre étroit l'abrégé d'un cours de reconnaissances militaires, et les documents les plus essentiels à l'exécution, sur le terrain, des travaux de ce genre.

Le Manuel est divisé en cinq parties.

La *première* est relative à la description du terrain. On y a traité successivement des objets qui couvrent la surface de la terre et peuvent influer sur les opérations des armées. A l'Agenda donné d'abord par Gassendi dans son *Aide-Mémoire d'Artillerie*, et par la Roche-Aymon dans son *Introduction à l'art de la Guerre*, on a ajouté des notes et des dissertations nombreuses capables de familiariser le lecteur avec les propriétés du terrain dont ces auteurs et tous ceux qui les ont copiés ne donnaient que la *nomenclature*. Sous ce rapport, cette première partie constitue un travail neuf. On y trouvera également les documents nécessaires au tracé des *itinéraires* et des *tableaux statistiques*. On y a insisté, surtout, sur l'obligation de considérer les éléments de la géologie comme le guide le plus certain pour l'étude des formes de la surface de la terre.

La *seconde* partie, traite des *positions*, des *camps*, des *postes de guerre*, des *reconnaissances armées*, des *marches*, enfin de la valeur militaire des différents objets dont on avait étudié les formes, d'une manière absolue, dans la première partie.

La *troisième* partie s'occupe des levés de plans en campagne. On y a réuni des méthodes simples et faciles, n'exigeant, pour être employées, que la connaissance des premières notions de la géométrie et qui suffisent aux levés dont les officiers d'infanterie et de cavalerie peuvent être chargés en campagne. On y préconise principalement l'équerre à miroir comme un instrument propre non-seulement à ces levés, mais encore aux tracés des lignes de manœuvres, des camps, et des ouvrages de fortification passagère.

La *quatrième* partie, renferme les renseignements nécessaires à la rédaction des *mémoires* des reconnaissances, et à la confection du canevas des levés topographiques. Elle donne la table générale des matières que doivent contenir les rapports des officiers de l'état-major de France, et l'ordre dans lequel ces matières doivent être présentées.

Enfin la *cinquième* partie contient des *formules* de mathématiques, des *données* d'expérience, et l'ouvrage se termine par un petit traité d'*hygiène* dû à la plume de M. De Caisne, médecin du 4.ᵉ régiment de ligne.

Tel est l'ensemble du Manuel. Dès l'abord, il ne devait former qu'un volume d'une étendue médiocre, du caractère et de la justification de cet avertissement ; mais l'accueil flatteur que MM. les officiers ont daigné faire à l'annonce de l'ouvrage, a mis l'Éditeur dans l'obligation de ne rien négliger pour reconnaître cette bienveillance, et il s'est trouvé dans la nécessité, pour ne pas augmenter outre mesure les dimensions du volume, d'adopter un caractère plus petit, en premier lieu pour les notes, puis pour le texte lui-même. Malgré cette augmentation, le prix du Manuel reste le même pour MM. les premiers souscripteurs, mais l'Éditeur se voit forcé de l'augmenter pour ceux qui l'acquerreront à l'avenir.

MM. les officiers voudront bien juger le Manuel avec la plus grande indulgence; ils devront le considérer comme l'*essai* abrégé d'un livre qui manque à la librairie militaire. « La géographie militaire, a dit Jomini, manque de traités élémentaires, et reste encore à développer »; et l'Éditeur aura atteint son but s'il attire vers cette lacune les yeux de quelque savant officier. L'étude de la géographie militaire doit précéder celles de la tactique appliquée au terrain, et surtout de la stratégie; si on ne la possède pas à fond, on peut dire, sans craindre d'être démenti, que la stratégie surtout est inintelligible, et que les cours que l'on peut suivre à ce sujet ne porteront pas de fruits.

La précipitation apportée dans l'impression a été cause que des fautes ont échappé aux correcteurs; il est nécessaire de corriger celles qu'indique l'errata.

ADDITIONS.

—

Page 176, après la ligne 12, ajoutez :

Dans les camps baraqués, la profondeur des baraques du petit état-major et des officiers n'entre pas comme élément dans les dimensions du camp. Le derrière de ces baraques, quelle que soit leur grandeur, se met dans l'alignement des tracés 7, 9, 11 et 13 du n.° 283, et 5, 7 du n.° 292.

Page 245, après la ligne 18, ajoutez :

Entre les escadrons en colonne serrée, 12 mètres.

Dans l'ordre par pelotons ou par divisions, la profondeur de la colonne est égale à la ligne de bataille tenue par la troupe.

Faute essentielle à corriger.

Une erreur de calcul a amené une faute qu'il est essentiel de corriger avec soin, page 176, ligne 34, au lieu de 30 mètres, lisez 21m,50 ; ligne 35, au lieu de 135 mètres, lisez 160 mètres ; et page 177, substituez aux chiffres de la première ligne ceux qui suivent très-faciles à retenir 15 — 5 — 25 — 5 — 15 — 30 — 15 — 5 — 25 — 5 — 15.

ERRATA.

Page 25, ligne 37, au lieu de : habitué avec, *lisez* : habitué à.

»	33,	»	23,	»	des cours est,	»	des cours d'eau est.
»	31,	»	7,	»	approximatifs,	»	approximatives.
»	45,	»	23,	»	a causé	»	ont causé.
»	52,	»	20,	»	Le gué	»	Les gués.
»	93,	»	13,	»	aux source	»	aux sources.
»	97,	»	1,	»	qùi montre	»	qui ne montre.
»	129,	»	13,	»	ouverte, et l'é-cluse intérieure fermée	»	fermée et l'é-cluse inté-rieure ouverte
»	130,	»	9,	»	elle-même	»	lui-même.
»	135,	»	19,	»	à gauche	»	à droite.
»	247,	»	5,	»	9,000 à 1,000	»	900 à 1000.
»	250,	»	27,	»	suffira	»	suffiront.
»	273,	»	14,	»	YZ	»	YC.

INTRODUCTION.

DE LA NÉCESSITÉ DES RECONNAISSANCES MILITAIRES,
Par le général VALLONGUE.

EXEMPLES TIRÉS DES GUERRES DE L'ANTIQUITÉ.

La connaissance du terrain, dit Guibert, était peu importante pour les anciens : leur ordre serré et profond, l'infanterie brave et bien armée, n'exigeaient point de position; ils cherchaient des plaines où les manœuvres décidaient de tout. L'infanterie dégénérant, les armes de trait prenant de l'extension, on en vint aux positions, aux obstacles naturels.

Cette opinion de l'un des hommes qui ont le mieux et le plus judicieusement écrit sur la guerre, est une nouvelle preuve de la difficulté qu'il y a à se défendre d'une certaine partialité en faveur de l'idée dominante dont on s'est long-temps occupé. Guibert, faisant un excellent ouvrage sur la tactique, a dû la ranger en première ligne parmi les connaissances nécessaires à l'officier; et cette prééminence, fondée sous plusieurs rapports, a diminué à ses yeux l'importance de quelques autres objets d'étude, tels que la manière de voir, de juger et de rapporter le terrain.

Cependant il regarde comme un talent précieux celui de bien reconnaître un pays; il convient qu'il est fondé sur une théorie; et il cite Philopœmen, qui n'étudiait la tactique que sur le terrain, et ne jugeait du mérite d'une manœuvre que par sa convenance avec les lieux et les circonstances où l'on devait l'exécuter. C'est, à peu de chose près, l'exemple qu'il propose; et nous sommes d'accord avec lui, quand il conclut que c'est le vrai moyen de développer cet instinct sublime qui fait les grands hommes de guerre, ce coup-d'œil qui, prompt comme la pensée, donne aux grands corps d'une armée le mouvement et la direction les plus utiles, selon le terrain et la position de l'ennemi.

Peut-être que nos armées plus nombreuses et plus étendues, leurs armes de jet avec plus d'effet et plus de portée, leur transport et leur site soumis à des conditions plus multipliées, font qu'occupant plus de terrain, nous avons plus d'intérêt à le bien connaître, parce que sur une plus grande surface, il offre plus d'accidens utiles ou dangereux. Mais cet intérêt n'était pas moins senti par les anciens, quoique leur ordre fût ordinairement celui du choc, et que leur tactique eût un rayon bien moins grand que la nôtre. Quelques exemples, en démontrant cette vérité, ramèneront l'attention sur l'importance, d'ailleurs assez prouvée, des *reconnaissances militaires.*

S'il n'y avait de l'impiété à troubler la cendre des héros que vingt siècles ont consacrée, on pourrait dire, avec le maréchal de Puységur, que Léonidas aux Thermopyles commit une faute; ce fut de ne pas reconnaître le revers opposé de la montagne, et d'ignorer le sentier qu'un lâche Grec fit découvrir aux Perses. Mais à quel oubli des nobles idées de gloire et de patrie faudrait-il que de froids raisonnemens eussent amené celui qui oserait prononcer un mot de blâme sur cette tombe où fut gravé : « Passant, va dire » à Sparte que nous sommes morts pour obéir à ses saintes » lois! » Et quelle faute, que celle qui produisit ce dévouement sublime qui fit pâlir les vainqueurs, enflamma la Grèce d'enthousiasme, et prépara ses triomphes immortels !

Les victoires de Marathon et de Platée se présentent à nos yeux comme les éternels monumens des prodiges enfantés par l'amour de la patrie et de la liberté : il semble que c'est profaner ces généreux sentimens et leurs trophées, que de chercher d'autres causes à leur triomphe que le courage qu'ils inspirent. Cependant on ne peut douter que, dans ces mémorables journées, les Grecs n'aient employé à la défense de leur pays la connaissance qu'ils en avaient, et qu'ayant à combattre, à nombre prodigieusement inférieur, l'armée du grand roi, qui se déployait dans la plaine, ils n'aient donné à leurs flancs l'appui des monts, des villes et des eaux. Même sur mer, n'est-ce pas à la position resserrée de leur flotte, à l'entrée du golfe d'Éleusis, que Thémistocle dut la victoire de Salamine?

C'est à cette habileté prompte à saisir tous les avantages du terrain, que le vainqueur de Darius dut une partie de ses succès. Tantôt, comme à Issus, par une retraite simulée, il fait quitter au monarque persan la vaste plaine où il campait, l'attire entre la mer et les montagnes dans un pays coupé, et revenant brusquement sur ces pas, sans crainte d'être enveloppé, détruit dans ces défilés une armée qui l'aurait écrasé dans la plaine ; tantôt, comme au pas de Suses, arrêté par Ariobarzane, qui, avec quatre mille hommes, défendait un étroit passage du haut des rochers qui le dominaient, il cherche, trouve et gravit un sentier qui, à travers les neiges et les abîmes, le conduit sur la tête de ses ennemis et les livre à sa discrétion.

C'est aux expéditions du vainqueur de l'Asie que la topographie ancienne doit, pour ainsi dire, sa naissance.

A mesure qu'il avançait dans ces vastes contrées de la Perse et de l'Inde, Alexandre sentait, sous le double rapport de la guerre et de la politique, de quelle importance il était pour lui de les bien connaître : aussi se faisait-il accompagner et suivre par des ingénieurs dont la charge était d'examiner, de lever et de décrire le terrain.

Elles sont si fréquentes pour les chefs d'armée, les occasions de faire l'usage le plus important de la topographie, que personne plus qu'eux ne saurait y mettre autant de prix. Quel service ne rendit pas au vainqueur de Porus, celui qui, lorsqu'il était occupé à surprendre à ce puissant ennemi le passage de l'Hydaspe, lui fit connaître cette île boisée au moyen de laquelle il passa de nuit ce fleuve large et rapide ? C'est en de pareils momens que l'on apprécie tout ce que valent les bonnes reconnaissances.

Leur utilité ne se borne pas à la guerre, et la conquête de l'Égypte est moins glorieuse peut-être pour Alexandre que la reconnaissance du site d'Alexandrie, et de la route qui s'ouvrit plus tard au commerce entre la mer Rouge et la Méditerranée.

Parmi les Romains, celui de leurs généraux qui mit un terme à la fortune d'Annibal, s'est présenté à l'auteur de l'Essai de tactique comme le premier qui ait fait une grande et constante application de la science des positions ; c'est par elle en effet, c'est par une étude approfondie du pays et une habileté rare à choisir ses postes, comme à lire dans les projets du plus grand homme de guerre qui ait peut-être existé, que Fabius parvint à le déconcerter, à l'entamer, à se faire craindre, à lui paraître enfin *comme un nuage sombre régnant sur les hauteurs, et toujours prêt à le foudroyer.* Un jour même ce génie, qui avait pris de la supériorité sur le sien, l'avait amené à son entière ruine : poussé dans les rochers du Formium et dans les marais de Linterne, Annibal n'avait, pour regagner le Samnium et les bords du Volturne, que le col d'Eriban ; mais le Romain l'occupait déjà : nul Carthaginois ne pouvait échapper, si la ruse, qu'on pouvait le moins prévoir et empêcher, n'eût jailli à propos de la tête de leur chef pour les tirer de l'abîme.

Mais, avant Fabius, Guibert aurait pu citer ce général des Samnites, qui le premier imprima le sceau de la honte sur le front des légions romaines, en les faisant passer sous le joug. C'est à la parfaite connaissance qu'il avait des environs de *Caudium*, que Pontius dut l'idée et le succès d'attirer l'armée romaine dans un vallon marécageux qui n'avait d'issue que le défilé où il l'attendait, et d'où elle ne put sortir qu'en baissant honteusement la tête sous ce joug connu par le nom de *Fourches Caudines*.

En parlant des anciens, relativement à la science des positions, on pourrait citer encore la défaite de Pyrrhus aux champs Thaurasiens. Après avoir vaincu lui-même à Asculum par son habileté à choisir le terrain, il laissa, près de Bénévent, prendre sur lui le même avantage au consul Curius, qui, dans cette journée décisive, ayant attiré la phalange épirote sur un sol où elle ne pouvait se déployer, délivra Rome de ce redoutable ennemi. On eût pu citer Régulus, qui, à la bataille d'Adis, fit, par des sentiers détournés et soigneusement reconnus, tourner la montagne où campait l'armée de Carthage, et, l'attaquant à la fois en tête et en queue, donna par sa victoire un nouveau motif à l'indigne vengeance que cette rivale de Rome exerça depuis sur ce héros.

Mais comment, à ce propos, oublier Annibal lui-même, fils et élève de ce célèbre Amilcar-Barca, « qu'aucun ancien, » dit Folard, qu'aucun moderne n'a surpassé dans la science » des postes? » Quelles ressources ce génie fait pour la guerre ne trouva-t-il pas dans la connaissance qu'il se donnait toujours du terrain où il devait marcher, camper ou

combattre? quelles notions ne dut-il pas recueillir, pour concevoir et exécuter, à travers les Pyrénées, les Gaules et les
Alpes, cette marche si hardie pour le temps et par le motif?
Suivons-le à la Trébia, à Trasimène, à Cannes; partout nous
le verrons tirer ses principaux avantages d'un terrain bien
reconnu et approprié à ses troupes. A la Trébia, c'est une
embuscade sur le bord d'un ruisseau boisé qui décide la
victoire. A Trasimène, ce fut en attirant les Romains à sa
suite, sur un terrain qu'il étudiait avec soin, qu'il les
enferma dans un vallon, où le trop vain Flaminius périt
avec la meilleure partie de ses légions. A Cannes, enfin,
il avait si bien choisi et reconnu son champ de bataille, qu'il
en fit juge son armée : « Jetez les yeux, s'écria-t-il, sur
» tout le pays qui vous environne, et dites-moi ; si les
» dieux vous donnaient le choix, ce que vous pourriez
» souhaiter de plus avantageux, que de disputer l'empire
» du monde sur un pareil terrain. »

Aux noms les plus fameux de l'antiquité se rallient les sou-
venirs d'une foule de faits de guerre qui attestent que les anciens mettaient aux reconnaissances militaires autant d'importance que les grands hommes des temps modernes. Il
faudrait suivre César dans les détails de tous ces exploits qui
le placent à la tête des plus renommés capitaines, pour se
convaincre du soin extrême qu'il apportait à recueillir tout
ce qui pouvait l'éclairer sur les ressources et la configuration
du pays où il portait ses armes; à reconnaître lui-même la
direction de ses marches, l'assiette de ses camps, et les moyens
de combattre avec avantage ses nombreux ennemis. C'est
ainsi qu'il arrêta les Suisses sur le Rhône, à la sortie du lac;
c'est ainsi, qu'après les avoir entamés sur les bords de la
Saône, il battit leur grande armée dans une affaire générale :
entraîné par son ardeur à les poursuivre sur la montagne où

ils appuyaient leurs débris, il fut tourné par un corps de quinze mille hommes, fit front de toutes parts, et vainquit dans tous les sens.

César entre dans peu de détails sur le site de la bataille où il triompha d'Arioviste, ce chef redouté des Germains, avec lesquels il se mesurait pour la première fois ; mais ses marches, ses campemens devant ce puissant ennemi, annoncent assez la parfaite connaissance du terrain où il l'attendait. Vainqueur à la droite, sa gauche était enfoncée : le jeune Crassus commandait la cavalerie ; une charge vive et faite à propos donna la victoire aux Romains.

A sa première descente en Angleterre, le manque de renseignemens sur cette île faillit à lui être funeste ; il avait ce pendant fait tout ce qui était en son pouvoir pour en recueillir. Valusenus avait reconnu la côte aussi bien qu'on peut le faire sans débarquer. L'été était fort avancé : César s'embarque avec deux légions ; en dix heures il est sur les côtes anglaises, qu'il voit couvertes d'ennemis. Sa cavalerie ne peut le joindre ; il n'en cherche pas moins à prendre terre sur une plage que lui disputent les Bretons. Ses soldats hésitent, lorsque l'enseigne de la dixième légion s'écrie : « Sui- » vez-moi, compagnons, si vous ne voulez pas abandonner » à des barbares une aigle romaine ; pour moi, je veux au- » jourd'hui remplir mon serment, et servir à la fois Rome » et mon général. » A ces mots, il s'élance dans les eaux, et entraîne le reste de l'armée, qui, sans cavalerie, met en fuite les Bretons, qui en avaient une nombreuse. Mais une forte marée, que César n'avait point prévue, ayant brisé une partie de sa flotte, les Bretons, violant la foi donnée, reprennent les armes, surprennent une légion, et mettent César dans une crise d'où son génie et sa fortune le tirèrent, et deux fois vainqueur des insulaires, il repassa dans les Gaules, avant que l'hiver eût mis obstacle à son retour.

L'année suivante, César profitant habilement de l'expérience qu'il venait de faire, disposa sa seconde expédition d'une manière plus convenable; il embarqua cinq légions, deux mille chevaux, vivres et bagages, sur près de huit cents vaisseaux. Abandonnés par le vent au milieu du passage, ses soldats, à force de rames, donnèrent aux vaisseaux la vitesse des galères. Les Bretons, effrayés, n'osèrent s'opposer au débarquement, et l'attendirent dans des positions préparées : César les battit dans leurs retranchemens, mais ne voulut pas d'abord qu'on les poursuivît *sans avoir bien reconnu le pays.* Une tempête vint encore ravager sa flotte et redoubler l'ardeur de ses ennemis : mais sa prudente activité vint à bout de les soumettre; et avant la fin de l'été, son retour dans les Gaules rendit un nouveau témoignage de la constance de sa fortune.

Ce siècle de gloire pour les armées romaines vit lutter contre elles un digne rival, connu surtout par son étonnante habileté dans la guerre des montagnes, et par ces ressources imprévues qu'il trouvait dans une connaissance approfondie du terrain : ce fut Sertorius. Il avait mis le siége devant Lauron; Pompée marcha pour le lui faire lever. Il y avait une hauteur qui commandait la ville; les deux généraux se la disputent : Sertorius l'emporte et l'occupe. Pompée s'en réjouit, croyant avoir trouvé le moyen de l'enfermer entre la place et l'armée de secours; déjà il s'en vantait. « Cela (dit
» Plutarque dans le langage du bon Amyot) fut rapporté à
» Sertorius, qui ne s'en fit que rire; il dit qu'il enseignerait
» à ce jeune disciple de Sylla (car ainsi appelait-il Pompéius
» par moquerie), qu'il faut qu'un sage capitaine regarde plus
» derrière soi que devant, et, en disant cela, montra aux
» Lauronitains six mille hommes de pied bien armés, qu'il

» avait laissés dedans le camp dont il était parti pour venir
» occuper la motte où il était alors; afin que si Pompéius
» d'aventure le cuidait venir assaillir, ils lui donnassent sur
» la queue. »

Pompée s'en était trop tard aperçu : il n'osa offrir la bataille à son habile rival; il eut la honte de voir tomber et brûler la place sans pouvoir la secourir.

Après ces noms fameux, les Germanicus, les Trajan, les Bélisaire, pourraient se présenter encore pour nous offrir des leçons : mais déjà l'art dégénère, et nous touchons aux siècles de barbarie. Traversons rapidement ces ténèbres, où si quelques génies ont brillé, c'est comme ces météores qui ne percent une nuit sombre que d'un trait lumineux et fugitif; hâtons-nous d'arriver à ces temps modernes où les grands principes de la guerre, ressaisis par les princes de Nassau, reçurent un nouvel éclat sous tant d'illustres capitaines dignes rivaux des anciens.

EXEMPLES PRIS DANS LES GUERRES MODERNES.

Sans nous arrêter aux Ziska, aux Scanderberg, noms trop peu connus de guerriers qui, nouveaux Sertorius, surent, avec un courage intrépide, une activité infatigable, obtenir, par l'heureux choix des postes, les succès les plus glorieux avec les forces les plus inégales; ouvrons les Mémoires de Feuquières, nous y trouverons des exemples non moins fameux de ce que le plus ou moins de connaissance du terrain a valu de la gloire ou de revers aux Turenne, Luxembourg, Catinat, Vendôme, La Feuillade, Villars, aux princes de Savoie et d'Orange, etc.

C'est par sa supériorité dans cette science, qu'aux lignes de Fribourg, en 1644, Merci fit, dans trois combats excessivement meurtriers, payer si cher à Turenne encore jeune, et au duc d'Enghien, depuis le grand Condé, la faute qu'ils firent de mal reconnaître le pays et la position des Bavarois. Une reconnaissance bien faite (ce qui était facile dans un pays qu'on avait occupé la campagne précédente) aurait pu leur indiquer les moyens de déloger Merci, sans laisser sur le carreau le tiers de leur armée.

Turenne n'eût point fait cette faute en 1674, lorsque, par les marches les mieux combinées, les mouvemens les mieux dissimulés, il franchit tout à coup, au cœur de l'hiver, les montagnes des Vosges, et tombe comme la foudre au milieu des quartiers épars de l'armée de Brandebourg et d'Empire établie dans la haute Alsace, bat le corps de Mulhausen, fait prisonnier ce qui est derrière, vole au quartier-général à Colmar, qu'il eût pris sans le retard occasionné par un ruisseau, et force les alliés à repasser le Rhin.

C'était alors que ce grand homme était digne de rencontrer un rival tel que Montécuculli, et de le surpasser, comme il le fit dans son immortelle campagne de 1675, où la connaissance du pays, d'après laquelle il exécutait ses brillantes manœuvres, lui fit opérer avec succès le mouvement le plus hardi et le plus dangereux. Il était sur la Renchen en présence de Montécuculli; la moindre faute pouvait être capitale devant un tel adversaire; cependant Turenne a si bien vu son terrain, qu'à la faveur d'un léger pli qu'il avait reconnu, il porte sa seconde ligne de l'autre côté de la rivière, sur le flanc de son rival, à qui il dérobe ce mouvement; il calcule si bien sa marche, qu'il rejoint cette ligne au moment où Montécuculli, détrompé, allait l'écraser; et l'avantage de cette nouvelle position oblige l'ennemi déconcerté à changer la sienne.

On ne peut s'éloigner de cette époque sans rappeler la

belle défense de la Valteline, par le duc de Rohan, en 1635, et citer avec éloge l'ouvrage qui l'a fait connaître. Les militaires instruits le regardent comme une source précieuse de lumières sur la guerre des montagnes, et comme un modèle de précision et de clarté. On regrette que la topographie, si bien décrite dans le texte, soit si mal exprimée sur la carte.

Quelquefois des fautes en ce genre ont plus servi que des succès à l'instruction des généraux : telle fut celle qui, en 1675, fit perdre au maréchal de Créqui la bataille de Consarbruck ; il y fut battu pour s'être campé trop loin de la Sarre, en avoir mal gardé le pont, et surtout *pour n'avoir pas reconnu* deux gués où l'ennemi passa. Cette journée le rendit moins présomptueux, et il en devint un des meilleurs capitaines de ce siècle célèbre. C'est ce que prévoyait le prince de Condé, lorsque à ce sujet, il dit à Louis XIV : « Votre » Majesté vient d'acquérir le plus grand homme de guerre » qu'elle ait eu. » En effet, Créqui prit bientôt sa revanche et renouvela, pour le duc de Saxe-Eisenach, la journée des fourches caudines. Le duc, après avoir, en 1677, impunément repassé le Rhin à Huningue devant M. de Montclar, crut pouvoir prendre poste sur la Kinzig près de Kehl. Le duc de Lorraine, afin de rentrer dans son pays par la basse Alsace, remontait le Rhin pour joindre M. d'Eisenach : Créqui tenait ce prince en échec : il gagne quelques marches sur lui, passe rapidement le Rhin et tombe sur la position de la Kinzig ; M. d'Eisenach, surpris, se jette avec son corps d'armée, par le fort de Kehl, dans une île du Rhin, d'où il ne sortit qu'au moyen d'un *passeport* que le maréchal lui donna avec un trompette pour escorte ; « défendant, était-il dit dans » cette singulière pièce, à tout *officier*, *cavalier* ou *soldat* de » l'armée de France, de faire aucun tort ni empêchement à

» M. le duc d'Eisenach, *ni à son armée*, s'en retournant par
» une route donnée en Allemagne. » C'était sous une autre
forme le joug de Caudium. Mais la conduite du maréchal de
Créqui, opposée à celle de Pontius, est une preuve des
progrès de la civilisation, et montre la différence de l'esprit
français à la rudesse samnite.

Celui qui, à loisir, et loin encore de l'ennemi, sait faire
choix de la position la plus propre à favoriser ses projets,
comme à déconcerter ceux qu'il doit faire échouer, a déjà
une de ces qualités essentielles qui font le grand homme de
guerre. Mais où brille leur réunion sublime, c'est lorsqu'en
arrivant sur le champ de bataille, le regard du génie, em-
brassant la position de l'ennemi, pénétrant ses desseins, et
saisissant tous les avantages que le terrain peut offrir, en
profite pour concevoir ces manœuvres décisives, mais
dangereuses, qu'il faut calculer, ordonner et exécuter avec
la même justesse et la même célérité. C'est ainsi qu'en 1690
Luxembourg battit à Fleurus, le prince de Waldeck : il
marchait à la bataille sur un front égal à celui de ce prince ;
arrivé à portée, il s'aperçoit que le prolongement de sa
gauche se dérobe par un pli du terrain à la droite de
l'ennemi ; à l'instant, un mot de ce grand homme porte
cette aile gauche sur le flanc de son rival, et ce mot le fait
vaincre.

Ce n'est point au site seul où doit s'établir l'armée, que
se bornent les reconnaissances ; leurs lumières doivent avoir
de plus grands rayons : ainsi, lorsqu'elles présentent une
montagne, une forêt, un cours d'eau pour appui d'une
position, il faut que ces lieux aient été entièrement explorés ;
les grands maîtres veulent, de plus, que la montagne et le
bois soient occupés. « Si cette maxime, dit Lloyd, eût été
» observée à Malplaquet, à Hastenbeck et à Torgau, ces

» journées se seraient vraisemblablement terminées d'une
» manière différente. »

« Il ne dépendait que du maréchal Daum, dit le roi de
» Prusse, d'éviter cette bataille. Si, au lieu de placer M. de
» Lasci derrière les étangs de Torgau (que six bataillons
» auraient défendus suffisamment), il l'eût porté derrière
» le défilé de Neiden (par où Frédéric arriva), son camp
» aurait été inexpugnable : tant les moindres inadvertances,
» dans ce métier difficile, peuvent tirer à conséquence ! »

La bataille d'Hochstett fut perdue, en partie, parce que
le camp fut assis trop loin d'un ruisseau qu'on jugea trop
difficile à passer pour l'observer autant qu'il était nécessaire.
Nous ne rappellerions pas cette triste journée, si les trophées de l'armée du Rhin n'avaient rendu désormais ce nom
glorieux dans nos annales.

Mais un des exemples les plus frappans des dangers auxquels expose un terrain mal reconnu, c'est l'affaire de
Luzzara. En 1702, l'armée de France et d'Espagne, commandée par Philippe V en personne, ayant sous lui M. de
Vendôme, marchait à Luzzara et aux ponts que le prince
Eugène avait sur le Pô ; un corps de cavalerie éclairait sa
marche : on croyait le prince dans le Scraglio ; mais il avait
déjà passé le Pô, et se trouvait auprès de Luzzara, derrière
une digue qui cachait entièrement son armée, et à la faveur
de laquelle il comptait surprendre la nôtre, quand elle aurait
campé et envoyé au fourrage. En effet, l'armée alliée arrive
sans se douter de ce qui se passait derrière la digue, et
campe ; mais dans quelques endroits de son front, cette
digue en était si proche, qu'un aide-major ne crut pouvoir
mieux faire que d'y placer la garde de son camp : ce fut en
conduisant cette garde que cet officier, par pure curiosité,
monta sur la digue, et vit, sur le revers opposé, toute

l'infanterie ennemie couchée sur le ventre. Eugène, découvert, attaqua ; mais nous n'étions pas encore assez en désordre pour qu'il réussît complètement.

Aux notions sur l'état physique du pays, l'officier chargé de recueillir les données d'après lesquelles s'établissent les grandes opérations, doit réunir encore celles qui sont relatives aux subsistances , aux phénomènes particuliers au climat , à l'esprit des peuples, aux circonstances politiques , au caractère des chefs et à la qualité des troupes.

C'est pour avoir mal connu l'Ukraine, que, sans attendre le général Levenhaupt qui lui amenait des renforts et des vivres, Charles XII, poursuivant le czar sur la route de Moscou , se détourna tout à coup vers le sud pour joindre le chef des Cosaques (Mazeppa), et pénétrer dans les forêts et les déserts de cette vaste contrée, où l'hiver de 1709 ruina son armée. L'été suivant, il assiégea Pultawa avec seulement 18,000 Suédois et 12,000 auxiliaires; mais le czar Pierre arriva avec 70,000 hommes. La fortune abandonnait Charles; le général Creutz, qu'il envoya avec 5,000 cavaliers pour tomber sur les derrières de l'armée russe, s'égara dans des chemins *inconnus*, et la victoire la plus décisive éleva le czar sur les ruines de son rival.

Enfermé depuis dans Stralsund, qu'assiégeaient les rois de Prusse et de Danemark , Charles fit couvrir la place par des retranchemens qui s'appuyaient, du côté de l'est, à la mer, et, du côté de l'ouest, à un marais impraticable. La Baltique n'a, pour ainsi dire, ni flux ni reflux ; mais on n'avait pas remarqué que lorsque les vents d'ouest soufflaient avec quelque violence , ils refoulaient les eaux de la mer de manière à ne laisser que trois pieds de profondeur à l'extrémité de ce retranchement. Un soldat s'étant laissé tomber, fut étonné de trouver fond : le traître déserta , fit part de sa découverte, et les assiégeans en profitèrent le lendemain pour tourner cet obstacle jusque-là insurmontable, dont la chute entraîna celle de la place.

En 1701, Catinat, que la cour avait empêché d'aller au-devant du prince Eugène lorsqu'il débouchait par les monts Lessini dans le pays Vénitien, l'attendait au passage de l'Adige : il occupait Rivoli, et poussait jusqu'au Monte-Baldo, pour barrer aux Impériaux ce défilé, entre le lac et le fleuve, où dorment tant de braves; il éclairait la rive droite jusqu'au-dessous de Vérone. Eugène sent tout l'avantage que lui donne sa position sur la corde de l'arc que décrit l'Adige au sortir des montagnes; il donne de l'inquiétude sur plusieurs points, jette à Abaddia une partie de sa gauche sur la droite de l'Adige, simule un passage du Pô, menace Ferrare. Catinat, incertain, s'étend jusqu'à Legnago et Carpi, se morcelle en sept à huit corps. C'est ce que désirait le prince; il se hâte de renforcer sa gauche, et tombe à l'improviste sur le corps de Carpi, espérant ainsi replier tous les autres : mais le prince de Commerci, envoyé pour couper ce poste de celui de Legnago, contrarié par les pluies et un terrain marécageux, fait un détour de cinq lieues; les débris du combat de Carpi ont le temps d'arriver à Legnago, et Catinat celui de se replier sur le Mincio, qu'il ne peut défendre.

Ce fut aussi en occupant dans les Alpes une position centrale que Catinat, et Berwick après lui, défendirent ces montagnes, toujours maîtres d'arriver avant l'ennemi sur les points de la chaîne centrale ou des chaînes secondaires par où il pouvait déboucher.

Après la désastreuse journée de Turin (1707), on ne put défendre ni les Alpes, ni le Var, ni les défilés de la Provence. Le duc de Savoie et le prince Eugène assiégèrent

Toulon ; mais ils n'avaient pas compté sur la résistance des peuples. A Toulon, les habitans secondaient la garnison et la marine ; les paysans prenaient les armes. Une tempête, en dispersant la flotte des alliés, achevade déterminer la retraite du prince de Savoie.

De nos jours, n'est-ce pas à l'erreur où était le prince de Brunswick sur l'opinion publique comme sur les circonstances politiques de la France, qu'il faut attribuer ce manifeste qui ne fit qu'ajouter à l'énergie de la résistance? N'est-ce point une erreur semblable et contraire qui fit mépriser d'abord l'insurrection de la Vendée? A quel oubli de tout souvenir historique les préjugés du moment n'avaient-ils pas amené le baron de Mack, lorsque, dans une instruction rédigée par lui pour l'armée autrichienne, il parlait *de la mauvaise qualité de nos troupes,* lui qui se fia depuis à celles de Naples !

C'est presque au moment où Brunswick publiait son manifeste que, dans le conseil de guerre de Verdun, Beaurepaire, se donnant la mort plutôt que de souscrire à la reddition de la place, donnait l'éveil aux grandes âmes, et attachait la honte aux conseils timides que pouvait inspirer l'approche de l'ennemi. C'est lorsqu'on ne voyait encore dans l'insurrection vendéenne qu'une révolte de paysans, que ces paysans enlevaient une batterie sans autres armes que leurs bâtons, et bientôt après forçaient Kléber, battu et blessé, à demander au brave Chevardin de se dévouer, comme un autre Curtius, pour le salut de l'armée.

Mais rentrons dans notre sujet, et cherchons, dans les guerres dont nous avons été les témoins, des exemples où la science du terrain ait eu plus de part aux événemens que le dévouement des braves ou la disposition des peuples.

Quelle influence n'a point eue la connaissance du terrain

sur les premiers succès de cet homme que la postérité blâmera peut-être sous le rapport de la politique, mais sans lui refuser des talents militaires, de Dumouriez, chargé de défendre les frontières menacées de la France? La forêt d'Argonne a été reconnue ; il voit d'un coup-d'œil tout le parti qu'on peut tirer de cette zone de terrain couvert et montueux, coupé par quelques défilés faciles à garder. « Voilà, dit-il, les » Thermopyles de la France; si j'ai le bonheur d'y arriver » avant les Prussiens, tout est sauvé. »

Nous avons eu à Valmi, Jemmapes, Fleurus et Hondschote, nos journées de Marathon et de Platée. Si les triomphes de Salamine et de Mycale manquent à notre gloire, nous avons donné au monde le spectacle de la flotte hollandaise surprise et enveloppée par notre cavalerie. La promptitude à saisir un accident de la saison, livre la Hollande sans défense au conquérant de la Flandre, et la fortune réalise en faveur d'un soldat le rêve de Louis XIV.

Nos passages de rivières rappellent celui du Rhin par César et de l'Hydaspe par Alexandre. Ils attestent aussi l'utilité des reconnaissances pour préparer ces passages et servir de base aux dispositions du général d'armée. Moreau aurait-il pu, sans les lumières qu'elles donnent, prendre si savamment ces mesures, établir ce concert, cet ordre vraiment admirables, qui, par trois fois, ont procuré à l'armée du Rhin la gloire de franchir ce fleuve en présence de l'ennemi?

Plusieurs de nos retraites ont retracé cette promptitude à saisir les avantages du terrain et à profiter des fautes de l'ennemi, qui caractérise la retraite des dix-mille.

Mais c'est, surtout, dans les développemens de notre offensive, que se manifeste la science du terrain, considérée comme base des combinaisons de la tactique et de la stratégie.

2

Lorsque des armées, parties des points extrêmes d'une base d'opération, avancent, sur des lignes qui convergent, dans un pays peu favorable à leurs communications, il est facile, du point de convergence, de les attaquer et de les battre tour à tour. C'est ainsi que le prince Charles, en l'an IV, force Jourdan et Moreau à la retraite; c'est ainsi qu'à peu de distance, et à quelques heures d'intervalle, Bonaparte bat deux armées autrichiennes à Lonato et à Castiglione.

L'art est surtout d'attirer ou de surprendre l'ennemi dans le terrain où il est le plus avantageux de le combattre. C'est ce que fit Alexandre à Issus. C'est ainsi que Bonaparte, dans ces vallées où l'Apennin s'unit aux Alpes, voit l'avantage dont se privent les armées piémontaise et autrichienne, de ne pas l'attendre réunies au pied des montagnes; il les trouve éparses, et conçoit le hardi projet de les couper à la faveur de ce sol profondément accidenté, que son regard a déjà saisi, et d'aguerrir, par de vives affaires de postes, des troupes délabrées qui auraient eu de la peine à résister en plaine dans une affaire générale. Arrivé de la veille, il apprend qu'il doit être attaqué le lendemain. Il commande à des Français; son parti est pris. Il réunit la droite de son armée; il attaque lui-même, déconcerte l'ennemi par l'audace et l'activité, le bat à Montelegino, à Montenotte, fait descendre la victoire sur les bords, illustrés par lui, de la Bormida et du Tanaro, arrive à Dego, et, par deux actions de vigueur, y sépare enfin les deux armées. Vainqueur de Beaulieu, il s'attache à l'armée du Piémont, dont les journées de Ceva, de Saint-Michel et de Mondovi, lui font bientôt raison.

Il devait aussi rencontrer un pas de Suses. Dans la brillante campagne de l'an V, après avoir franchi le

Tagliamento, il marchait sur Vienne, à travers la gorge de l'Isonzo. Au passage de la Chiusa, le fond de la gorge est occupé par l'abîme où coule le torrent de la Corentiza, et par un fort adossé à la montagne. L'étroit chemin traverse l'abîme qui sert de fossé au fort. Trois cents grenadiers gardent ce passage, que défendent vingt pièces de canon. Cependant les moindres retards compromettent la gauche de l'armée, qui, remontant le Tagliamento, arrivait à Tarvis sur la crête des Alpes Juliennes. Après de vains assauts, on explora le terrain ; et un sentier pour les chèvres, ignoré de l'ennemi, conduisit nos soldats sur un rocher qui plongeait le fort, et d'où ils l'eussent écrasé, si ces trois cents grenadiers, au désespoir, ne se fussent confiés à la générosité du vainqueur.

Déjà, pendant cette même campagne, ce général avait su augmenter sa gloire au même lieu, dans les mêmes circonstances où Catinat ne vit accroître que celle de son rival. Alvinzi ramenait sur l'Adige une nouvelle armée impériale, nombreuse et brillante ; elle devait à tout prix délivrer Mantoue et Wurmser. Bonaparte apprend, le 20 nivôse, à Bologne, les mouvemens de l'Autrichien ; il part, rassure en passant le siége de Mantoue, et arrive le 23 à Vérone. Alvinzi a déjà eu quelques succès au poste de la Corona, que Joubert lui dispute ; mais son projet n'est pas assez prononcé. Loin de se disséminer, Bonaparte attend ; Augereau veille à sa droite. Le 24, on lui annonce que Provera jette un pont à Anghiari et y passe avec une avant-garde ; qu'une forte colonne, longeant le revers occidental du Monte-Baldo, tourne la Corona et replie Joubert sur la mauvaise position de Rivoli. Il lit alors dans le plan de l'ennemi, et, prompt comme l'éclair, se porte avec Masséna au péril le plus pressant : il arrive la nuit à Rivoli, livre bataille le lendemain, fait rebrousser Alvinzi vaincu, et, tel que l'orage qui frappe les monts et inonde la plaine, descend vers Mantoue avec ses brigades triomphantes. Sortant le soir de la bataille, il arrive le matin à trente mille de distance pour en livrer et en gagner une nouvelle.

Quelle influence n'ont point eu les reconnaissances sur les succès et les revers de l'armée d'Égypte! N'est-ce pas en saisissant, à la seule inspection du terrain, les moyens d'arrêter l'ennemi, que Bonaparte, dans les champs de Marengo, rétablit le combat à sa gauche, que Desaix repousse de front la colonne autrichienne; que le jeune Kellermann tombe sur ses flancs et renouvelle, sous un autre César, la charge qui mit en déroute Arioviste?

Quelle étude du terrain se manifeste à Hohenlinden dans le choix du champ de bataille, et dans le mouvement de Richepanse sur les derrières de l'ennemi! La fortune tout à coup semble prête à détruire tant de combinaisons. Richepanse est coupé lui-même par une colonne autrichienne; mais il aperçoit d'un coup-d'œil les ressources qui lui restent. Avec sa tête de colonne, il achève le mouvement, et l'ennemi, qui se voit en même temps attaqué de front et tourné, abandonne ses positions.

Mais si, dans les opérations ordinaires de la guerre, les reconnaissances militaires bien ou mal faites ont rendu de tels services ou exposé à de tels revers, quelle n'a pas été leur importance dans la guerre des montagnes!

Après Rohan, Dessolles illustre nos armes dans la Valteline, et se fraie, dans le torrent même, un chemin pour tourner les retranchemens de l'ennemi. Macdonald y descend, et, bravant à la fois l'hiver et les combats, se porte de Coire à Trente, sur les sommités des Alpes. Partout la reconnaissance du pays favorise cette marche hardie et rapide.

Lorsque dans la guerre de Suisse, on voit des armées parties des bords de la Seine, du Danube et de la Neva, porter leurs étandards et leur tonnerre à la cime du Gothard, couvrir de leurs bataillons et rougir de leur sang les glaces éternelles de ce mont; lorsque, pour conquérir l'âpre vallée de la Reuss, Lecourbe, qui la remonte, la fait attaquer à travers les déserts glacés, qui la séparent du Rhône et de l'Aar ; lorsque Masséna, franchissant la Limath et la Linth, dans une bataille de quinze jours, coupe la droite de l'armée des deux empires, enfonce le centre, et vient aux têtes des lacs de Lucerne et de Wallenstadt arrêter le vainqueur d'Ismaïlow, qui ne semblait s'être élevé dans ces hautes régions de l'Europe que pour y perdre un peu de cette renommée dont elle avait retenti : on peut se faire une idée des secours que ces grandes opérations ont dû trouver dans les connaissances topographiques, que cette guerre même a perfectionnées. Il ne reste à désirer que d'en voir consacrer les résultats dans des cartes ou des mémoires qui les rendent utiles à l'instruction, comme ils l'ont été à la gloire de nos armées.

MANUEL.

PREMIÈRE PARTIE.

RECONNAISSANCES MILITAIRES.

PRÉLIMINAIRES.

1. Les reconnaissances militaires sont de deux sortes. Les unes ont rapport au *pays* sur lequel on opère ; les autres sont relatives à *l'ennemi*. On traitera des premières dans cette partie, et des secondes dans la partie suivante.

Il est inutile d'insister sur la nécessité de connaître à fond le théâtre de la guerre, d'apprécier la valeur des obstacles qu'on peut y rencontrer. On doit étudier avec soin les accidents et les ressources qu'il offre, ses routes et ses canaux, ses eaux et ses montagnes, afin de déduire, d'un examen sévère, les moyens de vaincre les difficultés qu'ils présentent aux mouvements des armées, ou de les employer à la défense de ses propres troupes. La connaissance exacte du terrain est devenue de nos jours l'élément le plus important de l'art de la guerre et la base de l'éducation militaire des officiers de toutes les armes.

Il est des hommes qui, sans nier l'utilité des reconnaissances militaires, veulent cependant rejeter sur les officiers d'état-major seuls les missions de ce genre. C'est une erreur dont peuvent s'arranger l'ignorance et la paresse, mais c'est une erreur fatale qu'il faut empêcher de laisser accréditer. Dans son essai remarquable sur les reconnaissances militaires, le chevalier *Allent* dit : « L'officier d'état-major ou du génie et l'ingénieur-géographe ne sont pas les seuls qui s'occupent de reconnaissances militaires. Les officiers de toutes armes, aux avant-postes,

2..

dans la petite guerre, dans les patrouilles, suivent l'ennemi pas
à pas, et transmettent les changements qu'ils aperçoivent
dans le nombre et la position des troupes qui leur sont opposées ; en un mot, cette fonction est à la guerre celle de
tout militaire qui se trouve à portée d'observer l'ennemi. »
Le général de Decker, dans son *Traité de la petite Guerre*,
considère la question avec ses idées exclusives d'officier d'état-
major, cependant il est obligé de s'écrier : « Quand on ne trouve
pas d'officiers d'état-major dont on puisse disposer pour les
reconnaissances, on en charge un de ceux qui sont à la suite
de ce corps, et si l'on n'a pas encore assez de ces derniers, on
confie la mission à un officier de la ligne, heureux quand on
peut en trouver qui soient en état de suppléer les officiers d'état-
major dont on manque. » Plus loin il ajoute : « Les connaissances
nécessaires à l'officier d'état-major, doivent donc entrer dans
l'instruction des hautes classes de l'École Militaire d'une grande
nation. Car lors même que l'officier chargé de la reconnaissance serait du corps d'état-major, il serait toujours très-avan-
tageux que parmi les officiers de son escorte il s'en trouvât
quelques-uns qui fussent familiarisés avec ce genre de service,
pour le seconder et le suppléer en même temps, attendu qu'il
se trouve en pareille circonstance une foule d'objets secondaires qui sont au-dessus de la portée d'un officier de cavalerie et d'infanterie, qui ne connaîtrait que le sabre et le
pistolet. »

DU CANEVAS OU DES LIGNES DE REPÈRE DE LA RECONNAISSANCE D'UN PAYS.

Des bassins, des thalwegs, des lignes de faîte ou de partage des eaux.

2. Celui qui fait la reconnaissance d'un pays et commence par
la description du premier objet qui lui tombe sous les yeux,
sans décrire d'abord le terrain dans son ensemble, sans procéder par ordre, ne produit jamais qu'un travail incomplet
et inutile. « Au premier aspect, dit Denaix, ces vastes plaines,
ces fonds, ces élévations, ces anfractuosités qui les divisent,
ces torrents, ces rivières, ces fleuves, offrent un chaos inex-

tricable ; mais quand on étudie avec soin la surface de la terre, on entrevoit des dépendances d'après lesquelles s'établissent des divisions naturelles, où toutes les parties occupent une place que l'ordre réel des choses ne permet pas de leur contester ; on découvre des lois propres à régler le jugement sur les idées que nous devons nous faire d'une contrée d'après son gisement et ses principales configurations ; on apprend enfin à pressentir la disposition des reliefs d'un pays par l'examen des cours d'eau indiqués sur les cartes, car tout terrain d'une grande comme *d'une petite étendue*, doit en général ses formes actuelles aux modifications apportées par les forces corrosives de l'eau, secondées par les forces destructives de l'atmosphère. » Il existe donc des lignes sur lesquelles il faut avant tout fixer ses regards et qui doivent servir de repères à la description du terrain, lignes auxquelles viendront se rapporter tous les autres objets. Ces lignes sont les *thalwegs* et les lignes de *faîte*.

On appelle *thalweg* (de *thal* vallée, *weg* chemin), le *fil* d'un cours d'eau ; c'est la route que suivrait une goutte d'eau ou un corps grave abandonné à sa propre pesanteur sur le plan de la pente longitudinale de la vallée. On appelle ligne de *faîte*, les points les plus élevés des massifs de terrain qui séparent les cours d'eau ; de façon qu'à droite et à gauche de ces massifs, le terrain s'abaisse vers deux cours d'eau et emporte vers leurs *thalwegs* respectifs le liquide que le ciel répand sur ces versants opposés.

Les *thalwegs* et les *lignes de faîte* sont les arêtes caractéristiques de la surface du globe, les lignes de repère de toute reconnaissance, celles qu'il importe de reconnaître avec le plus de soin. De même que les points caractéristiques de la surface du sol sont en général les points d'intersection et de jonction des *faîtes* et des *thalwegs*, ainsi que nous le verrons plus tard.

Il est indispensable que l'officier se familiarise avec ces lignes et se fasse une idée nette et complète de leur importance et de l'étroite corrélation qui les unit. On va entrer, en conséquence, dans des explications que l'officier, peu habitué avec l'étude de la géographie physique, devra suivre sur une carte d'Europe. On ne peut assez le répéter ; c'est là le fondement des reconnaissances militaires et de l'étude du terrain.

3. Lorsque l'on examine sur la carte une île comme la Corse, la Sardaigne, la Sicile, on s'aperçoit tout d'abord qu'on peut la parcourir dans sa plus grande longueur, suivant une ligne plus ou moins sinueuse, sans passer ni rivières, ni ruisseaux, ni torrents. Cette ligne contient les points les plus élevés du terrain de l'île, et divise celle-ci en deux versants sur lesquels coulent, dans des sens opposés, toutes les eaux venues des sources ou tombées du ciel. Cette ligne est la ligne de *faîte* principale de l'île. On ne pourrait mieux comparer une île dont la ligne de faîte principale se développerait en ligne droite et dont les versants seraient égaux, qu'à un toit qui s'élèverait au-dessus de la mer. La crête du toit serait sa ligne de faîte, les plans de pente du toit figureraient les deux versants du terrain.

Tout continent présente un phénomène de cette nature. Il est composé de deux *plans de pente* partant de la mer et s'élevant successivement vers l'intérieur. La ligne qui sert d'intersection à la rencontre de ces plans ou *versants* est le *faîte* ou l'*arête* formée des points les plus élevés du continent; c'est en d'autres termes la *ligne de partage des eaux*.

Il s'en faut que cette ligne de *faîte* ou de *partage des eaux* se déploie partout en ligne droite. Elle adopte souvent les inflexions les plus capricieuses, et notre Europe, entr'autres, nous en offre un exemple remarquable. Cette ligne court du sud-ouest au nord-est, depuis l'extrémité de la péninsule Hispanique jusqu'aux monts Ourals qui séparent l'Asie de l'Europe. Elle prend naissance au détroit de Gibraltar. Après avoir fait un crochet vers la droite, elle se dirige au nord, jusqu'aux montagnes de la Biscaïe, aux sources de l'Elbe. Là elle se détourne brusquement vers l'ouest et court sur le sommet des Pyrénées. Entre Foix et Perpignan ; la ligne de partage se redresse vers le nord, laisse successivement à gauche les affluents de la Garonne, de la Loire, de la Saône, et tourne par un double crochet les sources de la Saône et du Rhin, de sorte que sa direction prend en cet endroit la forme d'un ∽. En quittant la Suisse, la ligne de partage des eaux traverse les moutagnes de la Forêt-Noire, suit la rive gauche du Danube, contournant au midi la Bohême pour se rattacher aux monts Carpathes. Elle arrive enfin aux plaines de la Pologne, passe entre les sources du Bug et de la Vistule et celles des affluents du Borysthène, puis elle marche encore vers le nord à travers la Russie.

Toutes les eaux du versant nord et ouest de cette ligne de partage ou de faîte principale de l'Europe, coulent dans l'Océan et la Baltique ; toutes les eaux du versant sud et est coulent dans la Méditerranée et la mer Noire.

4. Il n'est pas inutile d'observer combien la direction de la ligne de faîte influe sur celle des continents. Ainsi, au nord de l'Espagne, cette ligne, arrivée aux sources de l'Elbe, prend brusquement à gauche ; et les côtes d'Espagne font le même ressaut, donnant naissance au golfe de Gascogne. A partir des sources de la Saône et du Rhin, la ligne va vers le nord-est contourner la Bohême au midi ; et la côte de la mer du Nord et de la Baltique suit à peu près les mêmes inflexions. Quand la ligne se redresse vers le nord en Russie, la côte se redresse également.

5. Cette ligne de faîte est loin d'être uniforme et formée, pour ainsi dire, d'un seul jet. Quand on la parcourt, on est frappé de la variété d'aspects qu'elle présente, et les inégalités du sol sont plus grandes encore que les inflexions adoptées par sa direction. La hauteur de la crête est partout inégale. Tantôt elle s'élance vers les cieux et se couvre de glaciers éternels, comme en Suisse ; tantôt elle ne présente à l'œil que des montagnes arrondies, comme dans le Jura et les Vosges ; plus loin des collines basses que des canaux peuvent franchir, par exemple le fameux canal du Midi ; tantôt enfin elle court sur des plaines immenses, offrant des différences de niveau difficiles à saisir, comme dans les plaines de la Pologne et les steppes de la Russie.

6. Si l'on examine maintenant avec soin la carte de l'Europe, on s'aperçoit qu'il existe, allant de la ligne de faîte principale à la mer, d'autres lignes de faîte que ne traversent ni ruisseaux ni torents, et présentant aussi des inflexions dans leur direction et des perturbations dans leur aspect. Chacune

de ces lignes de faîte ou de partage de *deuxième ordre*, détermine nécessairement des plans de pente ou versants le long desquels coulent les eaux des sources et du ciel; mais il n'en est pas de ces *plans de pente* ou *versants secondaires*, comme du versant de premier ordre. Celui-ci aboutit toujours par son pied à la mer, tandis que les versants des lignes de faîte secondaires, partant de l'arête principale pour aboutir à cette mer, étant parallèles ou obliques entre elles, doivent toujours se rencontrer deux à deux perpendiculairement ou obliquement à cette mer. Il est évident encore que la ligne de rencontre de deux plans de pente secondaires sera formée de la suite des points les plus bas de tout le terrain situé entre deux lignes de faîte secondaires et les parties de côte et de ligne de faîte principale comprises entre ces deux lignes de faîte secondaires. Par suite, c'est le long de cette ligne de rencontre que s'écouleront toutes les eaux de cette portion du terrain.

Or, on appelle *bassin* cette portion du continent qui va de la crête principale à la mer et se trouve enfermée entre deux lignes de faîte secondaires. La ligne par où s'écoulent les eaux, c'es-à-dire le thalweg de premier ordre, porte le nom de *fleuve*. Le *fleuve* donne son nom au *bassin* dont il évacue les eaux. Deux exemples complèteront cette démonstration. Le *bassin* qui a la *Seine* pour thalweg est compris entre : 1.° les côtes de la Manche ; 2.° la partie de la crête principale de l'Europe qui va de Langres à Châteauneuf (Côte-d'Or) ; 3.° deux lignes de faîtes secondaires. L'une de ces lignes de faîte secondaires part de Langres, se dirige sur Rocroy, puis, contournant les sources de l'Oise, passe entre Ham et Chauny et se dirige à l'ouest vers la Manche. L'autre part de la Côte-d'Or, contourne les sources de l'Yonne, et passant entre les affluents de la Loire et de la Seine, va également se perdre dans la Manche.

Le *bassin de la Meuse* est limité non par la mer, mais par les atterrissements qui, déposés successivement par les eaux de la Meuse et du Rhin, s'étendent de Berg-op-Zoom à Scheveningen ; la portion de crête de premier ordre où le fleuve prend naissance est comprise entre Langres et Valfroicour. L'un de ces faîtes de deuxième ordre part de Langres et est commun aux deux fleuves la Meuse et la Seine jusqu'aux sources de l'Escaut; de là il passe par le Cateau, le Quesnoy, Bavay, longe la rive gauche de la Sambre, suit les hauteurs de Gosselies, Fleurus, Hannut, celles de St.-Pierre près Maestricht, puis court sur les hautes bruyères de la Campine entre les sources du Demer, des Nèthes et celles de la Dommel; l'autre faîte du deuxième ordre en quittant Valfroicour, marche vers le nord, passe entre Thionville et Longwy, Arlon et Luxembourg, contourne les affluents de la Roer entre Schmidtkeim et Dalhem, là se redresse subitement vers le nord, et passant entre Duren et Kerpen, va mourir près du Wahal à Nimègue.

7. On voit de prime abord que le terrain du continent d'Europe n'est plus aux yeux de l'observateur un dédale inextricable. Nous le savons d'abord partagé en deux parties tout à fait distinctes par une crête ou ligne de faîte qui traverse le continent dans sa plus grande longueur; ensuite chacune de ces parties est elle-même partagée, par des lignes de faîte de second ordre (qui vont de la crête principale à la mer), en une suite de bassins différents entre eux et desservis par de grands fleuves.

Cette ligne de faîte principale et ces lignes de faîte secondaires sont donc les grandes lignes géographiques du continent. On a donné à la première le nom de *dorsale*, c'est comme l'épine du dos du continent; les lignes de faîte secondaires ont été appelées *costales*; elles se rattachent en effet à la crête principale comme les *côtes* à l'épine *dorsale*.

Il est bon de remarquer que tous les bassins des fleuves n'ont pas la régularité de ceux d'Espagne. Là le fleuve et les *costales* qui l'enserrent sont presque perpendiculaires à la *dorsale* et à la mer. Mais quelquefois il arrive que le fleuve suit dans son cours la direction de la crête primordiale, et que celle-ci sert par conséquent de limite à la vallée du fleuve. Nous en avons deux exemples dans le Rhin et la Saône. D'autres fois la costale, avant d'arriver à la mer, se bifurque en différents endroits de sa course, et donne naissance à de nouveaux bassins. Notre pays offre un exemple de ce phénomène. L'Escaut ne prend pas naissance à la ligne de faîte principale de l'Europe, mais à la ligne de faîte secondaire qui sert de limite au bassin de la Seine. Le bassin de l'Escaut

est borné à l'est par la ligne de faîte de deuxième ordre qui
longe à l'occident le bassin de la Meuse, et à l'ouest par une
ligne de faîte de troisième ordre qui contourne les sources
de la Scarpe et de la Lys, et, passant entre les affluents de
cette dernière rivière et ceux de l'Yser, va mourir dans les
poldres de Maldegem et d'Ardenbourg.

L'observateur doit noter avec soin toutes ces exceptions,
et bien indiquer de quel ordre sont : 1.º la ligne de partage
où le fleuve·prend naissance ; 2.º celles qui limitent l'espace
qui déverse ses eaux dans son thalweg.

8. La division du continent en bassins indépendants les uns
des autres, offre à l'officier de grandes facilités dans ses ex-
plorations. Ces facilités deviendront plus grandes encore s'il
décompose à leur tour chacun de ces bassins. Prenons pour
exemple le bassin de la Meuse, dans sa partie belge. En
suivant avec soin les lignes de faîte secondaires ou les costales
qui l'enserrent, nous verrons que l'on peut aller de leurs
crêtes jusqu'au fleuve sans avoir besoin de passer ni rivières
ni ruisseaux. Ce sont là des lignes de faîte de troisième ordre.
Ainsi je puis toujours occuper les hauteurs en partant de la
costale de droite aux environs d'Arlon et en marchant par
les hauteurs de Florenville et de Muno jusqu'à la Meuse. De
même je puis quitter la Meuse à Fumay et rejoindre la même
costale, toujours par les hauteurs, par Nafraiture, Wagy,
Paliseul, Recogne. Ces nouvelles lignes de faîte déterminent
à leur tour des plans de pente de *troisième ordre*, ayant
pour rencontre des *thalwegs de deuxième ordre* que l'on appelle *rivières*. L'ensemble de ce système, c'est-à-dire ce terrain
compris entre une portion de costale, les deux pentes de
troisième ordre et une portion du fleuve, se nomme bassin
de deuxième ordre. Dans le cas qui nous occupe, le bassin
de deuxième ordre est celui de la Sure. La Meuse a pour bassins
de deuxième ordre en Belgique, à droite : 1.º la Sure, 2.º la
Lesse, 3.º l'Ourthe, 4.º la Geul, 5.º le Roer ; à gauche :
1.º la Sambre, 2.º la Méhaigne, 3.º le Jaar, sans compter les
ruisseaux qui découlent des hauteurs lorsque la costale s'approche trop près du fleuve.

Si maintenant en examine un bassin de rivière, on verra

aussitôt qu'il se subdivise lui-même en petits *bassins de troisième ordre*, ayant pour limites : 1.º deux lignes de faîte de *quatrième ordre*, 2.º une portion de la ligne de faîte de troisième ordre, et 3.º une partie du cours de la rivière. Ces bassins de troisième ordre ont des *thalwegs de troisième ordre* qui portent le nom de petites rivières ou de *ruisseaux*, suivant l'importance du cours d'eau. Il y a plus : si l'on pousse plus loin ses investigations, on trouve de petits bassins de quatrième et de cinquième ordre, alimentant à leur tour les ruisseaux.

L'officier qui voudra, en se rappelant les principes développés plus haut, suivre avec attention la direction des cours d'eau sur une carte détaillée, se sera bientôt familiarisé avec ces subdivisions.

9. Ainsi donc, tout le terrain est divisé en petits bassins de ruisseaux qui, groupés ensemble, forment des bassins de rivière, lesquels bassins de rivière, groupés à leur tour, constituent les bassins des fleuves. Chacun de ces bassins, quel que soit son ordre (sauf les exceptions déjà notées pour les fleuves, et qui s'appliquent aux cours d'eau de moindre importance), est limité par des lignes plus ou moins sinueuses, et contient au centre le *thalweg* (ou direction du fleuve, rivière ou ruisseau) par où s'écoulent les eaux du bassin. Des quatre lignes qui limitent chaque bassin, l'une est une portion de cours d'eau d'un ordre supérieur à celui qui suit le thalweg dans lequel se déversent les eaux du bassin; les trois autres sont des lignes de faîte, des *dos*, ou des *arêtes* non interrompues, que l'on peut appeler lignes de *partage des eaux*. Le cours d'eau prend naissance à la ligne de faîte opposée au réservoir (mer, fleuve ou rivière); là est la source du cours d'eau; celui-ci coule suivant le plan de pente, recevant de droite et de gauche les eaux qui descendent des deux autres lignes de faîte et qui constituent sa vallée; il se déverse dans le réservoir, à l'extrémité opposée, par son embouchure.

Il y a entre ces lignes de faîte et les thalwegs une conformité inaltérable et telle, comme le dit d'Arçon, que *l'image détaillée des parties fluides conduit à l'exacte confi-*

guration des parties solides. Les lignes de faîte se ramifient exactement comme les cours d'eau qu'ils enserrent, mais dans un sens opposé. Et (on ne peut assez le répéter) les *thalwegs* et les *faîtes* sont les lignes de repère de toute reconnaissance, celles que l'on doit examiner tout d'abord avant de s'occuper des objets secondaires qui couvrent la surface de la terre. C'est le long du faîte de premier ordre que se trouvent les plus hautes montagnes, lesquelles vont se ramifiant le long des chaînes de deuxième ordre pour enserrer les fleuves : c'est le long des faîtes que courent les directions des collines qu'une armée doit traverser, etc.

Si donc l'on ordonne de reconnaître le bassin d'une rivière quelconque, lequel est composé de plusieurs bassins de ruisseaux, il faudra procéder comme suit : 1.º on cherchera quelle est la portion de fleuve qui sert de limite au bassin donné ; 2.º on notera l'embouchure de la rivière et les points du fleuve au-dessus et au-dessous de cette embouchure, où les lignes de faîte (ordinairement de troisième ordre) qui limitent la vallée de la rivière viennent mourir ; 3.º on marchera sur ces lignes de faîte de troisième ordre jusqu'à la rencontre de la ligne de faîte (ordinairement de deuxième ordre) qui sert de quatrième limite au bassin et où la rivière a sa source. On obtient de cette façon une espèce de quadrilatère qui contient tout le bassin de la rivière, c'est-à-dire, sa vallée et tous les vallons des ruisseaux, ses affluents. En parcourant les lignes de faîte de troisième ordre, on aura remarqué les sources des ruisseaux et les points d'attache des petites lignes de faîte qui séparent ces bassins du troisième ordre. En parcourant le cours de la rivière, on aura observé l'embouchure de ces divers ruisseaux et les points où les petites lignes de faîte qui les encadrent viennent mourir ; de cette façon, l'on possèdera tous les points géographiques et topographiques importants de l'espace à reconnaître.

10. Dans un livre comme celui-ci, on ne pouvait laisser inaperçue *la division du globe en régions naturelles, base fondamentale de toute étude géographique et de toute connaissance du terrain ;* mais les bornes que l'on s'est imposé

dans sa rédaction, ne permettent pas de donner plus de développement à cette théorie.

On va procéder maintenant à la reconnaissance de chaque objet de terrain en particulier, en commençant par les *cours d'eau*, puis en observant les *chaînes de montagnes*, les groupes de *collines* qui enserrent ces cours d'eau et forment avec eux un tout complet. Plus on s'approche de l'embouchure des fleuves, plus les obstacles qu'ils offrent sont difficiles à franchir, moins leurs lignes de faîte ont d'importance ; mais aussi, plus on se rapproche de la source, plus ces lignes de faîte se hérissent de difficultés et s'opposent au mouvement des armées. On passera ensuite à la reconnaissance des objets encadrés par ces grandes lignes : d'abord les objets naturels, comme les *bois*, les *marais*, les *bruyères*, etc.; les objets artificiels qui couvrent la surface, comme les *villages*, les *bourgs*, les *villes*, etc.; les voies de communication, les *chemins*, les *routes*, les *canaux*. Enfin on examinera l'ensemble de toutes ces choses relativement aux marches et aux campements des armées, et l'on développera la théorie des positions.

RECONNAISSANCE DES COURS D'EAU.

Fleuves, rivières, ruisseaux.

11. La reconnaissance des cours est des plus délicates. On doit y apporter le plus grand soin. Il n'est pas un cours d'eau qui ne puisse avoir de l'influence sur le sort des armées, et servir dans le cours de la guerre, soit à appuyer un des flancs, ou à couvrir le front d'une position. Il faut donc reconnaître tous ceux dont on peut s'approcher, et se procurer sur ceux donc l'ennemi occupe les rives, tous les renseignements possibles. L'officier doit tout voir par lui-même,

et surtout ne point se fier aux habitants du pays, car il est bien rare de trouver des gens de bonne volonté et instruits de tous les détails nécessaires à la guerre. Voici les choses qui doivent attirer spécialement l'attention.

12. *Bassins*. On a indiqué dans les paragraphes précédents tout ce qui est relatif à la description des bassins. Indiquez les limites approximatifs du bassin. A quel ordre il appartient. Le réservoir qui reçoit le cours d'eau.

13. *Source*. De quelle nature sont les sources du cours d'eau. A quel endroit sont-elles situées ; leur nombre. Examinez avec soin le pays où sont placées les sources ; cela peut avoir de l'influence pour l'appréciation des eaux, du cours d'eau. Les montagnes sont-elles couvertes de neige ? Le pays est-il boisé ?

14. OBSERVATIONS. Plus un pays est montueux, plus les sources sont nombreuses. Les sources peuvent provenir, 1.º de fontaines : l'eau de pluie ou des vapeurs condensées, s'infiltrant à travers les couches du terrain, prennent sous la terre une direction constante et viennent au jour par de petites ouvertures intérieures. Les sources de cette espèce sont souvent intarissables et uniformes, quant à la quantité d'eau qu'elles fournissent. 2.º Des eaux du ciel, qui tombant sur la surface de la terre, glissent le long de la surface, soit par des torrents, soit par une suite de petits conduits naturels qui alimentent les ruisseaux, puis les rivières. Ces petits conduits sont secs en été. 3.º De la fonte des neiges des hautes montagnes : ces sources-là sont celles des grands fleuves. Les vapeurs atmosphériques, la neige produisant les grands glaciers et ces glaces éternelles se fondant aux rayons du soleil, déversent leurs eaux dans les bassins des grands fleuves. La quantité d'eau fournie varie avec la chaleur de l'atmosphère. 4.º Les fleuves et rivières prennent encore leur source dans des prairies et des plaines marécageuses. Tels sont les fleuves le Dniéper, le Niémen, etc.; tels sont en Belgique, les Nèthes, le Demer, la Dommel, qui sortent des marais de la Campine.

15. *Direction générale du cours d'eau.* On l'indique au moyen des points cardinaux. On note chaque changement de direction spéciale. Il n'est pas besoin d'ajouter que plus la direction d'un cours d'eau est droite, plus la pente de la rivière est rapide. Il est en de cela comme d'une route en pays de montagne. Le chemin qui serpente le long de la croupe de la hauteur est plus allongé, mais aussi moins rapide que celui qui suit la ligne de plus grande pente et va droit du pied à la cime. Il faut bien indiquer la position des sinuosités, car ce sont elles qui favorisent le passage des cours d'eau.

16. OBSERVATIONS. On a longtemps attribué l'orgine de la direction des cours d'eau à l'action corrosive des eaux, à de puissants courants qui ont frayé peu à peu leur passage à travers les bancs solides du globe. Cette erreur a été détruite par les travaux de géologues. La direction des cours d'eau est déterminée par celle de crevasses provenant des commotions du globe lors des soulèvements qui ont fait sortir les îles et les continents du sein des mers. Les eaux ont profité de ces crevasses pour s'écouler. La topographie de la Belgique offre plusieurs faits qui détruisent l'opinion de ceux qui peuvent croire encore que les fleuves et les rivières ont creusé leur lit. La *Meuse* dans son cours, en arrivant devant les rochers de l'Ardenne, avait à sa gauche des collines friables et peu élevées qui la séparaient du bassin de la Seine, tandis que les assises de rocs placés au nord, s'élevaient de près de cent mètres au-dessus de son cours. Si le fleuve avait créé son cours il se serait brisé évidemment contre les rochers et porté à gauche dans le bassin de la Seine; le contraire a eu lieu. Il laissa de côté les collines et leurs cols peu élevés, et s'engouffra à travers les rocs de l'Ardenne, dans les fentes ou gorges créés par les bouleversements de la nature. (Boblaye, *Annales des Sciences naturelles.*) La *Sambre* en sortant de France, au lieu de suivre comme l'Escaut, la pente générale du terrain vers le nord, se détourne brusquement vers l'est, et traverse des plateaux de roches élevées et dures entre Charleroi et

Namur, tandis qu'avant de s'engager dans ce chemin, elle n'était séparée, du bassin de la Senne, affluent de l'Escaut, que par de petites collines de sable peu élevées qui à cet endroit constituent la *costale* ou ligne de faîte de second ordre commune aux bassins de la Meuse et de l'Escaut. Ceci est une preuve de plus du soin qu'il faut apporter à tout examiner dans l'inspection du terrain. Il faut tout voir avec soin, tout noter. Celui qui, par exemple, examinerait l'Escaut à Mortague et jetterait les yeux vers Tournai, se tromperait étrangement s'il prévoyait pour le fleuve, dans le restant de son cours, la belle et large bordure de prairies qu'il a sous les yeux ; car, entre Antoing et Tournai, l'Escaut passe par une crevasse dans les bancs du calcaire de transition. Les prairies ont disparu, le plateau touche les rives, et rend facile l'établissement des ponts. Aussi c'est à ce point que le maréchal de Saxe fit passer l'armée française pour livrer sur la rive droite de l'Escaut la bataille de Fontenoy. La rive gauche était si rapprochée du champ de bataille que ses canons placés en face d'Antoing, prenaient de revers la ligne ennemie. Cela n'aurait pu avoir lieu en amont d'Antoing ou en aval de Tournai. De la reconnance d'une partie de cours d'eau, on ne peut rien préjuger pour le reste.

17. *Profil du cours d'eau.* Après avoir indiqué la direction des cours d'eau, il faut en prendre le profil. Cette opération doit être répétée le plus possible, surtout au-dessous de chaque affluent, aux changements importants que l'on remarque dans la largeur du cours d'eau, et à chaque coude important.

18. Le *profil* d'un cours d'eau est une coupe faite perpendiculairement à la direction du fil de l'eau, et comprenant : 1.º la largeur du cours d'eau , 2.º la profondeur mesurée de distance en distance le long de cette largeur. C'est la forme du lit d'un bord à l'autre. Ces dimensions sont utiles à connaître pour déterminer la nature et la quantité des matériaux à employer pour la construction des ponts, et

arrêter à l'avance les endroits où l'armée peut passer à gué.

19. Les *bords* des cours d'eau seront l'objet d'une attention toute spéciale. Observez les escarpes des bords ; si elles sont différentes : leur élévation sur l'eau ; celles qu'un trop fort talus rend impraticables. L'état des bords indique dans l'offensive les points susceptibles de passage ; dans la défensive, les points à défendre. Les bords d'une rivière sont loin d'être stables ; ils changent évidemment avec la *largeur*, et dans les sinuosités, ils sont rongés par la force du courant. De l'aspect des berges ou bords , on peut déduire la profondeur relative de l'eau ; on en déduit aussi la direction du thalweg ou fil de l'eau.

20. *Largeur.* La largeur d'une rivière varie avec la résistance des berges. Toute rivière dont la largeur augmente diminue de profondeur.

21. *Profondeur.* La profondeur varie en raison de la largeur de la rivière. Ceci n'a pas besoin de démonstration. La profondeur peut se déduire de l'état des *berges* ou bords. S'ils sont escarpés, la profondeur est grande ; s'ils sont plats et offrent une pente douce, ils dénotent des eaux moins profondes. La profondeur doit toujours être prise à l'endroit du plus fort courant, ou du thalweg. Dans les temps calmes, on distingue facilement à l'œil le courant et par suite la direction du thalweg, c'est-à-dire la plus grande profondeur. Quand les vents agitent la surface des eaux, les plus fortes vagues indiquent les endroits les plus profonds. Si les eaux sont claires et le courant imperceptible, l'indice de la plus grande profondeur est une couleur plus foncée de l'eau.

22. *Thalweg.* Quand on mesure le profil d'un cours d'eau, il est facile de s'apercevoir que le point le plus bas n'est pas toujours au centre du profil, à égale distance des deux bords.

C'est par la série des points les plus bas du lit que passe le thalweg ou ligne de plus grande pente de la vallée; et le fil de l'eau, ou le plus fort courant, suit la direction du thalweg. On sait d'ailleurs que le courant, dans le sens de la largeur, s'amoindrit vers les bords. De l'aspect des rives, on peut déduire la position du thalweg. Lorque la direction du cours d'eau est droite, lorsque les bords sont égaux en densité, également escarpés, ou également inclinés, le thalweg passera entre les deux bords; si l'un des bords est escarpé, tandis que l'autre est plat et fortement incliné, le thalweg sera plus près du bord escarpé, et le degré d'escarpement sera en raison directe de ce rapprochement. Le maximum d'escarpement a lieu dans les rentrants des sinuosités, car à cet endroit le thalweg touche la berge.

23. OBSERVATIONS. On mesure la *largeur* du cours d'eau au moyen d'un cordage que l'on tend d'une rive à l'autre. Si la rivière est trop large, on fixe un batelet au milieu de la rivière et l'on tend deux cordeaux du batelet aux deux rives. Lorsque ces moyens sont impossibles, on se sert pour évaluer la largeur d'un des procédés mathématiques qui seront développés au chapitre qui traitera des levers de plans en campagne. La *profondeur* de la rivière se mesure au moyen d'une perche graduée ou d'une sonde (cordeau gradué, à l'extrémité duquel est un corps pesant) que l'on porte aux différents endroits du cordage tendu d'une rive à l'autre, et l'on note les profondeurs obtenues. S'il est impossible de mesurer des profondeurs dans toute la largeur, on observe avec soin les bords et l'on prend la profondeur au thalweg, c'est-à-dire, à l'endroit où le courant est le plus fort. Il est bon de remarquer que la surface de l'eau dans le sens de la largeur n'est pas plane. L'eau est plus élevée à l'endroit du courant que sur les bords, et présente ainsi une courbe convexe dont le point le plus haut est au thalweg. Cette différence croît avec la vitesse du courant. On observe un phénomène semblable en versant fort doucement de l'eau dans un vase; l'eau, au centre, dépasse la hauteur des parois un instant avant de déborder.

24. *Du courant et de la vitesse.* Quand on connaît le *profil* du cours d'eau, il est nécessaire d'évaluer la vitesse du courant. Cette *vitesse* influe sur les formes des rives. La vitesse est en raison de la pente du lit du cours d'eau. Elle n'est pas la même pour toutes les parties d'un même profil. Ainsi qu'on l'a dit plus haut, elle est plus grande à l'endroit du thalweg. Cette vitesse varie encore en raison de la profondeur. La vitesse au fond est moins grande qu'au milieu et celle-ci moindre qu'à la surface. Le *courant,* comme nous l'avons encore dit, subit dans sa direction toutes les perturbations de la direction des thalwegs. Si la direction est droite et les rives symétriques, le courant est au milieu du cours d'eau ; si une des rives est escarpée et l'autre basse, le courant est plus proche de la rive escarpée ; dans les rivières sinueuses, le courant suit le rentrant des sinuosités. La vitesse d'un cours d'eau varie avec la largeur et la profondeur ; elle augmente avec la largeur et diminue avec la profondeur.

25. OBSERVATIONS. La vitesse d'un courant s'évalue par *secondes* et de la manière suivante. Comme la profondeur influe sur la vitesse, on détermine, avant tout, l'élévation des eaux au moment de l'opération. On abandonne, au plus fort du courant et à la hauteur d'un jalon placé sur la rive, un flotteur formé d'un morceau de liége ou de bois blanc, et mieux encore une bouteille bien bouchée et à moitié remplie d'eau ; on suit le flotteur pendant une minute la montre à la main, et à l'expiration de la minute, on place sur la rive un deuxième jalon à la hauteur où est arrivé le flotteur ; on mesure la distance entre les deux jalons et on divise la distance par les soixante *secondes.* On obtient de cette façon le nombre de mètres parcourus par le courant en une *seconde* de temps. Si l'officier chargé de la reconnaissance possède une bonne montre à secondes, il peut placer d'avance les deux jalons, abandonner le flotteur à la hauteur du premier jalon et compter combien il faut de secondes pour parcourir l'espace mesuré que l'on divise alors par la quantité de secondes obtenue. Dans le premier cas : si en une minute le flotteur a parcouru 120 mètres, la vitesse du courant sera de 2 mètres par seconde. Dans le second cas : si la distance préalablement mesurée est de 40 mètres et que le flotteur mette 25 secondes à la parcourir, la vitesse du courant sera de 1ᵐ,60 centimètres par *seconde*. Lorsque les rives sont impraticables ou bien lorsque le fleuve est trop large pour que l'on puisse apercevoir le flotteur, on fixe *deux batelets au plus fort du courant, on mesure leur distance* avec un cordeau, puis on agit comme précédemment. On peut encore apprécier cette vitesse du courant au moyen du *loch* (morceau de bois léger de forme trangulaire fixé à un fil léger que l'on dévide au fur et à mesure et dont la base est munie d'une petite lame de plomb). Pour se servir du *loch*, on amarre un batelet au plus fort du courant, on lance le *loch* à l'eau, et quand il est à quelque distance du batelet, on compte combien de secondes il faut pour dévider le restant du cordeau dont on connaît la longueur. En divisant cette longueur par le nombre de secondes obtenues, on a la vitesse du courant. La vitesse obtenue par ces moyens est celle de la surface ; la vitesse moyenne s'obtient par la formule suivante ; V étant la vitesse

trouvée, la vitesse moyenne sera $= \dfrac{V + (\sqrt{V} - I)^{2}}{2}.$

La vitesse d'un cours d'eau peut être *petite, ordinaire, rapide, très-rapide, impétueuse*. La *petite* vitesse est celle de 0ᵐ50 par seconde ; la vitesse *ordinaire*, de 0ᵐ,80 à 1ᵐ ; la *rapide*, 1ᵐ,50 à 2ᵐ ; la *très-rapide*, 2ᵐ à 3ᵐ ; l'*impétueuse*, au-delà de 3ᵐ. A ce dernier courant rien ne résiste ; avec lui la navigation est presque impossible. Quand on a mesuré le profil d'un cours d'eau et sa vitesse, on obtient la quantité d'eau qu'il fournit par seconde en multipliant la surface du profil par la vitesse.

26. *Du lit des cours d'eau ; de l'état de leur fond ; de leurs perturbations.* Le *lit* d'un cours d'eau est le conduit creux, le canal par où s'écoulent les eaux. Il se compose des *berges* ou bords et du *fond*. La section de ce fond, perpendiculaire à la direction, donne une courbe concave dont le point le plus bas appartient au thalweg. Il faut

s'enquérir si le lit est sujet à varier ou s'il est constant. La nature du *fond* et des *berges* influe beaucoup sur les perturbations du lit de la rivière. L'appréciation de ces perturbations est indispensable à tout chef chargé d'une action de guerre. La connaissance parfaite du fond ne lui est pas moins nécessaire. Il faut qu'il sache s'il est de *rochers*, couvert de grosses *pierres* anguleuses ou rondes, de *galets*, de *gravier* plus ou moins gros, de *sable*, de terre argileuse ou de *vase*, s'il est embarrassé de *roseaux* ou de bancs de *sable mouvant*. On s'attachera surtout à bien connaître ce fond aux endroits où la rivière est guéable et à ceux désignés comme favorables à l'établissement des ponts. On verra avec soin si le lit ne contient pas de gouffres creusés soit par la rapidité de la pente, soit par des remous.

27. OBSERVATIONS. Voici quelques données d'expérience qui aideront l'officier dans la résolution des questions posées dans cet article, et qui pourront lui être à la guerre d'une grande utilité.

Le *lit* d'un cours d'eau (ses bords et son fond) est de gravier, de sable ou de limon. Il est de gravier dans les pays de montagnes. Où il n'y a pas de montagnes, il n'y a pas de gravier ; et comme les montagnes sont ordinairement plus hautes vers la source d'un cours d'eau que vers son embouchure, on peut dire aussi que la grosseur du gravier augmente ou diminue au fur et à mesure que l'on s'approche ou que l'on s'éloigne de la source. A l'inspection du gravier d'un cours d'eau, on peut juger de sa vitesse. Plus le gravier est gros, plus la vitesse est grande. Une observation importante est celle-ci : dans les rivières à lit de gros gravier où l'on trouve des blocs sur lesquels il est difficile de marcher, on rencontre parfois, à côté de ces blocs, des parties d'un sable fin et mouvant. Comment la nature fait-elle ce triage ? on ne sait, mais le fait existe. On ne s'engagera donc pas dans le lit d'une rivière à fond de gravier sans bien le reconnaître.

28. Les cours d'eau à lit de gravier et de gros sable sont ceux qui affectent les directions les plus droites ; mais ce sont ceux aussi dont les bords se corrodent le plus vite. L'eau mange les rives, la largeur augmente outre mesure et le courant se déplace. Il se porte vers les bords. Il y a alors deux courants ; le milieu de la rivière s'obstrue ; des bancs de sable y naissent, puis des îles. Ainsi, partout où la carte indique qu'un fleuve se partage en plusieurs bras, passe entre des îles nombreuses, on peut dire avec assurance que, là, le lit est de gravier. Par suite de ces perturbations perpétuelles, les rivières à lit de gravier sont les plus dangereuses pour les riverains, et celles que l'on doit reconnaître avec le plus de soin. Les bas-fonds se reconnaissent au courant qui en cet endroit s'affaiblit et moutonne faiblement.

29. Les *cours d'eau à fond de gravier* offrent encore ce phénomène remarquable : De distance en distance l'eau creuse des *gouffres* dont la profondeur est en raison de la profondeur même des eaux et de la *vitesse* de la rivière ou du fleuve. La distance entre les gouffres est aussi en raison directe de la pente. Plus il y a de pente, plus les gouffres sont nombreux ; plus l'eau est profonde, plus les gouffres sont profonds. On reconnaît le gouffre au courant qui s'accélère tout à coup, puis aussitôt après s'affaiblit. L'eau, en effet, doit avoir plus de vitesse à l'entrée du gouffre et moins de vitesse à la sortie. Il suit de là que les *gués* des cours d'eau à gravier sont principalement à la sortie des gouffres ; car les endroits les moins profonds des rivières sont là où le courant est le moins fort.

30. Les *cours d'eau à fond de sable et de limon* présentent des effets opposés. Le lit est moins variable (le lit de sable est un intermédiaire entre ceux de gravier et de limon) ; la pente devient toujours moins forte, la vitesse plus uniforme. Il n'y a plus de gouffres si le cours d'eau est à fond de limon ; il y en a fort peu dans les rivières à fond de sable, et cela à cause de la vitesse uniforme. Mais les rivières à lit de limon affectent des directions moins droites, elles se complaisent dans mille détours et serpentent au milieu des prairies et des terres basses qu'elles traversent.

31. Les *coudes* des cours d'eau doivent attirer toute l'attention des militaires, car ils sont une cause permanente de perturbation. Le courant, lorsqu'un coude se présente, se dirige contre la berge dans la partie concave, et l'eau est réfléchie vers la berge opposée. Le courant corrodera en conséquence la berge qu'il frappe avec d'autant plus d'énergie, 1.º que l'angle d'obliquité sera moindre ; 2.º que le courant sera plus fort ; 3.º que les matières qui composent la berge auront moins de ténacité.

Or, le gravier a moins de ténacité que le sable, et le sable moins de ténacité que l'argile ; par conséquent, la berge de gravier sera plus vite corrodée que celle de limon ; il suit encore que la berge de gravier présentera aux sinuosités une courbe d'une plus grande courbure que la berge de limon, de sorte que le cours d'eau sera souvent dangereux pour la navigation. Voyez en effet le lit de la Meuse entre Namur et Liége ; ceux de la Vesdre, de l'Ourthe et de nos petites rivières des pays de montagnes, et comparez la forme de leurs détours brusqués avec ceux de l'Escaut. Cette disposition des coudes dans les lits de gravier force quelquefois lés eaux à revenir sur elles-mêmes et à former des contre-courants. Ces contre-courants se nomment *remous* ou *eaux-mortes*. Ils donnent naissance à des gouffres, et lors des crues d'eau à des tournoiements capables d'engloutir des navires.

Lorsque la berge est de rochers, elle ne se dégrade pas. Lorsque le rocher se trouve à un coude, l'eau ne pouvant ronger la berge, ronge le fond. De là le proverbe du nautonnier : *les roches attirent les eaux.*

Il ne faut pas confondre dans tout cet article les *coudes* ou sinuosités de la rivière avec les changements de direction.

32. *Des crues et des inondations.* Les *crues* sont des causes permanentes de perturbation pour les lits des cours d'eau. Elles peuvent rendre impraticable tout mouvement d'armées. Il est donc indispensable de posséder sur elles tous les indices possibles, et l'officier chargé d'une reconnaissance ne peut prendre assez de renseignements et examiner les questions qui s'y rapportent avec assez d'attention. On observera quelle est la nature des crues. La

rivière est-elle sujette à des crues périodiques ou accidentelles? A quelle hauteur l'eau s'élève-t-elle, dans les crues,
au-dessus de la profondeur ordinaire des cours d'eau? Dans
les crues l'eau passe-t-elle au-dessus des bords, inondant
les rives? Dans ce cas, quelle est l'étendue de l'*inondation?*
On déterminera les *causes,* les *époques* ordinaires et la *durée*
des crues.

33. OBSERVATIONS. Les *crues périodiques* n'ont lieu que
pour les fleuves ou rivières qui descendent des glaciers et
des montagnes couvertes de neige. Les cours d'eau de cette
espèce ont deux crues périodiques par an, 1.º en mai, à la fonte
des premières neiges ; 2.º en juillet et août, quand le restant
des neiges se fond.

34. Les rivières qui ont leurs sources dans des montagnes peu
élevées ou dans des pays à douces collines n'ont pas de *crues
périodiques,* mais des crues *extraordinaires* causées, en hiver,
par l'abondance des pluies, et, en été, par les averses et les
orages. Plus le pays sera montueux, plus les affluents d'un
cours d'eau auront de pente, et plus la crue sera violente.
Lorsque les collines et les montagnes d'où sortent les cours
d'eau sont boisées, on a moins à craindre des crues pendant
les orages, de la sécheresse pendant les chaleurs, ainsi
qu'on le verra tout à l'heure. La crue par une pluie générale sera la plus forte possible, lorsque les eaux les plus
éloignées arriveront au point de réunion des affluents avant
l'entier écoulement des eaux les plus proches, et dans ce
cas la crue sera d'autant plus forte que le bassin aura plus
d'étendue. Cela a aussi inévitablement lieu dans les grandes
pluies et même par les pluies ordinaires, si le cours de la
rivière est coupé par des barrages. La fonte des neiges par
un vent chaud, équivaut à la pluie générale la plus forte possible, et cause toujours des crues.

35. On reconnaît qu'une rivière est sujette à des crues
lorsque l'on voit sur ses bords des digues élevées pour atténuer
leurs effets ; lorsque la rive est plate, sablonneuse, remplie
de galets ; lorsque l'on voit, le long des rives, des parties
marécageuses ; lorsqu'on y trouve des parties de terrain
restées incultes.

36. Les crues bouleversent les lits de gravier, creusent quelquefois au courant une direction nouvelle. Les cours d'eau à lit de gravier doivent donc être souvent reconnus.

37. Les crues s'annoncent par un changement de couleur de l'eau du fleuve, produit par l'adjonction d'eaux pluviales chargées de matières étrangères. Les bateliers prévoyent avec certitude une crue lorsque l'eau *mouve de fond,* c'est-à-dire, lorsqu'ils aperçoivent, dans le courant, un accroissement de vitesse qui trouble l'eau au fond de la rivière.

38. Si, pendant une crue, il survient un fort vent contraire à la direction du courant, ce vent fait refluer les eaux et augmente l'inondation.

39. *Du déboisement et du réfrichement des hauteurs.* Autrefois les cimes des monts étaient couvertes de bois et de pâturages. La spéculation les a dérodés et cultivés, et cette mesure a été fatale aux riverains. Les bois attiraient, comme les montagnes, les vapeurs de l'atmosphère et fournissaient de l'eau aux sources. Dans les temps de pluies, ces bois arrêtaient les eaux, ne les déversaient que successivement dans la vallée. L'eau ensuite, coulant sur leurs pelouses, n'entraînait pas avec elle des débris de terre et de rochers qui obstruent les cours d'eau. Ce défrichement et ce déboisement des hauteurs a causé : 1.º l'anéantissement de la couche végétale qui couvrait les montagnes ; 2.º des inondations fatales aux riverains, (exemple celles du Rhône); 3.º les dépôts qui se forment dans les rivières et à l'embouchure des fleuves, et menacent de jour en jour la navigation ; 4.º la diminution des sources constantes qui alimentaient les fleuves et les rivières dans leur état ordinaire.

Ces considérations suffisent pour attirer l'attention de l'officier sur ce point.

40. *Embouchure, confluents, affluents.* Tout cours d'eau se jette dans un autre cours d'eau ou dans la mer. Le point où il cesse d'être et se perd dans un cours d'eau d'un ordre supérieur, se nomme *embouchure.* La rencontre de deux cours d'eau se nomme aussi *confluent.* Le confluent, lorsque les cours d'eau sont considérables, est un point important

sous le rapport militaire ; et si ce confluent se trouve au nœud de plusieurs routes , il doit attirer toute l'attention de l'officier. Un fleuve se jette dans la mer ordinairement par plusieurs embouchures. On appelle *affluent* d'un cours d'eau, tout cours d'eau d'un ordre inférieur qui est son tributaire. Les torrents et les petits ruisseaux sont les affluents des gros ruisseaux ; les gros ruisseaux sont les affluents des rivières ; les rivières sont les affluents des fleuves.

41. Lorsque la mer dans laquelle un fleuve se déverse est sujette au *flux* et *reflux* (cela a lieu pour tous les fleuves qui se jettent dans l'Océan ; la Méditerranée , la mer Noire ; la Baltique n'en ont presque pas) ; il faut indiquer jusqu'où se font sentir les grandes , les moyennes et les plus petites marées , et la différence de niveau entre la plus grande hauteur et le plus grand abaissement des eaux. La marée se fait sentir dans l'Escaut jusqu'à Gand ; ses affluents , les *Nèthes* et la *Dyle* , s'en ressentent également : les Nèthes , jusqu'à Emblehem et Berlaere ; la Dyle, jusqu'au-dessus de Malines. Ceci est important à noter. Nous reviendrons à l'article des *côtes* sur la nécessité de bien connaître l'effet des marées.

42. Un cours d'eau, en se jetant dans un autre, cause, au-dessus de son *embouchure* ou *confluent* , une espèce de temps d'arrêt au courant. En effet, les eaux de l'*affluent* doivent faire l'effet d'un barrage. Il arrive de là que les matières terreuses tenues en suspension ont le temps de se précipiter. Lorsque l'on sera à la recherche des *gués* , on sondera donc au-dessus de chaque confluent.

43. *Amont, aval.* Quand on traite des cours d'eau, on se sert de deux termes, sur la signification desquels il est bon de s'entendre. Quand on parle d'un point situé sur un fleuve, ou rivière , ou ruisseau , toute le partie du cours située au-des-

sus de ce point, vers la source, est en *amont* de ce point ; toute la partie du cours située au-dessous de ce point, vers l'embouchure, est en *aval* de ce point. Audenaerde est en *amont* de Gand et en *aval* de Tournai ; Termonde est en *aval* de Gand, etc.

44. *Navigation.* Il faut s'enquérir avec soin si une rivière est navigable ; en quel endroit commence le navigation 1.° descendante, 2.° ascendante. Si la navigation est interrompue une partie de l'année, 1.° par les crues, 2.° par l'abaissement des eaux, 3.° par les glaces. Si l'on se sert de bâtiments à la voile, de bateaux à vapeur, et jusqu'à quel point du cours de la rivière on peut s'en servir. Y-a-il des passages difficiles ou dangereux ; quelles sont les précautions à prendre pour les franchir. Lorsque la rivière se divise en plusieurs bras, on dira quel est celui qu'il faut suivre en descendant, quel est celui qu'il faut prendre en remontant ; sous quelle arche des ponts on doit passer ; quelle est la largeur de ces arches. On mentionnera les diverses espèces de bateaux qui naviguent sur la rivière, leurs principales dimensions, leur forme, leur solidité de construction ; quel est le poids de leur chargement lors des hautes, des moyennes et basses eaux. On dira s'ils peuvent servir à la construction des ponts militaires ; les lieux ordinaires de station ; et quel serait le temps nécessaire pour en rassembler un certain nombre à un point indiqué. (*Haillot.*)

45. Quels moyens emploie-t-on pour remorquer les navires ; des chevaux ou des hommes? Existe-t-il des *chemins de hallage?* Dire leur nature ; en quels endroits ils sont interrompus par des broussailles, fossés, marais ; à quel endroit ils changent de rives. Indiquer le temps qu'il faut aux bateaux pour opérer leurs navigations ascendante ou descendante aux divers points importants de la rivière, par les hautes, moyennes et basses eaux.

46. Observations. Pour qu'une rivière soit flottable en trains, il faut qu'elle ait au moins 0^m,65 de profondeur. La largeur des trains est d'environ 4 mètres. Le tirant d'eau des plus petits bateaux employés à la navigation fluviale, est d'environ 0^m,60 pour le *minimum*.

47. Une rivière ne peut être regardée comme navigable que dans la partie de son cours où la profondeur est au moins de 1 mètre. Les pentes au-dessus desquelles les rivières cessent d'être navigables sont : 1.° à la voile $\frac{1}{4000}$; 2.° au moyen du hallage $\frac{1}{2000}$.

48. On évalue en tonneaux le chargement des bateaux des rivières et celui des bâtiments qui tiennent la mer. Le tonneau métrique représente le poids d'un mètre cube d'eau, ou 1000 kilogrammes, ou 10 quintaux métriques. L'ancien tonneau équivaut à 979 kilog. (*Instructions de l'Ecole d'état-major.*)

49. Pour chaque espèce de bateau on indiquera : 1.° la longueur totale ; 2.° la largeur au milieu ; 3.° la profondeur au milieu ; 4.° le port en kilogrammes ; 5.° autant que possible le prix du bateau.

50. *Des rives.* Les rives sont les parties de terrain qui avoisinent les bords des cours d'eau. L'examen des rives appartient évidemment à la reconnaissance générale du pays qui avoisine la rivière. On doit observer principalement leur nature, leurs élévations, leur escarpement, leur commandement, leurs sinosités et les positions avantageuses qu'elles présentent. Si elles sont marécageuses, on dira quelles sont la position et l'étendue des marais, et en quelles saisons ils sont praticables. (*Haillot.*)

51. *Des glaces et débâcles.* On fera connaitre si la rivière prend pendant l'hiver ou si elle ne fait que charier des glaçons ; si la glace est assez épaisse pour porter des hommes, des chevaux, des voitures. A quelle époque arrive la débâcle et ses effets ordinaires. (*Haillot.*)

52. Observations. *Passage sur la glace.* Les armées ont passé quelquefois sur la glace. Ces passages sont accidentels ; c'est un moyen précaire qui peut mettre une armée dans une position critique, car la moindre élévation de température fait naître une débâcle et prive l'armée de ses voies de communication. La glace se forme de préférence là où les rivières s'étendent davantage, où, par conséquent, il y a moins de courant et de profondeur ; c'est encore là que la glace acquiert le plus vite une épaisseur convenable.

Lorsque la glace a 0^m,04 d'épaisseur, l'infanterie peut passer, mais homme par homme, espacés et en marchant sur une file de madriers posés sur la glace ;

A 0^m,095 d'épaisseur, l'infanterie passe avec sécurité, mais seulement par files espacées ou par petites sections, laissant entre elles une distance double du front ;

De 0^m,10 à 0^m,13, la pièce de 6 non attelée et placée sur traîneau ; la cavalerie.

De 0^m,138 à 0^m,15 la pièce de 12 sur traîneau.

De 0^m,16 à 0^m,19, l'artillerie de campagne attelée.

Faites couvrir les lignes de passage de paille, de cendres et de madriers si on en possède ; ne craignez pas les craquements de la glace si l'eau ne passe pas par les fentes. Dans une retraite jalonnez avec soin les points de passage, et opposez-vous avec énergie à ce que les soldats se portent en masse et en désordre sur la glace, si vous ne voulez pas voir naître d'affreux désastres. On augmente la force de la glace en la couvrant de fascines ou de paille que l'on arrose d'eau.

On ne peut jamais se fier à une glace qui ne repose pas immédiatement sur l'eau. Quant aux fardeaux les plus pesants, il vaut toujours mieux les passer sur traîneaux.

53. *Passage des cours d'eau.* Les passages des cours d'eau se font au moyen de *ponts*, de *gués*, de *bateaux*, de *radeaux* et à la *nage*.

54. *Des ponts.* Pour les ponts on indiquera leur emplacement, leur utilité, leurs communications, leurs dimensions, leur mode de construction, bois, pierre, etc. ; leur solidité, s'ils peuvent soutenir l'artillerie ; le moyen de les détruire, de les rétablir le plus avantageusement en cas de

destruction. Quels sont les matéricaux qu'il serait possible de trouver à proximité? Décrivez avec soin les environs des ponts et l'état des rives. Quelle est la rive dominante? Indiquez également les réparations dont les ponts ont besoin. Quelles sont les routes et chemins qui conduisent aux ponts (pavées, ferrées, en terre.) Les rues en-deçà et au-delà, défilés, débouchés, pays en avant. Dites s'il y a moyen de les défendre, d'y établir une tête de pont; dans ce cas, indiquez sa forme; occupez-vous également de l'attaque.

55. OBSERVATIONS. *Des ponts.* Il ne peut être question dans un ouvrage de la nature de celui-ci de la description détaillée des ponts militaires (ponts de *bateaux*, de *radeaux*, de *chevalet*, sur *pilotis*) employés par l'artillerie; on renvoye à cet égard aux ouvrages spéciaux; on recueillera seulement quelques notes utiles aux officiers d'infanterie et de cavalerie.

Pour établir un pont de bateaux, il faut au moins 0ᵐ,50 de profondeur d'eau et des rives peu escarpées. Pour les ponts de radeaux, la vitesse du courant doit être moindre de 2ᵐ par seconde. Pour les ponts de chevalets, la profondeur doit être au plus de 2ᵐ et la plus grande vitesse de 1ᵐ,50 par seconde. Le fond doit être ferme et assez uni. Les ponts sur pilotis sont longs à établir, la rivière doit être peu profonde et son fond ne pas être de roc. Pour une rivière peu profonde et peu rapide, des voitures pourront servir de corps ou support.

56. *Passage sur les ponts militaires.* 1.º Éteindre les pipes, empêcher de passer avec du feu; 2.º faire rompre le pas aux hommes, passer sans bruit de caisse; 3.º les cavaliers mettent pied à terre, ainsi que les conducteurs des voitures, à l'exception des conducteurs des chevaux de derrière; défense de laisser trotter sur les ponts; 4.º empêcher le passage de voitures trop chargées et le croisement des voitures; 5.º ne laisser passer que cinq à six bœufs à la fois; 6.º commander halte au moindre vacillement.

57. *Petits ponts sur ruisseaux et fossés.* De l'infanterie et de la cavalerie peuvent être arrêtées par des fossés de 10ᵐ à 16ᵐ de largeur. On peut se servir des moyens suivants pour construire un pont.

Le moyen le plus simple est de jeter d'une rive à l'autre des longerons ou corps d'arbres assez forts pour supporter le poids des hommes. On les rapproche de 0m,50 de milieu en milieu ; on met des madriers ou fortes planches, en travers, ou des rondins ; sur les deux rives les extrémités de ces poutres ou corps d'arbres reposent sur un madrier placé de champ, fortement arrêté par des piquets et que l'on nomme *corps mort*, afin d'éviter que les poutres ne s'enfoncent inégalement dans le sol et ne dégradent les abords du pont. Si les poutres ne sont pas assez longues, on peut faire un *encorbellement.*(Pl. I, fig. 1.) On place sur les deux rives de fortes poutres qui dépassent les bords du cours d'eau de 1/3 de leur longueur. Sur ces poutres, on place des rondins recouverts de terre. Sur la partie saillante et qui porte à faux, sont fixés, comme l'indique la figure, des poutrelles destinées à recevoir le tablier du pont. Lorsque les hommes doivent passer un à un, on peut se servir de longues échelles dont on recouvre les barreaux avec des planches légères. S'il est possible on soutient le milieu des poutres et des échelles au moyen d'un fort chevalet placé sur un bateau amarré sous le pont. Sur des ruisseaux de 10 à 15 mètres de largeur, on construit aussi, pour le passage de l'infanterie, l'un des ponts donnés à la figure 2 et 3. Ils sont formés de baliveaux placés obliquement sur les berges et couverts de rondins qui, posés dans les angles opposés des baliveaux, les maintiennent dans une position fixe. Dans la construction de ponts de cette nature, on commence par poser les rondins les plus bas, et on maintient provisoirement les baliveaux en place au moyen de cordes.

On fait encore un pont pour l'infanterie, en sciant au pied un arbre de la rive, et le renversant à travers le ruisseau.

58. *Destruction des ponts.* On détruit un pont de bois en goudronnant les parties du pont, en le couvrant de fagots goudronnés, en amenant sous lui un bateau rempli de matières combustibles auxquelles on met le feu. Pour faire sauter un pont en maçonnerie, on creuse jusqu'à l'estrados de la voûte une tranchée en croix, dont les branches ont trois mètres de longueur. Dans chaque branche on met 75 kilogrammes de poudre pour un mètre d'épaisseur de maçonnerie

à la clef. On la recouvre de planches chargées de pierre, et on y met le feu au moyen de saucissons, de fusées lentes ou du *moine*. Ou bien encore on suspend sous la voûte quelques barils de poudre auxquels on met le feu. On détruit les ponts de l'ennemi dont on ne peut approcher en lançant contre eux des corps flottants, des bateaux chargés de pierres. Il est une observation importante à faire au sujet de la destruction des ponts : c'est qu'un officier ne doit jamais se permettre de détruire un pont établi sur une ligne importante de communication, s'il n'en a pas reçu des ordres formels, positifs. Qu'il ait toujours devant les yeux les désastres de *Leipzig*.

On coule à fond un pont à supports flottants dont on est maître, en perçant le fond des supports avec des tarrières ou à coups de hache. On coupe en même temps les cordages, et l'on jette à l'eau une partie du tablier.

59. *Gués*. Un officier chargé d'une reconnaissance ne peut les rechercher avec assez de soin. Des armées entières franchissent des rivières à gué (passage du *Lech* par Moreau ; du *Tagliamento*, de la *Lavis* par Napoléon, etc.) C'est la ressource ordinaire des corps isolés. Le gué étant trouvé on décrira les rives, leur forme, leur nature, leur niveau à l'entrée et à la sortie du gué ; leurs positions dans les coudes, sinuosités, etc. Les points de repère qui les indiquent ; les points des environs qui peuvent donner le change à l'ennemi. Leur fond, leur abord, leur débouché ; la hauteur de l'eau ; sa rapidité ; leur direction ; leur largeur ; moyen de rompre les gués. (*Aide-mémoire de l'État-Major.*)

60. OBSERVATIONS. Il existe des gués dans les rivières grandes et petites. Dans les pays montueux, ils sont embarrassés de grosses pierres. On cherche les gués partout où les deux rives opposées vont s'enfonçant en pente douce sous l'eau ; aux endroits où le courant est rapide ; partout où le cours d'eau s'élargit. On les trouve aussi (comme on le dit plus haut) à la sortie des gouffres ; souvent encore en aval des coudes en allant oblique-

ment, contre le courant, de la rive concave à la pointe convexe du coude. Si deux coudes sont très-rapprochés, on trouve souvent un gué en allant obliquement d'une pointe à l'autre. On suivra les traces de chemins et de voitures qui se dirigent vers le lit de la rivière. On trouve également des gués en amont des confluents de deux cours d'eau.

61. A défaut de ces indications naturelles, ne vous fiez pas aux dires des habitants (ils ne connaissent pas tous les gués de la rivière dont ils habitent les bords) ; mais descendez le thalweg dans une nacelle avec une sonde de 1^m, et partout où elle touche fond reconnaissez d'une rive à l'autre, soit perpendiculairement, soit obliquement. Les Cosaques cherchent les gués en s'étendant sur la rive et en descendant dans la rivière pour la sonder avec leurs piques.

Les gués placés dans les coudes des cours d'eau, sont ceux que l'on doit reconnaître avec le plus de soin.

62. Le gué étant trouvé, on fait une marque pour reconnaître la place. On plante un piquet au point le plus bas pour reconnaître la hauteur de l'eau, de crainte qu'une crue subite ne compromette le passage. On vérifie la profondeur à chaque passage.

Si le fond est formé de grosses pierres anguleuses ou de sable mouvant, il est impraticable. Le fond de gravier et de gros sable est le meilleur. Quoi qu'il en soit, on consolide ceux de peu de résistance en y jetant un lit de fascines empierrées. Dans certaines circonstances, on se sert du même moyen pour se créer un gué artificiel. On adoucit les berges à l'entrée et à la sortie. La profondeur du gué ne doit pas dépasser 1^m,20 pour la cavalerie, 1^m pour l'infanterie, et même 0^m,80 si le courant est rapide ; 0^m,65 pour les caissons de munition : il serait à craindre, si cette limite était dépassée, que l'eau n'avariât les cartouches.

63. *Passage à gué.* Pour le passage des gués, on les jalonne avec des piquets et l'on fait traverser un cordage de l'un à l'autre en guise de garde-fou. On place quelques nacelles en aval pour recueillir les hommes qui seraient entraînés par les eaux. L'infanterie passe toujours la première, puis l'artillerie, puis la cavalerie. La troupe s'engage dans le gué, si la rivière

4

est rapide, par pelotons serrés en laissant quelqu'intervalle entre chaque masse. On marchera contre le courant en refusant l'épaule du côté de l'amont. On ne fixera pas la surface de l'eau pour que la vue ne se trouble pas, on regardera la rive où l'on doit aborder ; pour cette raison aussi on tiendra haute la tête des chevaux. Quelquefois on a fait rompre la force du courant en plaçant, en amont de l'infanterie, des escadrons de cavalerie restant de pied ferme au milieu du courant. On a soin de faire relever la giberne des hommes et de faire porter l'arme sur l'épaule du côté d'amont.

On ne passe jamais un *gué* au moment d'une crue ; car avant que toute l'armée ne soit sur l'autre rive, le gué peut être impraticable. Il faut s'assurer s'il n'y a pas au-dessus du gué de retenue d'eau que l'on puisse lâcher au moment du passage ; telles sont les retenues de moulins dont l'ennemi serait maître.

64. On rompt un gué, 1.° en mettant sur son fond et sur plusieurs rangs des herses de laboureur fixées par des piquets et des grosses pierres, les chevilles en-dessus ; 2.° au moyen de gros arbres, le branchage tourné vers la rive opposée et un peu obliquement au fil de la rivière ; 3.° en creusant dans le fond un fossé. Ce dernier moyen est le meilleur. On y jette aussi des chausses-trappes ; on y plante des piquets aigus. Dans les pays de montagnes, les gués sont souvent entravés par de grosses pierres. Dans les plaines cultivées, le fond des gués est ordinairement de gravier ; ce sont les meilleurs. Dans les pays de sable et bruyère, le fond est le plus souvent de sable fin ; ils sont dangereux, parce qu'au passage le sable se délaie, l'eau l'entraîne et le gué se creuse. Ce sont ceux-là qu'il faut consolider.

Pour rétablir un gué gâté, on comble le fossé avec des fascines empierrées ; on arrache les piquets ; on tire, avec des crochets attachés à des cordes, les arbres et les herses. Enfin on couvre les chausses-trappes de fascines et de clayes.

65. *Du passage en bateaux.* La reconnaissance des cours d'eau a fait connaître les dimensions des divers bateaux qui les fréquentent. Un commandant de détachement ou d'avant-garde privé d'un équipage de pont, se sert des bateaux qu'il peut saisir pour passer les rivières. Faites donc amener ces bateaux

au point de passage reconnu d'avance et choisi. Faites sonder la largeur de la rivière pour vous assurer que le bateau chargé ne peut pas échouer. Entaillez les rives en pente douce pour protéger la descente ; numérotez les bateaux ; amenez-les le long de la rive par ordre de grandeur ; les plus légers en amont, parce qu'ils dérivent moins et qu'on doit craindre les chocs. Prenez toujours le point de départ en amont de celui choisi pour le débarquement, et cela en raison de la force du courant. Divisez la troupe, d'avance, en pelotons de diverses forces, suivant la capacité des bateaux. Indiquez aussi d'avance, au chef de chaque détachement, le numéro du bateau destiné à sa troupe. Le soldat doit rester immobile, quel que soit le mouvement du bateau. Il gardera le plus profond silence. Pour le débarquement on suivra le même ordre qu'à l'embarquement. Les hommes quitteront le bateau successivement et non pas tous à la fois, pour ne pas le faire chavirer.

Pour le passage des chevaux, établissez un plancher, tournez la tête des chevaux alternativement vers l'un et l'autre bord, les cavaliers les tenant en bride ; ne les placez jamais suivant la longueur, un coup de roulis les ferait tomber.

66. *Du bac.* Le bac est le meilleur moyen de passage pour la cavalerie et l'artillerie. Si l'on peut en saisir plusieurs sur le cours d'eau, cette prise sera une bonne fortune pour le commandant du détachement. C'est ordinairement un grand bateau plat, peu élevé, de la forme d'un carré long, et dont les extrémités, ouvertes dans toute leur largeur, présentent des pentes commodes pour l'embarquement et le débarquement des chevaux et des voitures. On fait passer le bac au moyen d'un câble tendu d'une rive à l'autre et fixé sur les rives, lequel câble s'engage dans deux fourches que porte le bac ; on met le bac en mouvement en tirant sur la corde. Pour le passage des troupes, mêmes précautions que pour le passage sur bateaux.

67. *Passage sur radeaux.* Si le commandant de l'avant-garde trouve aux environs du cours d'eau des poutres ou des corps d'arbres, il peut, à défaut de bateaux, faire construire des radeaux. Les poutres ou les corps d'arbres doivent avoir au au moins 12 mètres de longueur. On amène les arbres et les

poutres près de la rive et on les lance à l'eau dans un endroit
favorable; on les joint et place les uns à côté des autres;
et s'ils n'ont point le même équarissage, on met alternativement un gros bout contre un petit bout. Clouez solide-
ment sur tous ces arbres et en travers de forts madriers,
ne laissez pas d'intervalle entre les arbres. On entaille les
arbres qui dépassent les autres pour que les traverses ou
madriers posent également sur tous. On fixe encore, pour
plus de sûreté, ces traverses aux poutres, au moyen de chevilles de fer qui les transpercent. Si on peut se procurer le
bois nécessaire, on fait un tablier au moyen de poutrelles mises
dans le sens des traverses et des madriers. Quand on a à sa
disposition des hommes habitués à construire des trains sur
les rivières, on peut, à défaut de clous, fixer les poutres aux
traverses, au moyen de bouts de cordage, et même, à défaut de
cordage, avec les grandes courroies des havresacs.

68. Prenez pour le passage les mêmes précautions que pour
les bateaux; mais comme les radeaux dérivent davantage,
amenez-les plus en amont. Sur les radeaux, le soldat doit
être plus immobile que sur le bac. Faites entrer l'infanterie
sur les radeaux par le flanc; occupez d'abord le milieu dans
toute sa longueur, puis doublez de chaque côté à la fois jusqu'à
ce que le radeau soit chargé. Le même ordre sera suivi pour
le débarquement. Les hommes auront l'arme au pied. Les
cavaliers mettront pied à terre et tiendront leurs chevaux
par le mors; ils embarqueront et débarqueront comme l'infanterie. Répartissez bien la charge sur toute la surface.

Pour alléger le radeau, on fixe sur ses bords autant de
tonneaux vides que l'on peut, après les avoir hermétiquement
bouchés; on place une espèce de gouvernail à l'arrière du
radeau, puis on le pousse avec la rame, ou avec de longues
perches, et mieux encore, si c'est possible et si l'on est maître
des deux rives, on les conduit à la manière des bacs.

69. Les radeaux sont si utiles à la guerre, que tous les bataillons d'infanterie destinés à faire campagne devraient savoir les
construire. Ils sont d'une construction facile et expéditive; ils
sont applicables aux plus grandes rivières, et suportent les
plus fortes charges. Ils n'offrent pas le danger des autres sup-

ports flottants et ne peuvent être coulés bas; ils ne sont difficiles à manier que dans les courants rapides.

70. Voici les principes qui doivent présider à leur construction :

Le poids nécessaire pour submerger un radeau est égal au *volume* du radeau multiplié par la différence de pesanteur spécifique de l'eau et du bois employé pour sa construction. Si le radeau est de sapin, il supportera une charge à peu près égale à son poids, parce que la pesanteur spécifique du sapin est moitié de celle de l'eau.

On calcule le volume d'un radeau en cubant les poutres ou corps d'arbres qui entrent dans sa construction. Le volume d'une poutre est le produit de sa longueur, par sa hauteur et son épaisseur. Le volume d'un corps d'arbre est exprimé par la formule suivante : Volume $= 1,047 \times L (R^2 + r^2 + R \times r.)$

L est la longueur de l'arbre ; R et r les rayons de ses extrémités.

Connaissant le volume total du radeau, on cherche, de la manière suivante, le poids qu'il peut supporter. On prend un morceau de bois v que l'on a cubé, on cherche le poids qui peut le submerger; soit p ce poids. Si V est le volume total du radeau, le poids total que pourra supporter le radeau sera P.

$$P = V \times \frac{p}{v}$$

La stabilité d'un radeau est en raison de sa longueur et inverse de sa largeur ; le radeau devra toujours être plus long que large. La largeur sera environ le quart de la longueur.

71. *Passage à la nage.* Il n'y a rien de réglé théoriquement à cet égard, quoique l'histoire des dernières guerres ait enregistré plus d'un beau fait d'armes, exécuté par des détachements de nageurs. Tout soldat devrait savoir nager, tout cheval de troupe devrait être exercé à porter son cavalier en nageant. On peut, en quelques jours, mettre un homme en état de nager. Pour cela on l'attache par la ceinture à une corde et on le maintient au-dessus de l'eau couché sur le ventre ; puis on lui fait faire les mouvements suivants simultanément par les bras et par les jambes, en comptant quatre temps :

BRAS.	JAMBES.
1. Les paumes des mains rapprochées à la hauteur du col.	1. Pliez les deux jarrets.
2. Lancez les mains et les bras en avant, les paumes appuyées sur l'eau.	2. Donnez le coup de pied à droite et à gauche.
3. Etendez vos bras en croix.	3. Rapprochez les jambes tendues.
4. Restez.	4. Restez.

Recommencez.

Au bout de deux ou trois jours, les élèves savent filer avec la corde ; au bout de huit, ils traversent une rivière.

72. Lorsque l'infanterie passe un cours d'eau à la nage, elle place les armes et les habits dans de petits batelets, ou sur de petits radeaux que des nageurs poussent devant eux.

73. Pour la cavalerie, il faut choisir un point où les rives ne soient pas escarpées ; elle doit entrer dans l'eau, en amont du point où l'on veut aborder, en colonne serrée, sur un front étendu et céder au courant. Le ceinturon est porté au cou, le sabre au crochet, la carabine sur l'épaule ; les jambes sont relevées en arrière, le corps penché en avant ; la main gauche soutient légèrement la tête du cheval avec le filet, la droite tient une poignée de crins.

Une excellente chose pour la cavalerie serait de se saisir de quelques barques ; les cavaliers avec le harnachement sont dans les barques, et tiennent les chevaux par la longe de chaque côté du bateau. Poussez dans ce cas le bateau fort obliquement vers l'amont, pour qu'il n'arrive pas d'accident aux chevaux du côté d'aval.

74. *Empêchements placés au cours de la rivière. Moulins.* Les obstacles opposés au cours des rivières sont les *épis,* les *barrages,* les *écluses.*

75. *Des épis.* L'eau des rivières rongeant les rives, surtout dans les terrains de gravier, les gouvernements ont dû songer à préserver les riverains de tout dégât. De là, les *épis,* espèces de petites digues en maçonnerie, en charpente ou en fascinage, placées perpendiculairement à la rive attaquée et destinées à éloigner les eaux. Décrivez l'effet de l'épi sur le courant, le mode de construction.

76. *Des barrages.* Il existe, à travers le cours des rivières, des barrages établis, 1.º pour faciliter la navigation (on en parlera à l'article des communications), 2.º pour faire entrer l'eau dans un canal latéral destiné à l'alimentation d'une usine. Décrivez le barrage, sa hauteur. L'eau peut-elle passer au-dessus du barrage, et celui-ci sert-il de déversoir? Le barrage est-il muni de vannes ou d'écluses? Quelles sont les dimensions de ces vannes ou écluses? Examinez si en les ouvrant on ne détruit pas les gués placés en aval ; si on ne peut par ce moyen en créer en amont.

77. Examinez avec le plus grand soin les *usines* situées sur les cours d'eau. Il faut en rester maîtres pendant les passages en aval. Mesurez la dimension des vannes, des roues ; la hauteur de l'eau depuis le niveau du réservoir jusqu'au niveau de l'eau en aval des roues, toutes vannes fermées; mesurez la même hauteur, l'eau du réservoir écoulée et toutes vannes ouvertes. Quelle est la longueur du canal de dérivation amenant l'eau sur les roues? Calculez le temps que l'eau met à s'écouler.

78. *Des petites rivières et ruisseaux.* L'officier ne doit point s'imaginer que son attention, dans la reconnaissance d'un cours d'eau, doit être excitée en raison de la force de la rivière ou du fleuve. Il doit toujours avoir présent à la pensée que le fleuve le Danube, bien reconnu, a été passé de vive force devant toute l'armée autrichienne, et que le mauvais ruisseau de Papelotte (à Waterloo), mal reconnu, fit échouer l'attaque du maréchal Ney et causa la perte de la bataille.

Il doit donner presqu'autant de détails pour les petites rivières que pour les grandes; s'occuper même plus particulièrement de la profondeur de l'eau ; faire sonder plus fré-

quemment chaque fois que la rapidité de l'eau fera soupçonner plus de profondeur ; indiquer avec soin l'escarpement
des rives et les difficultés que présentent leurs abords.

Les petites rivières, peu importantes pour les plans de
campagne, ont une influence immense sur les détails de
la guerre. Ce sont elles qui couvrent (surtout dans la
défensive) le front et les flancs des armées.

79. Si les *gros ruisseaux* traversent un pays élevé,.
rendez compte des vallons qu'ils forment, de l'élévation
des montagnes qui bordent l'une et l'autre rive, en
observant d'indiquer sur quelle rive est la montagne ou
le rideau le plus élevé et dominant la rive opposée.
Rendez compte autant que possible des sinuosités ; des
points difficiles de l'une et l'autre rive, soit à cause
des marais, des bois, fourrés, etc. Il faut aussi faire
mesurer souvent leur largeur, afin qu'on puisse prendre
d'avance les mesures justes des matériaux nécessaires à la
construction des ponts.

80. Pour les *petits ruisseaux*, voyez leur encaissement;
la nature de leurs bords souvent fort marécageux. Rendez
compte de leur naissance, largeur et profondeur ; s'ils
débordent par les grandes pluies; s'ils sont bordés de
prairies sèches ou marécageuses; s'il y a des ponts de
pierres ou de bois. Observez si les pentes des coteaux
sur l'une et l'autre rive sont raides ou douces, et enfin
quel côté domine l'autre.

DES MONTAGNES ET DES VALLÉES.

Considérations sur la constitution et la forme des terrains.

81. Après avoir reconnu avec détail tout ce qui intéresse
les cours d'eau, il faut étudier les massifs plus ou moins

élevés qui les séparent et qui tous varient dans leurs formes et leurs dimensions. Les uns sont formés de monts infranchissables, si ce n'est par quelques sentiers dangereux ; les autres, de montagnes arrondies en forme de ballons dont les rampes sont franchies par des routes faciles et praticables ; d'autres présentent aux yeux des plateaux élevés coupés par de profonds ravins, ou que de faibles collines sillonnent. Mais avant d'entrer dans quelques détails au sujet de ces objets divers, il importe de consigner dans ce Manuel quelques considérations générales sur la formation des terrains. Puissent-elles, malgré leur concision et leur extrême insuffisance, engager les officiers de l'armée à consacrer leurs loisirs à l'étude de la *géologie*, science intéressante, toute d'observation, dont les principes généraux, les seuls qui leur soient nécessaires, sont si faciles à saisir. La *géologie* a pour objet la connaissance de la forme extérieure du globe terrestre et de la nature des matériaux qui le composent. C'est la science la plus utile aux reconnaissances militaires, la plus propre à développer l'intelligence de l'officier, à lui donner du terrain une appréciation parfaite, et pour ainsi dire le don de prévoir les accidents qu'il doit rencontrer.

Cette note, du reste, peut être passée sans inconvénient. Elle tiendra lieu d'introduction pour l'étude des montagnes, des vallées et des plaines, aux officiers jaloux de savoir jusqu'à quel point les sciences naturelles viennent en aide à l'homme de guerre.

82. Personne n'ignore que la *terre* est un corps rond, qui tourne autour d'un point immobile (le *soleil*), et décrit en 365 jours et six heures une immense ellipse dont le soleil occupe un des foyers. On sait aussi que ce mouvement de rotation n'est pas le seul qui soit propre à la terre. Elle pivote encore sur elle-même autour de deux points fixes de sa surface que l'on nomme *pôles*. Le diamètre passant par les pôles et qui sert de pivot à ce mouvement journalier, se nomme l'*axe* ; il est un peu incliné sur le plan de l'orbite ou du chemin annuel parcouru. Cette disposition de la terre et de son axe produit alternativement les jours, les nuits et les diverses saisons. La figure de la terre est celle d'une sphère un peu applatie vers

les pôles. Cet applatissement est environ la 305.ᵉ partie de l'axe de la sphère. Le rayon de la terre à l'équateur est de 6,376,851 mètres ; l'axe terrestre est de 12,711,886 mètres ; la surface de la terre 5,098,857 myriamètres carrés ; son volume est de 1,082,634,000 myriamètres cubes. Le tour de la terre est d'environ 8000 lieues.

83. Maintenant il nous importe peu de savoir si le globe que nous habitons a été détaché d'un soleil par le choc d'une comète vagabonde et lancé dans l'espace ; ou bien s'il a été formé par la concrétion des rayons solaires ; mais ce que l'on peut regarder comme établi, c'est que, primitivement, notre planète était dans l'état fluide, et que cette fluidité provenait de la chaleur. Alors toutes les roches étaient dans l'état incandescent. Ce corps lancé dans le vide avec ce mouvement de rotation devait prendre la figure de tout corps fluide gravitant dans un vide, et cette forme est celle d'une sphère applatie. Les gouttes de pluie roulant dans l'air ont également la figure d'une sphère applatie.

84. Une expérience souvent répétée et approfondie par Cordier, prouve à l'évidence que cette fluidité centrale existe encore. En descendant dans le sein de la terre, la chaleur augmente à mesure qu'on s'enfonce, et cela d'une manière régulière. De là la température des caves, et celle souvent très-forte que l'on ressent dans l'intérieur de nos mines profondes ; de là les sources d'eau chaude et les volcans. L'expérience a prouvé que le thermomètre augmente d'un degré par 25 mètres de profondeur. D'après ce calcul, en s'enfonçant de 24 lieues, on arriverait au feu central. La terre enfin n'est qu'un astre refroidi ; la croûte que le froid a fait naître augmente tous les jours. Cependant, comme nous l'avons vu, ce feu est loin d'être éteint, et les volcans amènent encore à la surface les parties liquéfiées de l'intérieur.

Dès l'origine, quand la terre a été lancée dans l'espace, les matières ont dû tendre à se classer selon leur densité ; les plus lourdes près du centre de la terre. Ce fait a été vérifié. Les astronomes qui ont pesé le globe, ont reconnu, d'après sa masse, que les matières intérieures étaient plus pesantes que celles que nous connaissons. Alors aussi, l'eau et toutes les matières susceptibles de volatilisation devaient entourer le globe à l'état de vapeur ; mais quand la première couche se fût refroidie, ces matières n'ayant plus de contact avec le feu, se condensèrent ; l'eau enveloppa partout la terre, recueillant dans son sein toutes les substances volatilisées jusqu'alors par la chaleur du globe.

85. Après le premier refroidissement, la création de l'eau et la précipitation dont on vient de parler, il se fit en-dessus et en-dessous de la croûte première un double travail. En-dessous se formèrent tous les jours des roches d'origine ignée, de densités de plus en plus grandes, et ce travail continuera jusqu'à ce qu'il ne reste plus rien du feu central. En-dessus, l'eau (ou la mer) déposait à son tour les matières qu'elle tenait en suspension, et aussi dans la même progression de densité. Cette précipitation continua pendant des siècles jusqu'à ce que l'eau se fût dégagée de ces corps étrangers.

86. Si des bouleversements et des cataclysmes, dont on parlera dans un instant, n'étaient venus interrompre ce travail constant et l'ordre de ces dépôts successifs, la sphère eût possédé une surface partout homogène, composée d'une suite de couches horizontalement posées les unes au-dessus des autres. Et alors, s'il eût été possible de faire une tranchée dans différents points du globe et de la pousser jusqu'aux premières couches refroidies, les terrains successivement déposés se seraient tous présentés aux yeux de l'observateur, placés dans un ordre identique; les plus anciens (les couches refroidies) servant de base, et ayant pour couronnement les couches les plus légères ou les dernières déposées. Enfin, au-dessus de tout ce système aurait surnagé l'eau de la mer, devenue limpide et dégagée de matières étrangères.

87. Au moyen de travaux sans nombre, les géologues ont retrouvé cette succession de couches dont le tableau suivant donnera la nomenclature. On peut comparer leur ensemble à un édifice à *cinq* étages, chaque étage étant formé d'une série d'assises d'épaisseurs variées. Cette superposition des couches se nomme *stratification ;* de là le mot de *strates* dont on se sert au lieu de *couches.*

V. TERRAINS modernes ou d'alluvion.	**1.er Groupe moderne.**	*Détritus* de différentes sortes, produits par de causes qui agissent encore aujourd'hui.
	2.e Groupe des blocs erratiques.	*Blocs de transport, graviers* couvrant des col lines et des plaines, où ils paraissent avoir ét amenés par des forces plus puissantes que celle qui agissent aujourd'hui.
IV. TERRAINS tertiaires.	**3.e Groupe supercrétacé.**	Dépôts de divers genres supérieurs à la craie Formation lacuste avec meullière. Grès et sable dits de Fontainebleau. Gypse à ossements.Calcair siliceux. Argiles et grès tertiaires.
	4.e Groupe crétacé.	Craie (blanche, tufeau, chloritée). Sable vert. Weald clay. Sable ferrugineux. Grès secondaire à lignite.
	5.e Groupe oolithique.	Calcaire du mont Jura. Coral rouge. Argile d Dive. Oolithes et calcaire de Caen. Lias. Quader- zanstein. (Grès blanc de Luxembourg.)
III. TERRAINS secondaires.	**6.e Groupe du grès rouge.**	Marnes rouges et marnes irrisées. Muschelkalk. Grès rouge. Zechstein. Conglomérat rouge.
	7.e Groupe carbonifère.	Terrain houiller (composé de couches alter- nantes de grès, d'argile schisteuse et de houille). Calcaire carbonifère. Vieux grès rouge. (Cette for- mation est mêlée de poudingues.)
II. TERRAINS de transition.	**8.e Groupe de la grauwacke.**	Grauwacke en couches épaisses et schisteuses. Diorites. Calcaires à ortocératites. Schistes de la grauwacke.
	9.e Groupe fossilifère infé- rieur.	Schistes et grès où se montrent des débris de fossiles, mais alternant avec des couches où l'on ne découvre aucun débris d'animaux.
I. TERRAINS primitifs.	**10.e Groupe.**	Tronschiefer. Micaschistes. Gneis. Granites.

Ces terrains (ceux du premier groupe) se forment encore de nos jours. Les fleuves entraînent avec eux des débris des terrains qu'ils traversent, et les déposent notamment à leur embouchure. Les poldres du nord de notre pays appartiennent à ces dépôts formés par l'Escaut, la Meuse et le Rhin, dont les embouchures se confondent pour ainsi dire. Les forêts enfouies et les dépôts de tourbes appartiennent à ces groupes, auxquels se rattachent les grandes plaines basses.

La plus grande partie des terrains de notre pays appartient à cet étage des formations géologiques. Ils sont limités au midi par une ligne qui passe au nord de Tournai, Ath, Genappe, Léau et le midi d'Hasselt; elle joint la Meuse un peu au-dessus de Maestricht. Ce groupe de terrain contient donc les sables à calcaire grossier de Bruxelles, Louvain et Jodoigne, le grès ferrifère de Diest et les sables de la Campine.

Des lambeaux de cette formation se trouvent aux deux extrémités de notre pays. D'abord aux environs de Tournai et de Mons, où, peu puissante, elle recouvre le calcaire et le terrain houiller; puis aux environs de Maestricht. Elle va de Jodoigne à Aix-la-Chapelle, est limitée au nord par la limite du terrain tertiaire, au midi, par la crête supérieure de la vallée de la Meuse.

Cette formation n'existe qu'à l'extrémité est de notre Belgique. Elle entre dans le pays, près de Carignan, et passe à l'ouest d'Arlon et de Diekirch.

Ce groupe n'existe plus en Belgique. On ne le trouve que dans la partie cédée du Luxembourg.

Ces trois formations se trouvent dans notre Belgique. Le terrain rouge et, au-dessus lui, de puissantes couches calcaires, d'où l'on tire aux environs de Namur des marbres fort beaux, règnent depuis Tournai jusqu'à Aix-la-Chapelle et la limite de l'Ardenne. Les couches supérieures de cette formation calcaire sont argileuses et feuilletées, et donnent la chaux hydraulique de Tournai; les couches moyennes contiennent les belles carrières de pierres de taille des environs de Mons; et c'est aux couches inférieures qu'appartiennent les terrains si contournés de la Famenne. Le terrain houiller superposé au calcaire forme de véritables bassins entourés partout par les formations précédentes qui les supportent.

Les schistes et grès de l'Ardenne avec leurs carrières d'ardoises, appartiennent à cette formation.

Quelques roches stratifiées reposent sur les premières couches refroidies du globe, de structure cristalline et non stratifiée, et alternent avec elles dans la partie supérieure des terrains. L'amphibolite de Quenast et de Lessines, d'où l'on tire les beaux pavés de notre pays, appartient aux couches supérieures des terrains primitifs.

88. Dans la première colonne, les numéros des terrains correspondent à la place qu'ils occupent dans la nature.

Au rez-de-chaussée et supportant tout le système, sont les *terrains primitifs*, la partie refroidie du globe ; elle est formée de minéraux durs, à structure cristalline.

Au 2.ᵉ étage sont les *terrains de transition*, ainsi nommés parce que des masses du terrain cristallisé par le feu alternent avec des couches de grès et de schiste déjà stratifiées et précipitées au sein des eaux.

Au 3.ᵉ étage sont les terrains dits *secondaires*. Ils sont formés de minéraux moins durs que ceux des terrains précédents ; ils sont bien stratifiés. C'est l'étage le plus intéressant à étudier ; il est composé d'un plus grand nombre d'assises.

Au 4.ᵉ étage sont les *terrains tertiaires*, formés de dépôts d'argile, de sable, de grès, de silex, de calcaire grossier, qui constituent des strates de roches très-tendres, si on les compare à celles des autres terrains. Ils passent insensiblement aux assises de l'étage plus élevé, dont il est difficile de les distinguer.

Enfin au 5ᵉ étage sont les terrains de *transport* et d'*alluvion*. Ce sont des débris de tous les terrains antérieurs entraînés par les eaux, et souvent à de grandes distances des lieux où ces matériaux ont été arrachés. Ces terrains d'alluvion se forment encore de nos jours, notamment à l'embouchure des grands fleuves.

Dans la seconde colonne, les terrains sont divisés par *groupes*. Chaque groupe contient un certain nombre de *roches* ayant entre elles beaucoup d'analogie, et auxquelles on attribue la même époque et les mêmes circonstances de formation. On appelle *roches*, non pas des minéraux durs et solides, mais indifféremment toute association de lits ou couches de sable, argile, calcaire, grès, etc. Ces groupes sont classés dans leur ordre de superposition, qui est l'inverse de celui de formation.

La troisième colonne donne le détail des *roches principales* que contient chaque groupe, aussi dans leur ordre de superposition. Ainsi, dans le 5.ᵉ groupe, le quaderzanstein supporte le lias, etc. Il ne faut attacher aux mots *crétacé, oolithe, carbonifère*, aucune valeur absolue. La craie, l'oolithe, le charbon constituent bien les parties supérieures de ces groupes, mais ne constituent pas le groupe tout entier ; c'est la partie prise pour le tout.

89. Telles sont les couches de l'écorce du globe placées dans l'ordre que leur assigna la nature. Mais il s'en faut qu'on les retrouve établies les unes au-dessus des autres comme l'indique ce tableau, et que, dans les coupes ou les tranchées des vallées profondes, on voie ces groupes divers se succédant régulièrement. Il s'en faut encore que ces couches, déposées toutes horizontalement à l'origine de leur formation, conservent encore de nos jours cette horizontalité. Non, dans de certaines contrées, plusieurs groupes du tableau disparaissent complètement ; c'est ainsi que, dans nos pays, le groupe crétacé (4.e groupe) repose sur le groupe carbonifère (7.e groupe), et qu'on ne trouve entre eux aucune trace des 5.e et 6.e groupes ; de plus, ceux qui ont jeté, avec quelque attention, les yeux sur les rochers du Hainaut, de Namur et de Liége, ont vu que leurs strates, au lieu d'être horizontales, s'inclinent (et quelquefois très-fortement) dans diverses directions. Cette absence d'une partie de l'écorce du globe, ce dérangement de couches primitivement parallèles à l'horizon, proviennent de bouleversements dont le savant ingénieur Elie de Beaumont a dérobé, pour ainsi dire, le secret à la nature, et qu'il est utile d'exposer en quelques mots, car ce sont eux qui ont fait naître les continents, les îles, et donné naissance aux montagnes et aux vallées.

90. Il n'est personne qui ne sache que tout corps augmente par la chaleur et se contracte par refroidissement ; lors donc que les couches fluides du globe se sont refroidies, elles ont éprouvé un mouvement de contraction. Cette contraction a renfermé le poids entier de la masse fluide primitive dans un volume moindre, et elle a augmenté nécessairement la rotation native. De là encore diminution de l'axe, et rapprochement des pôles, par suite de la tendance au sphéroïde des masses centrales. Ainsi que nous l'avons dit, une goutte de pluie lancée dans l'espace prend la forme d'une sphère applatie en tournoyant sur elle-même ; mais cet applatissement est en raison

de la vitesse de rotation; si cette rotation, par une cause
quelconque, devenait extrême, la goutte d'eau s'applatirait
de plus en plus jusqu'à prendre la forme d'un disque au lieu
de celle d'une sphère. Que devait-il arriver au globe terrestre
par un plus grand applatissement des pôles? Ceci est facile
à concevoir.

91. Supposez une orange ayant pour écorce une couche mince
d'une substance cassante. En prenant cette orange entre
deux doigts par ses pôles, et en rapprochant ces doigts l'un
vers l'autre d'une très-petite quantité, le fluide du centre
poussera avec force vers le milieu de l'orange, et ce double
effort déterminera sur la surface cassante des fentes, des
gerçures, des soulèvements aux parties les moins solides
ou les plus fortement poussées. C'est ce qui a eu lieu sur
notre globe. Ces soulèvements ont fait sortir du sein des
eaux une partie de cette écorce et ont produit, sur elle,
des inégalités, des rides étonnantes pour nous, petits et
chétifs, mais bien peu importantes comparées à la masse de
la terre, car les plus hautes montagnes ne sont pas à notre
planète ce que sont à l'orange les rugosités de son enveloppe.

Ces soulèvements devaient avoir pour première conséquence
de faire sortir les couches des terrains soulevés de leur position
horizontale; la seconde de rejeter les eaux de la mer vers
les points les plus bas, en un mot, d'opérer la création des
divers continents.

92. La formation de toutes les rides de la terre n'a pas eu
lieu à la même époque. Les géologues comptent douze grandes
catastrophes de cette nature, et les hommes ont sans doute
conservé, dans le déluge, la tradition de la dernière.

Ces soulèvements n'ont pas eu lieu davantage alors que les
eaux de la mer avaient précipité tous les dépôts qu'elles tenaient
suspendus dans leur sein. De là ressort cette nouvelle conséquence, à savoir : qu'il serait possible par cela même d'assigner
aux montagnes un âge relatif. En effet, si ces bouleversements
n'avaient eu lieu qu'après l'achèvement des dépôts, les parties
soulevées présenteraient la succession des groupes indiqués au
tableau, et toujours sur les cimes des terrains tertiaires; mais
si, au contraire, on trouve une montagne formée de couches de

transition, tandis qu'une autre contient des terrains secondaires, on peut dire que la première est plus âgée que la seconde, puisqu'elle a surgi du sein des mers avant que les groupes des terrains secondaires eussent été précipités. Les plus vieilles parties du globe sont celles du Hunsdruk, du Bocage ; les plus jeunes appartiennent aux Alpes ; et les plateaux de la Belgique étaient déjà couverts de plantes et d'animaux au temps où les eaux séjournaient encore aux lieux où s'élèvent aujourd'hui les glaciers de la Suisse.

93. Chaque catastrophe rejetant la mer vers de nouvelles régions, il est arrivé que les eaux, dans ce ballottement continuel, sont revenues quelquefois séjourner aux mêmes lieux qu'elles avaient déjà quittés. Comme à chaque instant de relâche l'eau continuait la série de ses dépôts, il advenait encore qu'en cet endroit ces dépôts nouveaux allaient reposer sur des groupes beaucoup plus anciens et que la succession des groupes était interrompue. Par exemple, en Belgique, les terrains de l'Ardenne et les calcaires du Condroz, de Namur et du Hainaut ont été soulevés bien avant les autres groupes du terrain secondaire dont ils n'indiquent aucune trace ; plus tard un autre cataclysme ramena les eaux sur les bords de cette formation alors qu'elles avaient déposé les groupes oolithiques et du grès rouge et ne contenaient plus en suspension que le terrain crétacé. On retrouve en effet au nord de Jodoigne, à Aix-la-Chapelle et au midi, aux environs de Tournai et de Mons, des dépôts du groupe crétacé superposés au groupe carbonifère, tandis que les autres groupes intermédiaires manquent complètement.

94. Combien de milliers d'années a-t-il fallu à la nature pour former les continents dans l'état où nous les connaissons? C'est ce qui n'est donné à personne de préjuger. Mais ce qu'il est permis d'assurer, c'est que l'homme est bien jeune dans l'ordre de la création. Dans les roches des terrains de transition, les premières dans l'ordre des soulèvements où apparaît la trace d'êtres organisés, ce sont des coquilles qu'on y trouve, des débris d'animaux vivant dans les eaux. Aux parties supérieures de ce groupe, les végétaux se montrent mêlés à des débris de poissons ; leur désorganisation donna nais-

sance à la houille. Dans les groupes supérieurs apparaissent
des lézards, des crocodiles, des tortues, tous d'espèces perdues
de nos jours ; après eux arrivent successivement des mamm-
mifères tenant du tapir, du rhinocéros, puis enfin des éléphants,
des mammouths, des mastodontes. Les débris de l'homme
n'apparaissent nulle part pendant l'engendrement de toutes
ces roches, de ces animaux, de ces végétaux ; d'où l'on peut
conclure qu'il n'a été créé qu'après la dernière des révolutions
qui ont donné naissance à notre sol actuel.

95. Les considérations qui précèdent, toutes incomplètes,
toutes insuffisantes qu'elles soient, permettront déjà de prouver
que la géologie est une science susceptible de prêter aux officiers
chargés des reconnaissances militaires un immense appui.

La surface des continents et des îles n'est pas formée de
terrains de même espèce : l'enveloppe du globe terrestre est
composée de dix groupes de formations différentes, lesquelles
se sont déposées successivement pendant que la nature sou-
levait au-dessus des eaux, à des époques différentes, les terrains sur lesquels nous marchons. De là vient que le sol de
chaque pays est formé de terrains appartenant à plusieurs
groupes. En Belgique, toute la partie située au nord d'une
ligne qui passe par Tournai, Lessines, Leau, Hasselt, nous
montre les terrains *tertiaires* (3.e groupe, voir le tableau).
Les environs de Mons et de Maestricht appartiennent au terrain
crétacé (4.e groupe). Les roches des environs d'Arlon et de
Virton, de Florenville, font partie des terrains *oolithiques*
(5.e groupe) ; ceux des environs de Diekirch, *au grès rouge*
(6.e groupe) ; la grande formation calcaire avec ses bassins
houillers qui part de Tournai et court par Mons, Charleroi,
Namur, Huy et Liége sur Aix-la-Chapelle, compte parmi les
formations *carbonifères* (7.e groupe), et les arides plateaux
de l'Ardenne, parmi celles de la *grauwacke* (8.e groupe). Enfin
le long des terrains tertiaires à Lessines, Enghien, Quesnat,
on reconnaît dans les belles carrières de grès qu'on y ex-
ploite un petit lambeau des *terrains primitifs*. Chacune de
ces roches a été fissurée en tous sens par les grands bouleversements dont il a été parlé plus haut ; et comme chacune
d'elles possède des propriétés particulières et qui lui sont

propres , des densités différentes , il s'en suit que ces fissures ou rides , que nous avons appelées vallées et montagnes , doivent avoir un aspect différent pour chaque roche différente. Mais il en résulte aussi que cet aspect est uniforme pour tous les lambeaux de la même formation , quel que soit le point de l'Europe où ces lambeaux se révèlent.

Et en effet, quand on étudie avec soin la forme des vallées , les accidents que présente un point donné de l'écorce du globe , on peut être assuré de retrouver des analogies dans les formes et la constitution physique de tous les terrains du continent appartenant au même groupe.

Cela posé, n'est-il pas vrai de dire que la connaissance de la constitution physique de chacun des groupes aiderait puissamment à la connaissance du terrain? L'officier qui en aurait fait une étude particulière (et cette étude n'est ni longue ni pénible), marcherait d'un pas sûr au milieu du pays dont il doit décrire la forme et les qualités militaires. Tandis qu'un autre restera étonné, confondu, et ne saura comment s'y prendre pour décrire convenablement ce chaos de mouvements dans lesquels il s'égare , le militaire instruit, lui , portera sur eux un coup-d'œil sûr et exercé; ces roches auront pour lui des voix amies ; et bien loin de marcher en aveugle au milieu d'elles, il préjugera encore, de leur forme et de leur aspect, les objets qu'il va rencontrer dans sa marche.

Les bornes de ce Manuel ne permettent pas d'entrer dans de grands détails sur la constitution physique de chaque groupe de terrains; on doit se borner à quelques généralités. Elles suffiront cependant pour prouver tout le parti qu'on peut tirer de cette étude.

Constitution physique des différents groupes.

96. Ainsi, par exemple, les vallées des terrains tertiaires de la Belgique (3.e groupe du tableau), les belles collines des environs d'Audenarde et de Renaix , de Bruxelles et de Louvain , donneront un idée parfaite des accidents du bassin de Paris compris entre Laon et Orléans , Mantes et Provins. Les parois des vallées descendant en pente douce vers les cours d'eau , dessinent des inflexions gracieuses. Les cours d'eau sont séparés

par des chaînons de collines, dont quelques-unes atteignent
de grandes hauteurs (par exemple, au mont St.-Aubert à Tournai), ou s'applatissant à leurs sommets, offrent de longs plateaux. C'est un pays accidenté, pittoresque, mais partout
accessible, sillonné par de nombreux cours d'eau, couvert de
belles forêts, de châteaux et de villages populeux ; c'est un vrai
terrain de guerre, où l'on trouve à chaque pas de belle positions
propres à toutes les armes. Dans la partie supérieure du terrain
où le sable seul domine, il montre aux yeux de hautes plaines
faiblement ondulées, couvertes de marais et d'étangs disposés
en chapelet, qui donnent naissance à des ruisseaux à bords
marécageux. On a reconnu les bruyères de la Campine.

97. Les terrains crétacés (4.ᵉ groupe) ont une tendance à former d'immenses plateaux ; les flancs des montagnes applaties,
élevées, qui les supportent, sont toujours arrondis, et il est rare
d'y trouver des escarpements ; les vallées cependant sont plus
profondes et moins larges que dans les terrains tertiaires.
Dans les plaines où la craie domine, le terrain devient presqu'inculte comme dans la Champagne-Pouilleuse.

98. Dans la formation oolithique (5.ᵉ groupe), qui règne aux
environs d'Arlon, de Luxembourg, de Virton et dans presque
tout le Jura, il faut reconnaître le terrain avec plus de précaution, car cette formation est composée de strates différant entre
elles de ténacité et d'aspect. Dans la partie supérieure, les
collines sont évasées et souvent terminées par des plateaux ;
les vallées sont plus ouvertes, à pentes plus douces que dans les
formations crayeuses. Dans la partie inférieure où se trouve le
lias et le quaderzanstein (grès de Luxembourg), l'aspect des
vallées est tout autre. Les roches marneuses prennent des formes
très-arrondies, mais les couches de calcaire et de grès se taillent
presqu'à pic, ou se coupent en ravins profonds et escarpés.
Il suffit de jeter les yeux sur la vallée de l'Alzette, à Luxembourg, pour s'en assurer. Les couches horizontales simulent de
grandes plaines où de nombreuses armées, semble-t-il, peuvent
se déployer à l'aise ; on avance, et tout-à-coup sous les pieds
s'ouvrent ces crevasses énormes dont on vient de parler et au
fond desquelles coule une petite rivière. Lorsque les couches de
grès et de calcaire sont très-inclinées, les vallées qu'on ren-

contre ne sont pas à pic des deux côtés ; Il y a *pente* du côté de l'inclinaison, et *escarpement* de l'autre.

99. Un autre phénomène que présentent les vallées de ce terrain est celui-ci : Lorsque les bancs de grès ou de calcaire reposent sur des couches marneuses, et que celles-ci se montrent au fond des vallées, alors le fond de ces vallées est évasé, les berges sont en pente douce, mais le calcaire qui domine la marne s'élève tout-à-coup en escarpements perpendiculaires qui simulent au loin les murs crenelés de vieux châteaux. Le fond de Meersch présente un exemple de vallées de cette nature. Comme les sommets des vallées de cette sorte sont ordinairement couverts de bois qui cachent la roche, ceux qui mépriseraient cet enseignement s'exposeraient à de graves mécomptes. Quand les collines se détachent et donnent des crêtes dentelées, elles adoptent, le plus souvent, les dispositions indiquées plus haut ; au bas, des pentes douces ; au sommet, des rochers à pic aux formes bizarres qui couronnent les collines marneuses.

100. Le groupe suivant (6.e groupe) manque à notre pays, si ce n'est dans la partie cédée du Luxembourg qui borde la Moselle. Comme il est formé de couches successives de grès, de calcaire marneux ou magnésien (celles-ci puissantes et d'une grande densité), les terrains de ce groupe varient également d'aspect et méritent d'être reconnus avec le plus grand soin.

Dans le pays où le grès domine (grès bigarré, grès rouge des Anglais), les vallées sont parfois évasées, les pentes douces, le pays facile et d'un aspect agréable ; alors les collines sont arrondies comme les croupes des vallées. D'autres fois, les coteaux sont bordés de rochers, les pentes deviennent raides et escarpées. Où le calcaire domine, les vallées sont déchirées et presqu'à pic, les cimes sont abruptes et dentelées, les fentes des vallées sont étroites, profondes, remplies d'éboulements.

101. Le terrain carbonifère, composé de couches de schiste, de calcaire et de grès (7.e groupe), vient ensuite. Il traverse, comme on sait, tout notre pays de Tournai à Aix-la-Chapelle, et borde le terrain schisteux de l'Ardenne.

Le pays est pittoresque, varié par une foule de collines arrondies, sillonné par de jolies vallées plus ou moins profondes, irrégulières et tortueuses, dirigées en tous sens, bordées de coteaux en pente douce et quelquefois, et plus rarement, de quelques rochers. Il est bon de remarquer que chaque fois que la vallée quitte le calcaire et passe à travers quelques bancs de schiste (qu'il est si facile de distinguer à sa structure feuilletée), la vallée est plus tourmentée et les pentes plus abruptes. A ce sujet M. d'Omalius d'Halloy fait l'observation suivante en parlant du Condroz, au midi de Liége : Ce pays offre une disposition remarquable dans ses vallées. Toutes celles des ruisseaux parallèles à la Meuse, sont longues, larges, peu profondes, à pentes douces ; mais les vallées perpendiculaires à la Meuse, et où coulent les rivières, ses affluents, sont profondes, étroites, escarpées. C'est que les ruisseaux coulent suivant la direction de bancs calcaires qui tapissent les vallées, et que les rivières traversent des bancs de schiste, superposé au calcaire.

102. Les bancs calcaires de cette formation sont remplis de crevasses, de grottes et de fissures qui s'enfoncent en terre, et ne remontent au jour qu'à de grandes distances. Il suit de là que lorsqu'un ruisseau ou une petite rivière rencontre une de ces fissures, il s'enfonce, passe sous terre et ne reparaît à la surface que plus loin ; telle est la cause de la disparition de la Lesse au trou de *Han,* et du ruisseau d'Eumont à Bonneville, etc. De loin on peut distinguer les terrains formés de calcaire, de ceux formés de grès. Les collines de ceux-ci sont plus arrondies, et ne présentent pas d'aspérités comme celles où le calcaire domine ; de plus le genêt y pousse en abondance. Lors de la fonte des neiges, on distingue aussi les terrains calcaires des terrains de schiste et de grès ; la neige y fond plus facilement.

Ce pays est propre aux mouvements des armées et présente une série de belles positions. Les plateaux sont élevés de 370 mètres au-dessus de la mer.

103. Le groupe suivant (8.e groupe), auquel appartient notre Ardenne, offre un aspect tout opposé. Ce n'est pas un pays de montagnes, mais un immense plateau élevé de 5 à 600 mètres au-dessus de la mer ; on y parvient par une suite de vallées comme celles de la Semois, de l'Ourthe, de la Sure, etc.; mais toutes ces vallées sont des gorges profondes, souvent très-resserrées, avec des escarpements de plus de 200 mètres de hauteur. Chacune de ces vallées de rivière est comme la tige d'où

partent une infinité de rameaux qui déchirent le pays environnant dans tous les sens. Aux environs des rivières on croi-
rait donc que le pays est fort accidenté, tandis que l'ensemble
ne présente, comme on l'a dit, qu'un vaste plateau couvert en
partie de landes marécageuses, connues dans le pays sous le nom
de *fagnes*. Ces accidents, on les retrouve dans les plateaux schisteux et grânitiques de la Bretagne et de l'Auvergne.

104. En faisant remarquer jusqu'à quel point la géologie vient
en aide aux reconnaissances militaires, il est bon d'ajouter
que pour profiter de son secours, point n'est besoin d'étudier
à fond cette science, de se charger la tète des termes d'une
classification difficile. Voici ce qu'il suffit de faire. Les savants
ont dressé les cartes géologiques des différents pays de l'Europe; lors donc qu'on opérera dans une contrée, il suffira
d'indiquer sur sa carte militaire, au moyen de teintes conventionnelles fort légères, les limites des différentes formations
qui constituent le sol de la contrée. Toute l'étude à faire consiste donc à savoir quel est l'aspect physique de chaque formation. Ainsi, avant même de s'avancer sur le terrain ennemi, on
a déjà les moyens de se rendre compte de la nature des obstacles
que l'on peut rencontrer. Il y a plus; on se fera, par ce moyen,
une idée nette des ressources du pays et de la bonté de ses communications; car chaque terrain a son degré de fertilité. Jamais
on ne nourrira les armées dans les pays de schiste ou de calcaire d'anciennes formations, comme sur les terrains crétacés
ou tertiaires; de même que, par les temps de pluie, on ne pourra
se tirer d'un sol provenant de la décomposition des schistes et
des calcaires marneux, comme de ceux qui recouvrent les grès.

105. Le Manuel ne poursuivra pas plus loin les développements
d'une question qu'il ne pouvait cependant se dispenser d'ébau-
cher. Son auteur fait des vœux pour qu'un traité de géologie,
renfermé dans les bornes indiquées plus haut, soit rédigé
pour l'usage de l'armée. Ici il doit se borner à des conseils,
et les officiers qui les suivront, surtout ceux de la cavalerie,
ne regretteront pas le temps consacré à cette étude. Ils se
trouveront bientôt aussi à l'aise dans les terrains les plus
accidentés, qu'au sein de grandes plaines, dont quelques bois,
quelques villages interrompent seuls la monotonie.

C'est en d'autres termes notre ligne de faîte de premier ordre.
Il est bon cependant d'observer que la ligne de faîte de premier
ordre n'est pas pour cela une chaîne de montagnes. Les marais
des plaines de la Pologne sont situés sur la ligne de faîte de
premier ordre de l'Europe.

111. *Chaînon*, *chaîne secondaire*, ou *embranchement*.
On confond souvent la chaîne secondaire avec le contre-fort,
surtout quand ce dernier a une certaine étendue; mais
comme les ingénieurs géographes militaires n'adoptent pas
le terme de *chaîne primaire*, ce qui est désigné par *chaîne
secondaire*, l'est convenablement par le mot d'*embranchement*; celui de *chaînon* serait encore plus propre, si ce
n'était donner le nom d'un animalcule à un éléphant. Quoi
qu'il en soit, on définit cette subdivision de la chaîne principale, une série irrégulière, mais assez suivie, de hauteurs,
qui, se détachant de la chaîne principale, prend, à plus ou
moins de distance de son point de départ, une direction qui
tend au parallélisme, et forme les grandes vallées longitu-
dinales, ou légèrement inclinées sur l'axe de la chaîne :
c'est ainsi qu'on peut considérer les Apennins, le Jura,
les Vosges, les montagnes Noires.

112. *Contre-fort*. Le *contre-fort* ne diffère du chaînon qu'en
ce qu'il a moins d'étendue; que sa direction, par rapport à
l'axe de la chaîne, s'approche plus de la perpendiculaire;
qu'il n'accompagne et n'alimente pas toujours un grand
cours d'eau, et qu'il se termine ordinairement en s'abaissant
dans une vallée longitudinale, ou d'une manière abrupte
sur la côte. Les contre-forts forment les vallées transversales.

113. *Rameaux*. Les subdivisions latérales ou terminales
des chaînons et des contre-forts, qui ont quelque étendue
et qui forment les vallons latéraux de la vallée principale, se
nomment *rameaux*.

114. *Renflement.* Un contre-fort très-court, tel qu'on en trouve à l'origine bifurquée d'une vallée, peut être considéré comme un renflement de la chaîne.

115. *Appendice.* On donne le nom d'*appendice* au renflement d'un chaînon ou d'un contre-fort.

116. *Colline.* Les rameaux se subdivisent en collines, entre lesquelles se trouvent les berceaux des ruisseaux.

117. *Coteau.* On donne assez communément le nom de *coteau* au versant cultivé d'une colline, ou à une partie de celui d'une montagne; mais on entend aussi, par ce mot, un appendice de la colline.

118. *Mamelons.* Les mamelons sont les derniers reliefs arrondis et isolés de la surface du terrain, par lesquels la pente générale des hauteurs voisines se raccorde avec le glacis ou plan légèrement incliné, selon lequel la plaine, ou l'un des côtés du fond de la vallée, penche vers le récipient de ses eaux.

119. *Arête.* Le nom d'*arête* est appliqué à l'intersection obtuse ou aiguë des plans que forment les deux versants d'une chaîne, ligne qui détermine le partage des eaux des deux revers opposés. C'est le faîte de la montagne.

120. *Crête.* Le mot *crête* est plus employé pour désigner l'arête ou le faîte du contre-fort.

121. *Cime, sommet.* Quoique l'on confonde souvent les mots de *cime* et de *sommet*, cependant ce que signifie le premier se trouve plus ordinairement dans les hauteurs du premier ordre; l'un et l'autre désignent toujours le point le plus élevé d'une hauteur cunéiforme.

122. *Col.* Le plan général des contre-forts étant, malgré le relèvement partiel de leur crête, dans celui de pente générale que la chaîne d'où ils émanent produit sur chacun de ses versants, et leur masse soutenant de part et d'autre celle de la chaîne au point où ils s'y attachent, il y a relèvement de la chaîne à ce point. Pareille chose arrive à la rencontre des deux autres contre-forts, qui, de chaque côté, se détachent parallèlement aux premiers; d'où il suit deux relèvements de la chaîne assez rapprochés, dont l'intervalle se nomme *col* : c'est ordinairement le point où l'arête paraît faire une inflexion, et qui offre un passage d'un versant à l'autre, d'une tête de vallée à celle de la vallée opposée; c'est le point de partage des eaux. Il n'est pas rare d'y trouver un réservoir commun comme source ou lac, c'est ce qu'on voit au mont Cenis, au mont Genèvre. Ce même passage est appelé *port* dans les Pyrénées, et *pertuis* dans le Jura.

La double rencontre des rameaux sur les chaînons et contre-forts, produit aussi des cols sur leur crête, aux têtes des vallons; mais ce nom appartient plus particulièrement aux passages de la chaîne.

Note importante. Au point où les *chaînons* rencontrent les *chaînes* de montagnes (et généralement chaque fois que deux lignes de hauteurs se coupent), il y a au nœud ou point de jonction un double soulèvement. De là suit évidemment et comme on vient de le dire, qu'entre deux nœuds se trouve une dépression dans la chaîne principale. Comme les chaînons servent de limites aux grands bassins des fleuves, cette dépression se trouvera au point où le *thalweg* du fleuve, grimpant le long de la pente du bassin, vient rencontrer la chaîne principale. Ces dépressions sont donc les passages naturels à travers les grandes chaînes de montagnes.

Ces défilés ont une grande importance; ils forment le nœud de deux vallées opposées, ce sont les portes que la nature a placées pour communiquer d'un versant à l'autre. Si donc on veut passer du bassin d'un fleuve dans celui d'un autre fleuve opposé, on cherchera le point de passage aux sources mêmes des fleuves. Si l'on veut passer du bassin d'un fleuve dans celui d'un fleuve parallèle, on cherchera les points de passage aux sources des rivières, qui prennent leur source à la ligne de faîte qui sépare les bassins. Le cours des ruisseaux mènera du bassin d'une rivière dans celui d'une rivière parallèle. Les vallées sont donc, dans les pays de montagnes, les routes des armées.

123. *Ressaut.* On désigne généralement, par le nom de *ressaut*, tout relèvement brusque d'une arête ou d'une crête, indépendamment de ceux qui, par leur grandeur ou leur position culminante, prennent le nom de *nœud*, *mont*, *plateau* ou *pic*.

124. *Défilé.* Le *défilé* diffère du col, en ce qu'il peut se trouver au pied des hauteurs, et que c'est toujours un passage resserré entre deux escarpements par lesquels il est encaissé ou supporté.

125. *Pate* ou *croupe.* On peut appeler *pate* d'un rameau, d'un contre-fort, le point de la crête où ils se subdivisent et se ramifient, pour s'abaisser en collines ou hauteurs inférieures.

126. *Éperon.* Le nom d'*éperon* convient aux saillies abruptes que font quelquefois, en se terminant brusquement sur la côte, les rameaux ou les contre-forts, principalement ces derniers; les chaînes et chainons se terminant ainsi, produisent ordinairement ce qu'on appelle *promontoire.*

127. *Combe.* On entend par *combe* une plaine élevée, légèrement concave, mais ordinairement aride et sans cours d'eau.

128. *Fondrière.* Elle prend le nom de *fondrière*, lorsqu'elle a une moindre étendue et que les eaux sauvages y séjournent, ou n'y trouvent qu'une difficile issue.

129. *Ravin.* Le *ravin* est une déchirure de la montagne sur le plan de pente primitif, où coulent les eaux sauvages, pérennes ou passagères; c'est un lit graveleux habituellement à sec.

130. *Ravine.* On appelle le ravin *ravine*, lorsqu'il est habituellement inondé.

131. *Torrent.* La ravine est assez généralement l'origine, ou l'une des tributaires d'un *torrent*, qui est un cours d'eau rapide et sauvage, qui se précipite en grondant sur un lit rocailleux, suivant le plan de pente primitif, et porte à un récipient plus tranquille un tribut, tantôt faible, tantôt énorme, d'eau limpide ou chargée de troubles ; plusieurs rivières sont des torrents sur le premier plan de pente d'où elles surgissent.

132. *Gorge.* On donne le nom de *gorge* à une partie de vallée très-étroite ; c'est l'intervalle resserré entre deux contre-forts, qui se trouve plus ordinairement voisin de leur point d'attache à la chaîne, et qui y sert de couloir (plus ou moins fortement accidenté) à un torrent.

133. *Val.* Quand la gorge a une certaine étendue, sans prendre trop d'évasement, quoique sa pente diminue, elle prend le nom de *val*.

134. *Vallée.* Quand le val se prolonge et s'élargit, il donne naissance à la *vallée*, qui prend quelquefois son nom même à son origine, lorsqu'elle y est large et à berges adoucies.

On distingue, par la dénomination de *vallée principale*, celle qui sert de berceau à un grand cours d'eau qui, partant de la chaîne et suivant, entre deux contre-forts, le plan de pente générale (à moins qu'il ne soit détourné par une contre-pente, comme le *Rhône* l'est par le chaînon de l'*Ardèche*), se rend au récipient principal vers lequel verse ce plan de pente. La vallée est dite *secondaire*, quand elle prend son origine sur le flanc d'un chaînon ou d'un contre-fort, et qu'elle est le berceau d'un cours d'eau, qui est affluent de celui d'une vallée principale.

La vallée est *longitudinale*, lorsqu'elle a, pour l'une de ses berges, les flancs mêmes de la chaîne ou du chaînon d'où elle descend, ou qu'elle en reçoit les affluents (telle est la vallée du *Rhône* jusqu'au lac de *Genève*). Elle est *transversale*, lorsque sa direction approche de la perpendiculaire à l'axe de la chaîne ou du chaînon; qu'elle a pour berges les flancs correspondants de leurs contre-forts ou rameaux, ou que ses affluents en descendent.

Les fleuves et les grandes rivières coulent dans les vallées principales; leurs principaux affluents coulent dans les vallées secondaires.

135. *Vallons.* Les *vallons* sont des vallées de moindre étendue, qui, naissant sur les flancs des contre-forts, ont pour berges les versants correspondants de deux rameaux, et forment le berceau d'un affluent de second ordre, tributaire d'un fleuve ou d'une rivière principale.

On appelle aussi *vallon* le berceau d'un ruisseau qui se trouve entre deux collines.

136. *Berges.* Les *berges* sont les flancs en regard des hauteurs, dans l'intervalle desquelles se trouve le fond de la vallée.

137. *Rives.* Les berges prennent le nom de *rives*, lorsqu'elles expriment les deux escarpements plus ou moins abruptes, qui encaissent un fleuve.

138. *Bords.* Pour une rivière, elles se nomment *bords*.

139. *Glacis.* On appelle *glacis* ce plan légèrement incliné que forme, de chaque côté d'un cours d'eau, le terrain d'alluvion du fond de la vallée, depuis le pied des hauteurs où la pente a changé, jusqu'au *thalweg*, qu'il est plus convenable d'appeler *fil-d'eau*.

140. *Thalweg.* On entend par *thalweg*, mot emprunté de l'allemand, qui signifie le *chemin de la vallée*, l'inter-

section mixtiligne, que forment au fond de la vallée ou du vallon, les plans de pente latérale des deux berges.

141. *Pente générale.* On entend par *pente générale*, celle que déterminent vers un grand bassin, comme l'Océan ou les Méditerranées, les versants d'un plateau, d'un mont, d'un pic, d'un nœud culminant de monts agglomérés, d'où se détachent et descendent les chaînes et cours d'eau qui vont former les grandes arêtes saillantes ou rentrantes d'une portion circonscrite d'un continent, ou de la totalité d'une île : tel est le *Saint-Gothard* pour l'Allemagne, la Turquie d'Europe, l'Italie, la France et les Pays-Bas ; c'est lui qui détermine les pentes générales du *Danube* et du *Tésin* vers les Méditerranées, et celle du *Rhin* et du *Rhône* vers l'Océan.

142. *Contre-pente.* Ce dernier fleuve, le Rhône, se trouve détourné et ramené au sud vers la Méditerranée, par la rencontre des montagnes de l'*Ardèche*, dont les versants orientaux coupent la pente prolongée du *Gothard*, et donnent, sur la ligne produite par cette intersection, un nouveau lit et une nouvelle direction au *Rhône*. C'est le plan de pente de ces versants orientaux qu'on appelle *contre-pente*; c'est ce qui arrive lorsqu'un chaînon vient croiser un contre-fort.

Quoique l'un et l'autre soient émanés d'un plateau commun, et dans le plan de pente générale qu'il détermine, comme le chaînon a, sur son versant opposé à la chaîne, un plan de pente particulier, et contraire à celui qu'il suit lui-même dans le système général, il fait nécessairement *contre-pente*, et détourne ainsi le cours d'eau échappé de la chaîne.

Comme le plan de *contre-pente* est ordinairement plus abrupte, le fil-d'eau déterminé par la ligne d'intersection se trouve habituellement de son côté. De ce côté aussi, les berges sont ordinairement plus escarpées, parce que les cours d'eau tendent toujours à miner les obstacles qui barrent leur déclivité primitive.

RECONNAISSANCE DES MONTAGNES.

143. Dans les hautes montagnes, comme dans les Alpes et dans les Pyrénées, les chemins sont fort rares ; il n'y a que les vallées qui soient habitées et praticables. Ainsi, en connaissant bien les vallées, leur abord, leurs débouchés, et les cols ou passages connus, on sera dispensé de parcourir les montagnes ailleurs que par les chemins et les sentiers.

Distinguez les chaînes principales qui servent d'enceinte à un pays, les différents rameaux qui en défendent ou favorisent les issues ; les hauteurs relatives de leurs parties. Si les chaînes de montagnes sont assez étendues pour y former un plan de défense, indiquez les communications, les abatis, les lieux propres aux redoutes, les chemins à détruire et les autres moyens d'y traverser l'ennemi. Donnez : la direction des chaînes et chaînons d'après la boussole ou les points cardinaux ; les hauteurs relatives de leurs parties, leur configuration, limite des neiges ; à quelle époque les passages sont-ils ouverts ; pentes, revers, moyens d'arriver au sommet et nature du terrain ; leur forme ; sont-elles couvertes de bois, de rochers nus ? Leur fertilité, pâturages, fourrages, habitations, villes, villages, châteaux, censes, routes, sentiers, positions propres aux camps.

Les montagnes qui ne sont que des plaines élevées, sont plus difficiles à observer, parce que les formes du terrain y sont moins prononcées ; elles exigent plus de détails.

144. Observations. Dans l'inspection d'une chaîne de montagnes, on doit considérer quatre choses : 1.º la *base* ou *pied* ; 2.º le *flanc* ou la *pente*. C'est là ce qu'on peut appeler l'*avant-chaîne*, qui s'élève comme par étages et se termine à la base du sommet. 3.º Le *sommet*. Il se détache quelquefois de la base, présentant une crête dentelée ; quelquefois il est formé de plateaux plus ou moins mamelonnés. 4.º Enfin l'*arrière-chaîne*, qui descend par ressauts.

145. Lorsque dans une chaîne de montagnes on rencontre un des versants fort escarpé, le versant opposé sera toujours en pente douce. On se rappellera que la conformation physique dépend, dans les montagnes, de la constitution géologique. Ainsi, dans les Alpes, où se trouvent les plus grandes élévations de l'Europe, où le granit a été soulevé à travers toutes les formations, les sommets se montrent abruptes, déchirés, nus, sans végétation. Lorsque le calcaire couronne la montagne, les assises sont ondulées, offrant des pentes arrondies couvertes de forêts et de pâturages.

146. Nous avons déjà dit combien les lignes de faîte subissaient d'inflexions dans leur direction et de variations dans leur hauteur. Il faut donc se garder de croire que les fleuves opposés sont séparés par des monts infranchissables, que tous les contre-forts séparant les fleuves parallèles sont composés de montagnes moins hautes, mais toutes cependant assez élevées. On ne saurait assez le répéter, on ne peut sous ce rapport tirer d'induction. Prenons un exemple dans la Belgique. La Meuse prend naissance dans les Vosges, près de Langres ; les montagnes d'où elle sort sont élevées de 400 mètres environ au-dessus de la mer ; près de Sedan, ces montagnes ne sont plus que des collines ; mais dans les Ardennes, le terrain se relève, et les plateaux ont une hauteur de 600 mètres au-dessus du niveau de la mer. Voyez également la ligne de faîte qui longe la Sambre au nord ; entre Charleroi et Namur, ce sont des plateaux de 350 mètres d'élévation, et en amont de ces plateaux se trouvent de basses collines de sable que franchit le canal de Charleroi. Malheureusement les cartes sont toutes remplies de fautes de ce genre. Elles ont même influé, à ce que dit Jomini, sur les opérations de l'armée française en 1813. Napoléon et son état-major étaient persuadés, dit-il, que toute la Bohême se trouvait coupée en tous sens par des montagnes difficiles, tandis que ces montagnes, qu'on franchit en une journée de marche, servent seulement de ceinture à des plaines unies et fertiles.

147. On se gardera donc de croire à la continuité des lignes de montagnes. « Il ne faut pas accréditer de pareilles rêveries (dit M. Bory de St.-Vincent), non-seulement nuisibles à la topographie, mais qui peuvent devenir dangereuses à la guerre. C'est d'après ce principe qu'on a vu beaucoup de dessinateurs de cartes, sans presque avoir quitté Paris, ni connu d'autres montagnes que le Calvaire, Montmartre ou les hauteurs de Belleville, couvrir divers terrains de hauteurs pour marquer des systèmes alpins qui n'existaient pas. Ils se croyaient dans la nécessité d'unir d'un côté les Pyrénées aux Alpes par les Cévennes sans interruption quelconque, tandis que de l'autre ils poussaient jusqu'en Afrique par le cap de Gatte et par la Séranne de Ronda.

» Trompé par de telles indications, le militaire calcule sur des obstacles ou des points de défense qu'il ne doit point trouver ; le naturaliste rêve un terrain coupé propice à ses recherches, mais qui se métamorphose en une monotone et horizontale étendue ; enfin le voyageur, qui craignait de parcourir un terrain dangereux, est tout étonné de rencontrer une route facile et commode. »

L'officier se défiera des indications des cartes générales. Il voudra tout voir ; il ne prendra pas les mots de lignes de faîte de premier, de second, de troisième ordre comme l'expression du degré d'élévation des massifs qui séparent les cours d'eau. Ces massifs présentent des hauteurs inégales, et ceux des affluents d'un fleuve sont parfois plus élevés que la costale même à laquelle ils se rattachent.

148. *Cols et passages*. Positions, dimensions ; praticables pour l'infanterie, la cavalerie, les voitures ; leur communication directe, leur communication entre eux par les crêtes ou sommités ; moyen de les garder, le temps qu'il faut pour arriver à la plus grande élévation par les routes établies. Peut-on s'ouvrir de nouveaux passages ?

149. *Reconnaissance des pays montueux.* Un pays montueux, partie cultivé, partie boisé, est le plus difficile à
reconnaître; il paraît souvent impraticable, mais à la vue on
reconnaît le contraire; d'ailleurs c'est un pays dont on ne
pourrait reconnaître la position dans un assez grand détail.

Pour bien faire la reconnaissance d'un pays de montagn
il faut commencer par se former une idée générale du pa
Il y a toujours une partie plus élevée que le reste,
déverse ses eaux de droite et de gauche, et sert de point
de partage; on commencera par bien la reconnaître. On
observera avec attention toutes les naissances des ravins et
ruisseaux, avant d'entrer dans le détail de la nature d'un
pays. On reconnaîtra et suivra les principaux ravins et ruisseaux, aussi loin que faire se pourra, observant avec soin
le nombre et la position de tous les ravins ou ruisseaux
confluant, de droite et de gauche, avec celui qu'on reconnaîtra.

Il est d'autant plus nécessaire de reconnaître les ruisseaux
confluant avec les ruisseaux principaux, que sans être obligé
de suivre exactement tous les petits ruisseaux, ce qui prendrait un temps infini, en parcourant le pays on en trouvera
les sources, on en reconnaîtra plusieurs fois les cours, ce
qui suffira lorsqu'on connaît d'avance les points de leur
chute dans les principaux ruisseaux. Quand ceux-ci et la
partie la plus élevée d'un pays montueux seront bien reconnus, on s'occupera de la partie de terrain contenue
entre les gros ruisseaux ou ravins. (Voyez n.° 1 à 10.)

La plupart des montagnes, dans cette espèce de pays, sont
couvertes de bois jusqu'à mi-côte, et le reste de leurs pentes
est cultivé; ces bois sont ordinairement taillis et ne sont
praticables que par les chemins, dont il faudra observer
avec soin la quantité et la qualité; il y a presque toujours

des chemins, souvent peu fréquentés, qui courent le long des crêtes des montagnes ; on aura attention de les suivre et de reconnaître de préférence ceux qui sont plus fréquentés, et d'indiquer où ils aboutissent et les chemins qu'ils traversent.

L'expérience a prouvé qu'il y a peu de crêtes de montagnes qui n'aient un chemin frayé sur toute leur longueur, et souvent ces chemins ont été très-utiles : il y a eu des marches d'armées très-difficiles et fort pénibles à ouvrir dans les pays montueux, parce qu'on n'avait pas connaissance des chemins des crêtes souvent même inconnus aux habitants du pays. (Ces chemins suivent les lignes de faîte.)

Dans un pays montueux, et même dans les masses de montagnes ordinairement boisées, il y a des ravins dont les fonds sont des prairies, qui souvent ne sont pas coupés par des ruisseaux, ou s'il y en a, ils sont souvent à sec en été. Les ravins tombent souvent en pentes très-douces, depuis leur naissance jusqu'à leur chute dans des vallées : ils pourraient être plus praticables pour une colonne de troupes que les chemins ordinaires. Toutes les fois qu'on en trouvera qui pourraient être propres à ce sujet, dont les fonds des prés ne sont pas marécageux, et dont les débouchés ne seront pas embarrassés par des obstacles, on aura soin de les bien reconnaître, d'indiquer le travail qu'il y aurait à faire pour les rendre praticables ; l'espèce de troupes dont ils sont susceptibles, dans quel cas on pourrait s'en servir, et dans quels chemins les colonnes retombent en sortant des ravins.

Cette espèce de vallons ou ravins est d'autant plus importante à reconnaître que dans un pays couvert, et dans la proximité de l'ennemi, il faut les faire observer, ou en occuper les débouchés avec autant de soin que les chemins.

Il y a des ravins coupés par des ruisseaux, qui par leurs sinuosités se trouvent tantôt sur un côté du ravin, tantôt sur l'autre ; ce qui rend les ravins impraticables pour des troupes, parce qu'il faudrait faire des ponts à chaque pas. Il y en a d'autres qu'une grande quantité de troupes rend fangeux et impraticables ; il faudra toujours rendre compte de ces obstacles.

On trouve de ces vallons de prairies dans les pays montueux non boisés, aussi fréquemment que dans ceux boisés ; le fond en est presque toujours bon.

On observera et on fera mention du plus ou du moins d'escarpement et de la qualité des pentes du ravin, en indiquant la qualité des bois, s'il y en a.

On aura attention d'indiquer les points les plus élevés d'un pays montueux d'où l'on découvre une grande étendue de pays, et l'on désignera cette étendue ; ceci est nécessaire, soit pour y placer des postes, soit pour découvrir les mouvements de l'ennemi.

Quand on aura un pays montueux fort couvert à parcourir, on reconnaîtra particulièrement les terrains qui sont assez découverts, et qui paraîtront propres pour y camper ; on observe à ce sujet ce qui est prescrit à l'article *positions*. On rendra un compte exact de toutes les parties cultivées d'un pays montueux ou couvert, du plus ou moins de fertilité de ses terres, et l'espèce de blé qu'elles portent. Ce terrain est souvent fort mauvais et ne produit que des seigles peu fournis ou de l'avoine, ce qui donne peu de ressources en fourrages.

On prendra des informations sur les ressources qu'on pourra tirer du foin, ce qui d'ailleurs sera très-aisé à voir, par la qualité et la quantité des prairies qu'on trouvera. Il y en a souvent beaucoup dans les pays montueux.

On trouve souvent dans les montagnes des châteaux dont , avec peu de travail, on fait de fort bons postes.

Les chemins des pays montueux méritent plus d'attention que les autres.

Lorsqu'un pays montueux est fort couvert, sans qu'il y ait de grandes masses de bois , il faudra reconnaître les carrefours ou croisées de chemin qui se trouveront sur la hauteur en suivant exactement les crêtes, comme il a été parlé ci-dessus. Il sera cependant inutile de les suivre toutes. (1)

150. *Reconnaissance des vallées.* On a pu , en lisant ce qui précède, se former une idée juste des vallées ; ces objets cependant sont si importants à la guerre , que l'on a résumé dans cet article tout ce qui a été dit précédemment , en y ajoutant encore quelques remarques utiles.

Les espaces compris entre deux chaînes de montagnes , collines ou plateaux, se nomment *bassins;* chaque bassin a deux *versants*, à la rencontre desquels se trouve un cours d'eau. Ces cours d'eau coulent au fond des *vallées.* Les *vallées* forment donc des cavités au fond des bassins , comme les *lits* des cours d'eau forment des cavités au fond des vallées. Si le cours d'eau déborde et sort de son lit , alors il remplit la vallée. Les vallées de ruisseaux se nomment *vallons*, et lorsque les vallons sont étroits, profonds , escarpés , torrentueux, comme dans les hautes montagnes, ils prennent le nom de *combes.* Enfin les vallons temporaires, tracés par les eaux des pluies , portent le nom de *ravins.*

---

(1) Cette instruction sur la reconnaissance des pays montueux est de M. de Lenchères , on n'y a rien changé. Elle sera facile à comprendre pour ceux qui auront lu avec attention le premier chapitre de ce Manuel.

Chaque bassin dans le sens de la largeur offre six lignes remarquables : 1.° les deux *lignes de faîte*, limites du bassin, 2.° les deux *berges* de la vallée, 5.° les deux bords du lit du cours d'eau. Au milieu de ces lignes, le *thalweg* constitue une courbe intermédiaire ; c'est la ligne d'écoulement que détermine, au fond d'un ravin comme au fond du bassin du plus grand fleuve, la série des points les plus bas du lit des eaux. Trois des lignes n'ont pas d'interruption dans tout leur parcours dans le bassin, ce sont les deux *lignes de faîte* et le *thalweg* ; les berges de la vallée, comme les berges du cours d'eau, sont coupées dans leur marche ; les berges de la vallée par les berges des vallées ou des vallons des affluents, et les bords du lit d'un cours d'eau par les bords des rivières ou ruisseaux qu'il reçoit dans son sein. Néamoins lorsqu'on regarde une carte détaillée sur laquelle on a tracé les berges des vallées et des vallons des bassins, on remarquera, que pour un bassin quelconque, toutes les berges des vallées du fleuve et des affluents, appartiennent à une seule ligne affectant mille inflexions, mille détours et les contournant toutes.

Dans les hautes montagnes, souvent les berges de la vallée et du lit se confondent et le cours d'eau passe dans une véritable gorge. Alors les parois du bassin ne montrent que des pentes abruptes le long desquelles les eaux roulent et se précipitent. Dans les vallées des grands fleuves, les montagnes laissent ordinairement entre elles des plaines basses où le fleuve serpente. Dans les pays à plateaux, les berges des vallées sont formées par des collines au-dessus desquelles on trouve ces vastes plateaux s'élevant en pentes douces jusqu'aux lignes de partage ; ces plateaux sont ordinairement ondulés. Telles sont dans notre pays les hautes plaines qui encadrent le bassin de l'Escaut.

151. Dans les hautes montagnes les lits des torrents et des ruisseaux affluents des rivières et des fleuves, aboutissent à des cols ; ce sont les chemins des armées. (Quelquefois cependant les lits des torrents ont pour origine des *cirques*, comme dans les Pyrénées.) Dans les pays de plateaux, les sources des ruisseaux et des rivières donnent aussi naissance à des dépressions dans les massifs de terrains qui séparent les cours d'eau. C'est une observation que l'on a déjà développée plus haut (n.º 122) et qu'il ne faut jamais perdre de vue. Ainsi lorsqu'on sait qu'un massif de terrain séparant deux cours d'eau (fleuves ou rivières) est fort élevé et d'un accès diffi- cile, on doit jeter les yeux sur la carte ; des dépressions existeront aux source des cours d'eau qui coulent sur ses versants ; c'est là qu'il faut passer. La dépression sera grande si deux ruisseaux coulant dans deux bassins op- posés prennent naissance à deux points rapprochés. Enfin la dépression sera considérable si un point du massif de partage est coupé entre les sources de quatre cours d'eau opposés deux à deux, et qui se réunissent latéralement deux à deux pour se rendre dans leurs bassins respectifs dont les directions sont opposées. C'est par une dépression de cette nature que passe le fameux canal du Midi. Les cols et les dépressions (par conséquent l'origine des vallées) sont donc des points intéressants à reconnaître et à étudier, car ce sont les endroits vulnérables, les points de passage choisis par les armées pour franchir les limites d'un bassin.

152. Lorsque devant un officier chargé d'une reconnais- sance, se dressent des hauteurs qu'il doit franchir, et si leurs pentes sont trop raides, qu'il cherche à droite ou à gauche quelque vallon ; s'il en découvre un, qu'il le re- monte, et il ne tardera pas à voir, sur sa gauche ou sur sa

droite (selon que le vallon est à sa droite ou à sa gauche),
un ravin qui le mènera sur la crête de collines regardées
d'abord comme infranchissables.

155. On reconnaîtra avec la plus grande attention la
nature des berges de la vallée; leur forme, la nature du
sol, leur inclinaison, leur élévation. Leurs sinuosités doivent
être notées avec autant de soin que les accidents des bords
du lit du cours d'eau. On vérificra si le cours d'eau coule
au fond de la vallée à égale distance des deux berges, ou
bien s'il se rapproche de l'une d'elles. Les données d'expérience suivantes aideront dans cette recherche. Si les berges
sont également élevées et inclinées, le cours d'eau coulera
au milieu de là vallée. Si l'une des berges de la vallée est
inclinée tandis que l'autre est escarpée, le cours d'eau se
.rapprochera de la berge escarpée; presque toujours, alors,
il ne recevra de ce côté que des torrents de peu d'étendue,
tandis qu'il recevra de l'autre côté des affluents plus
importants. Le cours d'eau se rapproche également d'une
berge de la vallée, lorsque la chaîne de hauteurs qui la forme
devient prédominante.

154. Voici maintenant d'autres données d'expérience
qu'il importe beaucoup à l'officier de connaître : 1.º Dans un
bassin quelconque, des deux rives d'un affluent, la dominante
sera toujours située du côté de l'embouchure du fleuve;
2.º la supériorité de cette rive sur l'autre sera d'autant plus
grande que l'angle formé par les deux cours respectifs du
cours d'eau principal et de l'affluent sera plus grand; 3.º dans
les sinuosités avant que les deux cours ne deviennent parallèles, celui de l'affluent passera par une position dans laquelle ses
deux berges seront égales en hauteur; 4.º quand le parallélisme des cours sera établi, le commandement aura changé
de rive. Dans ce cas, la rive dominante sera celle du côté du

fleuve. Ces observations sont de la plus haute importance, comme on le voit, car sur une carte qui ne contiendrait que les directions des cours d'eau, il est déjà permis de crayonner tous les endroits où la rive est dominante.

On déduit encore de là, qu'une armée marchant appuyée à un grand fleuve et vers son embouchure, aura toujours contre elle les escarpements des affluents de ce fleuve ; mais elle aura la rive dominante de son côté, si par suite de sinuosités l'affluent devient parallèle au fleuve. Ce serait le contraire si l'armée marchait vers la source.

Si les affluents d'un fleuve étaient sans sinuosités sensibles et presque perpendiculaires à son cours, on pourrait dire que les rives dominantes des affluents de droite sont les rives droites de ces affluents ; et les rives dominantes des affluents de gauche, les rives gauches de ces autres affluents. Ces principes peuvent s'appliquer au cours même du fleuve. Lorsqu'il coule suivant le plan de pente et perpendiculairement à son bassin, aucune rive n'est dominante. Mais la direction du fleuve se modifiant, s'il coule obliquement à la pente générale, la rive dominante est du côté du réservoir.

Cette observation a été consignée dans le bel essai d'une reconnaissance sur le bassin du Danube, inséré au tome III du Mémorial de la guerre de France. Elle a été confirmée par les travaux géologiques de M. d'Aubuisson des Voisins. Ce fait est facile à expliquer : le bassin d'un fleuve est incliné vers la mer ; les vallées de l'affluent sont creusées parallèlement à cette mer ; par suite de l'inclinaison générale du terrain, les eaux sont constamment rejetées vers la partie la plus basse. Il est des exceptions à cette règle; mais (et ce sont les termes du Mémorial) il est certain que les idées que l'on vient de poser, et dont l'abstraction peut paraître extrême, reçoivent des applications nombreuses et beaucoup plus fréquentes que les exceptions qui les contrarient.

155. On a répété plusieurs fois que les vallées des montagnes étaient des fentes, des rides résultant du soulèvement des terrains au-dessus des eaux. Si cette hypothèse est la véritable, elle devait recevoir une nouvelle confirmation du parallélisme des berges d'une vallée. Si une pierre se brise, les parties se séparent, mais les surfaces de brisure sont symétriques, et l'on peut, en les rapprochant, les faire joindre parfaitement. En est-il de même des berges d'une vallée qui représentent dans la nature les surfaces de brisure des roches fendues? Oui, et plus l'on s'avance dans les montagnes, plus le roc est dur, et plus l'on reconnaît dans les berges des vallées une étonnante symétrie; en les rapprochant, on les ferait coïncider parfaitement. Dans les montagnes secondaires, au sein des roches friables, les dégradations ont rendu ce phénomène moins apparent; mais on trouve néanmoins des traces de ce parallélisme, et les saillants et les rentrants se correspondent. Cela a surtout lieu lorsque la vallée est régulière, lorsqu'aucune des rives n'est dominante; tandis que dans les vallées où les versants diffèrent de pente, les angles saillants et rentrants se correspondent moins.

156. L'on rencontrera quelquefois dans les vallées des espèces de barres, que l'on reconnaîtra avec le plus grand soin. Les lignes de faîte des bassins des affluents barrent quelquefois le fleuve et l'arrêtent; alors il y a lac, et le fleuve, après avoir franchi cette barrière, descend par une cascade dans son lit et continue son cours. Souvent la barrière a été totalement brisée par les eaux, l'écoulement des eaux du lac a eu lieu et le fleuve ne se présente plus qu'avec un étranglement comme la Meuse à Mesières près de Rocroy.

Il n'existe pas de fleuve qui ne montre de tels étranglements, et, en amont de ces étranglements, les traces d'anciens lacs comblés.

D'ailleurs, au-dessus et au-dessous de chacun des affluents, la vallée d'un cours d'eau éprouve presque toujours un resserrement.

DES PLAINES, BRUYÈRES, PRAIRIES, MARAIS, POLDRES.

157. *Des plaines.* Les plaines sont de deux sortes, les plaines *hautes* et les plaines *basses*. Notre Belgique possède et les unes et les autres.

Les premières sont les plateaux qui règnent entre les vallées et sont comme portées sur le dos des collines et des montagnes du second ordre. Tels sont les vastes plateaux de l'Ardenne dans les terrains de transition; les plateaux entre la Sambre, la Meuse et l'Escaut, où si souvent les armées de l'Europe ont choisi leurs champs de bataille; enfin les plateaux de sable de la Campine, sur lesquels court la ligne de partage des eaux des bassins de l'Escaut et de la Meuse.

Les plaines basses sont l'opposé des plateaux; elles sont situées au fond des vallées au lieu de les couronner, et ont été créées par des détritus provenant de la dégradation des continents, et que l'on nomme *alluvions*. Telles sont les plaines de nos Flandres et de la province d'Anvers.

158. *Dégradation des continents.* A peine les bouleversements avaient-ils fait sortir du sein des eaux les roches qui constituent les continents et les îles, qu'aussitôt des causes de destruction se sont attachées aux flancs de ces roches pour en altérer les formes primitives. Ces causes sont la *pesanteur*, l'*atmosphère* et les *pluies*.

La pesanteur. Les soulèvements des montagnes ont incliné les couches de l'écorce du globe déposées d'abord horizontales et concentriques. Les fentes des vallées se sont faites, dans tous les sens, dans ces bancs hors d'aplomb. Par l'effet de la pesanteur, les parties ébranlées par ces révolutions violentes et subites, ont glissé le long des couches trop inclinées, et roulé dans les bas-fonds. Puis l'*atmosphère* et l'*eau* du ciel ont opéré la décomposition lente, mais sûre, de ces blocs.

L'atmosphère. On nomme atmosphère l'enveloppe de notre globe que l'on appelle *air.* L'air est fluide, transparent, pesant, élastique, dilatable et imperméable. Il est transparent ; car nous distinguons à travers. Sa couleur est bleue ; c'est elle que nous voyons lorsque le ciel est sans nuage. Au loin c'est cette couleur qui donne à l'horizon ces riches teintes violacées lorsque les reflets rouges du soleil couchant viennent s'y marier,

L'air est *pesant ;* les pompes aspirantes et le baromètre le prouvent. Ce sont des tuyaux dans lesquels on fait le vide, et que l'on plonge dans des réservoirs, dont l'un est rempli d'eau et l'autre de mercure. L'air, par son poids, pressant sur le réservoir, fait monter l'eau ou le mercure dans les tuyaux. La colonne d'eau a une hauteur de $10^m,40$, celle de mercure de $0^m,76$ environ. Ces élévations sont en raison de la densité des liquides soulevés, car le poids de l'eau est à celui du mercure comme 1 est à 13,59.

159. *Les pluies.* Mais la propriété la plus remarquable de l'air, c'est de tenir en suspension de l'eau en vapeur. Partout où l'eau se trouve en contact avec l'air, elle se transforme en gaz, et s'élève dans l'air, jusqu'à ce qu'elle parvienne à des couches d'une égale densité (lesquelles, la plupart du temps, se trouvent à un niveau inférieur à celui des plus hautes montagnes du globe), à moins qu'une cause électrique ne les fasse monter à des distances immenses. Lorsque l'air est trop saturé de vapeurs d'eau, une partie de ces vapeurs se résout en eau, forme des brouillards ou flotte à l'état de nuages. Puis quand les vésicules deviennent grosses, ou bien lorsque la température et les vents qui les tiennent suspendues perdent de leur force, les nuages se crèvent et l'eau qu'ils contiennent tombe sur le sol à l'état de pluie ou de neige. Toute l'eau qui roule dans nos fleuves, nos rivières, nos ruisseaux, est le produit de l'évaporation. D'abord puisée à la mer, cette eau, après avoir arrosé nos champs, servi à nos besoins, activé nos manufactures, assuré notre navigation, y retourne pour en être bientôt enlevée de nouveau et de nouveau projetée sur le globe. D'après les calculs du savant Halley, cette puissance d'évaporation est telle que la Méditerranée seule, en un jour d'été, doit perdre 5,280,000,000 tonneaux d'eau.

160. Quand l'eau tombe en pluie, la plus grande partie glisse

sur le sol et retourne de suite à la mer ; une autre portion est
absorbée par le sol, et revient au jour par les sources. Cette
partie absorbée fournit aussi l'eau de nos puits , et dans les jours
de sécheresse elle remonte par l'effet de la capillarité jusqu'à la
surface du terrain , pour donner quelque nourriture aux plantes
épuisées. Une autre portion enfin alimente les glaciers , ces
réservoirs des fleuves dans les moments de sécheresse. L'air ne
reçoit point de chaleur des rayons du soleil d'une manière
directe, il ne s'échauffe qu'au contact de la terre. Il advient
de là qu'à une certaine hauteur, la chaleur est nulle et le froid
éternel commence. Ce niveau est inférieur à la hauteur des
hautes montagnes. Dès lors sur leurs cimes élevées , les neiges
s'accumulèrent avec les siècles , et comme leurs sommets attirent les vapeurs et les nuages , ces dépôts s'augmentent chaque
nuit d'eau congelée et montrent aux yeux ces glaciers énormes
qui, fondant perpétuellement par leur base au contact du terrain,
entretiennent dans la Suisse seule les sources intarissables de
quatre grands fleuves : le Rhône , le Rhin , le Pô et le Danube.

161. L'*eau* et l'*air* combinés, sont sur le globe des causes
constantes et permanentes de dégradation. Ils pénètrent
dans les pores des roches, les rendent plus lourdes, et décident les éboulements. A l'époque des gelées , l'air humide (ou
l'eau dont les objets de la nature sont trempés), opère comme
le liquide dans les vases trop faibles; il brise des parcelles
de la superficie , effeuille les bancs. On en trouve des exemples
dans les monuments les plus solides ; à la longue les arêtes vives
des pierres ont disparu. L'*eau* agit encore en décomposant les
sels de chaux et de soude qui entrent dans la composition de tant
de minéraux , les entraîne avec elle et réduit en poussière les
autres éléments. La vapeur unie à l'air possède un pouvoir plus
grand encore ; elle attaque et altère le granit lui-même, et
ronge le fer par la rouille. Ainsi déjà sous la double action de
l'eau et de l'air, tout se décompose dans ce monde. De là l'origine
de la couche de terre qui recouvre les rochers , et dont la composition tient de la nature des roches décomposées. Sur les
roches de granit, de schiste , de calcaire marneux , les terres
sont argileuses à tel point quelquefois qu'elles sont trop fortes
pour la culture. Dans les terrains où la silice domine , c'est

au contraire le sable qui sert de base à la terre végétale,
laquelle terre alors est trop *maigre* si le sable est le seul élément.
La meilleure terre meuble est celle qui provient de la décomposition de roches qui contiennent à la fois et la silice, base
des sables, et l'alumine, base de l'argile.

162. *Formation des plaines basses.* Mais cette couche de terre
meuble ne put rester en place. Au fur et à mesure qu'elle se for-
mait, venait l'eau des pluies, projetée souvent par les orages et
les averses. Elle enlevait et entraînait avec elle au milieu des
torrents toutes ces parties attaquées, séparées, effeuillées,
et les emportait au loin avec des fragments de rocs, qu'elle
brisait dans sa marche, réduisait en graviers, en galets, en
sable et en limon.

Ces sédiments ont été portés dans les vallons et les vallées
que l'eau d'abord remplissait complètement. Ils ont été déposés
peu à peu, et le fond de ces lacs s'est comblé et le sol des vallées
s'est élevé. De là l'origine des plaines basses et de ces immenses
dépôts qui constituent le sol des Flandres et les parties les
plus riches du continent. De notre temps ce mouvement continue; tous les jours les montagnes s'abaissent et les plaines
de sédiments gagnent sur la mer. Les lacs qui restent encore
sur le globe tendent à se combler et à former des plaines, ainsi
qu'il advint aux lacs nombreux qui existaient jadis sur la surface de la terre, et dont on retrouve partout les traces.

163. Les dégradations, en altérant les berges des vallées, leur
ont donné ces formes plus ou moins arrondies qu'elles revêtent,
et cela en raison de la densité des parois. A cette occasion, il est
utile de faire remarquer que dans une montagne les faces tournées vers le soleil et correspondant aux portions de la crête, qui
font avec la ligne du nord et sud un angle au-delà de 30 degrés,
sont sujettes aux dégradations que produisent les avalanches
et les éboulements, et ne sont qu'accidentellement dans ce
cas lorsque cet angle sera en-dessous de 30 degrés. D'où l'on
peut conclure que les versants des montagnes opposés à ceux
dont on vient de parler, ne seront que casuellement sujets
à la dégradation. Ces phénomènes proviennent du gel et du
dégel.

En général, les versants des montagnes, toutes choses égales d'ailleurs, ont une face plus douce et moins dégradée; c'est celle qui est du côté du nord opposée au soleil. Ainsi, dans une vallée, la face tournée vers le soleil sera habituellement plus dégradée, tandis qu'il n'en sera pas de même de celle tournée vers le nord. Quand l'ennemi occupe une montagne qui n'offre pas de précipices, il y aura toujours avantage à franchir la montagne par la face du nord.

Conclusion. Lors donc qu'entre les deux berges d'une vallée, ou entre deux montagnes, le lit d'une rivière coule sur une plaine unie, cette plaine a été créée dans l'ancien lit de la rivière au moyen de parties charriées. Les sédiments de cette plaine proviennent des montagnes adjacentes. La plaine aura d'autant plus de largeur que les monts seront moins hauts et seront plus écartés. Les matériaux du terrain de la plaine et du lit de la rivière seront plus ou moins grossiers, selon que les montagnes qui les bordent seront plus ou moins escarpées, ou plus ou moins éloignées. Ainsi dans les hautes montagnes, on trouve des plaines de blocs et de gros gravier, dans les montagnes secondaires des plaines de graviers et de galets, puis viennent les plaines de sable, et comme le cours d'eau, arrivé à son embouchure, ne contient plus que du limon, ses dépôts ont produit les schorres dont les hommes ont fait des *poldres.*

164. *Des poldres.* Tout le nord de la Belgique est bordé par les *poldres*, il est donc utile de s'en occuper ici, et d'en dire quelques mots. (Les réflexions qui suivent sont empruntées au général Andréossy et au Mémorial déjà cité.)

Tout fleuve qui s'avance vers la mer a ses eaux saturées du limon qu'il n'a pu déposer entièrement dans sa course. La mer, de son côté, si elle est sujette au flux et au reflux, roulera dans son flux à l'encontre des eaux ou fleuves, ses lames chargées du sable de la grève. A la jonction, il y aura comme un temps de repos, et en cet endroit se déposeront naturellement et le sable de la mer et le limon du fleuve. De là l'origine des barres qui interceptent l'embouchure des grands cours d'eau.

165. Les barres s'exhaussent par les dépôts successifs des crues. Ces dépôts parviennent insensiblement au niveau des eaux ordinaires, et enfin s'élèvent au-dessus de ce niveau après une crue extraordinaire. Lorsqu'une pareille crue coïncide avec

une grande marée, il résulte de cette circonstance le plus grand effet; et c'est ce qui est arrivé en 1421, lors de la rupture des digues de la Meuse qui amena la formation de Bies-Bosch; ou bien dans une mer qui n'est pas sujette au flux et au reflux lorsque le vent bat en côte et qu'il survient un orage ou une fonte de neige dans les montagnes. Cet exemple est très-fréquent dans la partie de l'Italie qui baigne le Tibre. Ce fleuve, refoulé par le vent de sud-ouest, et enflé par les neiges de l'Apennin, produit des inondations qui sont le fléau de la campagne de Rome.

166. Dès que sur les plages de la mer du Nord on peut être assuré d'avoir, pendant plusieurs années, un pareil terrain d'alluvion exempt d'être inondé, la main des hommes s'en empare, et par des travaux convenables, elle l'environne de cette ceinture de digues qui devient une barrière contre de nouvelles immersions.

Les travaux dont nous venons de parler consistent à présenter au mouvement des eaux des obstacles mobiles et isolés, afin de produire par l'effet des remous formés derrière ces obstacles, des eaux mortes qui déposent les troubles dont elles sont chargées; on y voit naître des attérissement pareils à ceux qui s'élèvent par les mêmes causes derrière les épis construits sur les rivières pour garantir et restaurer leurs bords. On lie ensuite ces digues partielles et on y établit des écluses. C'est ainsi que les îles de Zélande sont sorties des eaux. Il a fallu, pour rendre le terrain de ces îles propre à la culture, y pratiquer des saignées et élever les eaux au-dessus de leur niveau, afin de pouvoir les faire écouler dans la mer à marée basse, en ouvrant les portes des écluses. On appelle *poldres* les terres ainsi coupées de canaux dont le dessèchement est entretenu, depuis le printemps jusqu'à la fin de l'automne, par des moulins d'épuisement, car durant l'hiver les terres submergées restent sous les eaux des pluies. Les canaux qui reçoivent les eaux des poldres se nomment *wateringues.*

167. Telle est l'origine du plus grand nombre de poldres; mais plusieurs, et ce ne sont pas les moins fertiles, ont été formés, soit en desséchant des lacs maritimes, tels que les Moeres, soit en barrant des criques de mer ou même des rivières, telles que l'Yser.

La plupart des poldres inférieurs à la haute mer, sont assez élevés au-dessus des basses mers, pour que les eaux s'écoulent pendant le reflux, sans autre manœuvre que celle d'ouvrir les écluses. Les autres sont desséchés par des vis d'archimède ou des roues à palettes que font mouvoir des moulins à vent. Ces machines élèvent les eaux et les versent dans une *ringsloot* ou canal de ceinture de niveau supérieur; un autre canal les conduit à la mer.

168. Beaucoup de poldres sont adossés à la chaîne des dunes de la mer. Les uns sont intérieurs et protégés par la chaîne; d'autres sont extérieurs et formés sur les schorres de l'estrang.

On nomme poldres de *première ligne* ou poldres *calamiteux* ceux qui sont exposés à l'action directe de la mer et aux calamités que produisent ses irruptions. Sous le nom d'*arrière-poldres* on comprend ceux qui sont protégés par les poldres calamiteux : on les appelle aussi, d'après leur situation, poldres de *seconde* et de *troisième* ligne.

Quand on fait la reconnaissance d'un poldre, il faut donc s'attacher à bien noter la hauteur du sol au-dessus ou au-dessous de la basse mer; les digues, hauteur, épaisseur, inclinaison des berges; les canaux d'écoulement, leurs dimensions; le mode d'écoulement; la forme des écluses. Enfin tout ce qui peut donner une idée nette du poldre et des moyens de l'inonder ou de faire écouler ses eaux.

On peut dire que l'on n'est pas maître d'un poldre si l'on ne possède pas les moyens d'en faire écouler l'eau.

169. Le fleuve ou rivière qui traverse les plaines basses d'alluvions, et à plus forte raison des poldres, n'a plus de cours déterminé par la nature; ce cours est guidé par la main des hommes, et maintenu par une double bordure de digues.

Dans notre pays la ligne qui sert de limite au cours naturel des eaux passe par Dixmude, Bruges et la limite des poldres jusqu'à Anvers même. Toute la plaine comprise entre cette limite et la mer est traversée par une multitude de canaux qui unissent les rivières et forment un réseau hydraulique dans lequel les eaux du pays et de la mer peuvent circuler au loin jusqu'au milieu des terres. Tous ces cours d'eau sont fortement endigués.

170. On a déjà dit plus haut que le flux de la mer se faisait sentir jusqu'à Gand, Lierre et Malines. Cette circonstance a donné naissance à de petits poldres qui bordent les rivières. Ils ont pour limites, 1.º la rivière endiguée, 2.º en arrière le terrain naturel de la vallée, 3.º et ils sont séparés les uns des autres par d'autres petites digues qui vont du terrain sec à la digue de la rivière. Au milieu de chaque petit poldre, ainsi limité, se trouve un petit canal. Il communique avec la rivière par un grand cadre en chêne qui traverse la digue. Ce cadre est muni d'une éclusette placée à l'extrémité qui regarde la rivière et s'ouvre vers elle. A marée haute l'eau de la rivière ferme l'éclusette et ne peut se déverser dans le poldre; à marée basse, au contraire, l'eau du poldre ouvre l'éclusette et s'écoule dans la rivière.

Lorsqu'on veut créer une inondation, dans des prairies de ce genre, il suffit donc de changer l'éclusette de place et de l'appliquer à l'extrémité du cadre qui regarde le poldre; l'eau y entrera à chaque marée et ne pourra plus en sortir. Mais, quand on attend l'ennemi, cette mesure ne sera pas complète, si l'on ne fait pas des coupures dans les petites digues transversales qui séparent les prairies et par lesquelles on peut arriver jusqu'à la digue de la rivière. C'est surtout du côté de l'ennemi que ces coupures sont nécessaires.

RECONNAISSANCE GÉNÉRALE DES PLAINES ET BRUYÈRES.

171. Il y a deux espèces de plaines : les plaines découvertes, comme celles de la Saxe, la Thuringe, la plus grande partie du cercle de Basse-Saxe, la Beauce, la Flandre, etc. ; et les plaines partie boisées et partie cultivées. La reconnaissance des plaines découvertes est la plus aisée et la moins longue à faire : elle se borne à bien reconnaître les rivières et ruisseaux, les villes et villages, les principaux chemins, positions, etc. Comme dans un pays difficile on s'occupe principalement à reconnaître toutes les parties praticables, il faut dans les pays faciles s'occuper particulièrement à acquérir une parfaite connaissance de tous les accidents du terrain qui peuvent faire des obstacles.

Les plaines partie boisées, partie cultivées, méritent plus d'attention; il faut rendre compte de tous les bois, grands et petits, de leur qualité et de leur étendue; il y a des plaines montueuses qu'il faut reconnaître (comme il a été dit à l'article des pays montueux), et principalement les chemins qui, dans cette espèce de pays, sur toutes les pentes et à l'approche des villes et villages, sont presque toujours creux.

Toutes les fois que dans les plaines montueuses, deux vallées ou deux rivières coulent parallèlement ou à peu près, et qu'elles ne sont pas éloignées l'une de l'autre de plus de trois lieues, l'entre-deux forme ordinairement une montagne dont les flancs sont hérissés à droite et à gauche de chemins creux, et dont la crête est praticable d'un bout à l'autre. Il faut donc suivre cette crête jusqu'à la jonction des deux rivières ou vallées, ou jusqu'à leur chute dans une autre, car de quelque longueur que puisse être cette crête, et quoiqu'il n'y ait aucun chemin frayé à travers les terres, on peut être presque sûr que d'un bout à l'autre on ne rencontrera aucun obstacle.

Cet objet de reconnaissance est important chaque fois qu'une armée marche entre deux vallées. La marche sera trop pénible et le travail infini si l'on s'avance à mi-côte. On sera arrêté à chaque pas par des ravins, tandis que la crête se trouverait assez large pour que toutes les colonnes puissent y passer; d'ailleurs les chemins creux prennent quelquefois leur naissance presqu'à la crête des montagnes, et obligent à des détours considérables quand on veut les tourner.

Les pays plats et bas, quand ils sont fertiles, sont ordi-

nairement très-coupés : chaque possession est entourée de
haies ou de fossés, les villages ne sont point rassemblés, et
les maisons sont fort éloignées les unes des autres. Cette
espèce de pays est souvent coupé de ruisseaux, de petits
canaux et de parties marécageuses. Il faut dans ce cas
s'occuper essentiellement des chemins, des ponts, des rivières, des ruisseaux les plus considérables, et indiquer les
espèces de terrain qu'on trouvera plus couverts ou plus
découverts que le reste et dans lesquels on pourrait camper, et rendre compte de leur étendue. Si chaque possession
du pays est entourée de haies, il faudra faire mention en
général de la qualité de ces haies; dans un pays sablonneux elles ne sont jamais très-épaisses et ne font pas un
grand obstacle; mais dans un pays de terres fortes, elles
ne deviennent praticables que par un grand travail.

L'expérience a prouvé l'utilité de cet objet de reconnaissance; elle porte sur l'ouverture des marches et sur le
détail des opérations des armées.

172. Les *bruyères* élevées sont praticables en tous temps,
celles basses sont sujettes à être fort marécageuses; les petits
ruisseaux sont ordinairement marécageux, et s'ils traversent
des bruyères élevées, leurs bords sont escarpés; leur fond
est toujours de sable mouvant, il est rare qu'on trouve du
gravier; il est donc essentiel de reconnaître avec soin tous
les gués des petites et grandes rivières qui traversent les pays
de bruyère. Les bois et forêts des bruyères basses sont
presque toujours marécageux et très-peu praticables même
en été. Dans les bruyères élevées, ils ne sont pas toujours
aussi impraticables, mais on y rencontre des parties marécageuses.

Il y a en avant de Caderborn et des sources de la Lippe
une bruyère plate et d'une grande étendue, nommée

Diessenée ; elle est coupée par sept ou huit ruisseaux ; ils sont si encaissés que leurs rives font obstacle ; on fut obligé de rejeter toutes les colonnes vers le pied des montagnes d'où ces ruisseaux sortent.

Quoique les chemins dans les bruyères soient ordinairement bons, il y a cependant une observation à faire à leur égard ; quand la couleur du terrain est de sable ordinaire, les chemins en sont toujours bons en été comme en hiver; mais si, comme dans les bruyères basses, le chemin est noirâtre mêlé de sable blanc, il sera toujours mauvais en hiver, même dans les étés pluvieux.

175. *Étangs, marais, prairies marécageuses.* Leur cause; est-ce un terrain humide ? sont-ils nourris par des sources ? sont-ils formés par le débordement d'une rivière sur un terrain ferme ? leur position. Comment les traverser ? sont-ils coupés par des chaussées ? Peut-on y en établir ou les rétablir ? comment défendre ces chaussées, pour protéger ou empêcher le passage des colonnes ? Y a-t-il des bouquets de bois ? quelle est leur bordure ? quels terrains leur succèdent dans toutes les directions ? dans quel temps sont-ils malsains ? dans quel temps sont-ils praticables ? fournissent-ils des tourbes ? Y a-t-il des brouillards ?

Dans les pays de sables et de bruyère, il y a beaucoup de marais couverts d'eau en hiver et presque secs en été : on y trouve souvent d'anciennes traces de charriots qu'il faudra faire suivre et sonder.

Les prairies marécageuses, qui paraissent quelquefois en été très-praticables, ne supporteraient pas une colonne de cavalerie : il faut les examiner avec soin et se méfier des prairies dont l'herbe est haute et serrée ou dans lesquelles il y a des parties de mousse d'un vert jaunâtre ; elles sont impraticables pour la cavalerie et même pour l'infanterie, eu temps de pluie.

174. OBSERVATIONS. Les armées couvrent leur front ou leurs
flancs par des marais ; dans leurs marches, ces marais peuvent
faire obstacle; il est donc utile de bien les reconnaître. Les grands
marais se trouvent ordinairement sur les hauteurs, à la ligne de
partage des eaux de deux bassins opposés. Tels sont les immenses marais de la Pologne placés sur la ligne de faîte principale
de l'Europe ; tels sont en Belgique les marais des fagnes dans
les Ardennes et ceux de la Campine , les premiers sur la ligne de
faîte qui sépare les eaux de la Meuse de celles de la Moselle ,
les seconds sur la ligne de faîte qui sépare les eaux de la Meuse
de celles de l'Escaut. Sur ces lignes de faîte , la nature a placé
des espèces de culs de lampe , des petits bassins sans issue, au
fond desquels les eaux des terrains environnants se déversent
entraînant avec elles des débris de terre et de plantes ; parfois
encore ces creux sont alimentés par des sources. L'eau s'éleva
donc jusqu'à ce que, parvenue à un certain niveau, elle eût trouvé
un conduit qui pût déverser le trop plein dans la vallée; ce conduit
ou ruisseau agissant là comme déversoir, s'empara du trop plein
des immenses lacs ou étangs auxquels donne naissance cette
disposition de terrain. Mais avant que cet écoulement ne com-
mençât, l'eau souvent s'était emparée d'immenses espaces. Le
trop plein de ces lacs et étangs a quelquefois trouvé un écoulement dans les deux bassins dont ils couronnent les massifs qui
les séparent ; ainsi dans notre pays les nombreux affluents de
la Meuse et de l'Escaut ont leurs sources dans les marais qui
règnent presque sans interception depuis Meuwen jusqu'à
Ravels.

On s'est servi ici du mots *lacs* et *étangs*, parce que dès l'origine
ces creux ou ces petits bassins étaient seulement remplis d'eau.
Mais peu à peu les pluies entraînèrent avec elles des débris des
terrains environnants, et le sol s'exhaussa. Et lorsqu'à ces
débris de terrains se mêlèrent des débris de plantes , les lacs et
étangs se changèrent en marais, et avec le temps ces marais de-
vinrent des tourbières. Tels sont les marais que l'on rencontre
dans le prolongement de la gauche du camp de Beverloo, vers
Baelen , Lommel , Rethy , Postel , Arendonck.

Le fond des marais tient donc de la nature du terrain qui
a comblé son sol. Il est de gros sable , de fange ou de sable

mouvant, et dans le même marais, il n'est pas rare de trouver ces trois natures de fond. De là vient la nécessité, quand on veut s'appuyer à un marais, de faire sonder ses bords avec autant de soin que les rivières. Il existe souvent des gués, où l'on ne croit trouver que des fanges impraticables. Ces passages, il faut les connaître, les garder, les fortifier. Par la même raison, on ne peut s'engager dans des marais dont on ne connaît point les passages, car un corps d'armée peut y trouver sa perte.

Que les officiers qui veulent avoir une idée des marais dangereux étudient avec soin ceux qui sont situés entre Kerkhoven et Lommel, à la gauche du camp de Beverloo. Là, la tourbe y forme des espèces d'îles flottantes qui se sont couvertes avec le temps d'un peu de terreau et d'arbustes. Les chasseurs sautent de l'une à l'autre, et celui qui tomberait dans les fanges qui les entourent disparaîtrait pour toujours, s'il n'était secouru. L'eau qui sort de ces fanges dangereuses donne un dépôt d'une couleur brun rouge.

Avec un peu d'expérience, ces marais dangereux sont faciles à reconnaître ; mais ce qui l'est moins, et ce dont on doit le plus se défier, c'est d'une *prairie marécageuse*. Les environs du camp prêtent encore à cette étude. Le long des cours d'eau (de la Nèthe, du Schwartzbeeck), les marais ont été desséchés et convertis en prairies. Le sol en paraît dur et uni, et l'on s'y engage sans méfiance, avec des chevaux et des voitures. Cependant la surface seule est sèche ; ces îles, flottantes ailleurs, se sont bien rapprochées, offrent l'image de prairies, mais le fond n'en est pas moins aussi pernicieux ; aussi, peu à peu le terrain tremble sous les pas, il s'écarte, l'eau se montre à la surface, et à l'endroit même où quelques instants auparavant un cheval galopait en sûreté, on ne peut passer sans danger. Lors donc que l'on doit reconnaître des prairies, on ne se fiera pas à l'aspect de la surface, on prendra un fort piquet, et on le fera enfoncer dans le sol à coups de masse.

Nous avons vu que les cours d'eau tendent toujours à élever leur lit ; il en résulte que ce lit dépasse quelquefois le niveau de la plaine d'alluvion et le fond des vallées. L'eau qui tombe sur ces parties surbaissées n'ayant plus d'écoulement, y fait naître des marais ou rend marécageuses les prairies qui les bordent. On reconnaîtra avec autant de soin ces marais des plaines basses, que les marais des plateaux. Les *moeres* de nos côtes sont d'anciens marais salins endigués et changés en poldres.

Il en est des marais comme des rivières, ne vous fiez jamais, quand vous les reconnaissez, aux dires des habitants du pays.

175. *Des côtes.* Observez : la nature des côtes. Sont-elles bordées de dunes, couvertes de rochers plats qui rendent leur abord plus ou moins dangereux, hérissées de falaises, qui en interdisent absolument l'accès? Notez : les parties développées et découvertes propres aux descentes. Les parties rentrantes offrant des anses et des ports. Les pointes et les caps propres aux forts, aux batteries qui pourraient défendre les points accessibles. Les îles adjacentes servant d'ouvrages avancés qui forment des barrières aux tentatives de l'ennemi ; les laisses, les anses, les baies, les rades, les ports ; la nature des vents qui sont nécessaires pour l'entrée et la sortie des ports dont il faut indiquer les avantages et les inconvénients. Les différentes batteries établies pour la défense des mouillages, des passes. Les retranchements, les épaulements pratiqués dans les parties où l'on peut tenter des descentes. Les camps, les postes qui doivent couvrir les principaux établissements de l'intérieur du pays. Exposez tout ce qui caractérise les endroits accessibles ; les dangers qu'on aura à courir ; les obstacles à surmonter ; les moyens de les augmenter. Les temps des marées plus ou moins favorables à l'approche des endroits ; indiquez les lieux donnant des positions plus ou moins avantageuses aux moyens de défense et aux points à défendre. L'état actuel des forts qui protégent la côte, des batteries, des corps-de-garde, et de toutes les pièces d'artillerie qui peuvent s'y trouver. Analysez les systèmes de défense donnés ; faut-il les améliorer, en faire un nouveau. Calculez les forces que peuvent fournir dans un moment de surprise, les canonniers gardes-côtes, en attendant que les troupes réglées de tels et tels lieux puissent arriver aux points attaqués. S'il est des rivières qui aient leur embouchure sur ces côtes, les marées apportent des variations sur leur passage; il faut rendre un compte exact de leur influence.

176. OBSERVATIONS. Pour bien répondre à ces questions, il faut avoir des idées bien arrêtées sur la nature des côtes; on exposera donc ici quelques courtes observations sur celles de la Belgique, les seules que ses armées soient jamais appelées à défendre.

Nos côtes ne présentent ni rochers ni falaises. Ceux-ci commencent à Calais et règnent tout le long des côtes de la Normandie et de la Bretagne; mais à partir de ce point vers le Nord et jusqu'à la Baltique, les limites de la terre ferme et de la mer sont des dunes de sable de 4 à 18 mètres de hauteur.

177. On a vu que les bassins des fleuves étaient limités par deux lignes de faîte secondaires ou costales, qui, partant de la ligne de faîte principale de l'Europe, allaient mourir au réservoir des fleuves ou à la mer. Il y a dépression entre les costales, et par conséquent un rentrant au fond duquel se trouve l'embouchure du fleuve. Les côtes de la mer doivent donc montrer une suite de saillants et de rentrants. Les saillants sont les *caps*, les rentrants sont les *golfes*. Ces golfes autrefois devaient être immenses, mais le temps, peu à peu, a refoulé les eaux et poussé en avant les continents.

On a décrit à l'article des *poldres* comment se sont faites ces conquêtes des continents sur les mers, l'origine des schorres, et comment ces schorres de l'embouchure des fleuves ne sont pas les seuls dépôts créés par la mer. Dans le flux la vague, en battant la rive, éprouve un mouvement de rebroussement, et il y a choc entre la vague qui retourne et celle qui toujours avance. A ce point se déposent sans cesse les derniers dépôts que l'eau contient, il y naît des attérissements que l'on nomme barres, qui règnent sans interruption le long de nos côtes et en rendent les approches difficiles surtout dans les basses marées. Or, il est arrivé qu'un jour la barre la plus rapprochée de la côte est venue au jour ; le sable s'est séché sous les rayons du soleil, et le vent d'ouest, qui règne presque toujours sur nos côtes, soulevant les sables séchés entre deux flux, a donné naissance à de petits monticules de sable que l'on appelle *dunes*. Les hommes se sont alors emparés du terrain situé entre la côte et ces digues naturelles et en ont fait des polders, et depuis ce temps les dunes n'ont fait que croître et serviront de limites à la mer, jusqu'à ce qu'un nouveau banc, dépassant la surface des mers, éloigne encore de ce côté les termes du continent. *Dam* et *St.-Omer* ont été jadis des ports de mer, et dans le hâvre ensablé de l'*Écluse*, il y a quatre siècles, sept cents navires de France et d'Angleterre se livraient de sanglantes batailles.

178. Aujourd'hui tout le terrain, qui longe la mer entre les dunes et la naissance des collines qui enserrent les vallées des rivières, est une plaine d'alluvion, unie, inférieure aux eaux de la haute mer qui la couvrait jadis de ses eaux. Dans cette plaine humide, les eaux n'ont plus de cours déterminé, et coupent le sol en tous sens; elles n'ont pour écoulement que des passages à travers les dunes, passages fermés par des écluses que l'on ouvre à marée basse. L'emplacement de ces écluses, ces ouvertures dans les dunes, sont les points les plus importants de la côte, et 'il est nécessaire d'en rester constamment les maîtres. La Belgique a sur ses côtes deux de ces points qui sont Nieuport et Ostende ; on y a élevé des forteresses.

179. Le vent qui créa les dunes en soulevant le sable des barres desséchées, continue son action sur elles ; il prend sans cesse de nouvelles particules aux dépôts journaliers de la mer sur la rive pour les joindre aux dunes; mais aussi il enlève du sable à celles-ci pour le déverser dans l'intérieur des terres. La chaîne des dunes gagne donc sur les basses terres d'alluvion qui se trouvent à ses pieds. Le sable a enseveli l'église de Zuydcote et l'abbaye des Dunes près de Furnes ; il tend à s'approcher du canal venant de ce dernier endroit, et l'aurait déjà comblé s'il n'était protégé par les plantations de Rosendael. A Ostende, les habitants protègent leurs jardins au moyen d'ados en taillis.

180. Les dunes présentent un amas de monticules coniques se tenant par la base et dont les talus déterminent souvent au centre de la chaîne des entonnoirs fermés de toutes parts. Leur

largeur est dans certains endroits de plusieurs milliers de mètres, et elles ont servi de champ de bataille en 1600, au nord de Nieuport, aux armées des États commandées par Maurice de Nassau, et à celles des Espagnols conduites par l'archiduc Albert; et en 1658, au nord de Dunkerke, aux armées de France et d'Espagne, combattant sous les ordres de Turenne et de Condé. Les troupes étaient appuyées d'un côté à la mer et de l'autre aux poldres inondés. Dans les deux actions, les Espagnols furent vaincus, parce que leurs adversaires, étant maîtres de la mer, nettoyèrent le rivage par le feu de leurs navires, ce qui leur permit de préparer une double attaque de front et de flanc. Turenne employa à cette occasion un stratagème qu'il est bon de ne jamais oublier quand on s'occupe des côtes. Il marcha vers l'ennemi à marée haute et amusa tout son front jusqu'à ce que le flot en se retirant lui eût livré l'estran; il fit alors avancer, par ce passage, le corps de Castalnau qu'il avait massé à cet effet derrière sa gauche, et décida, par cette attaque de flanc que l'ennemi n'avait pas prévue, le gain de la bataille.

181. On appelle *estran*, la partie du terrain que la mer laisse à découvert pendant les basses eaux. Ce terrain est un glacis de sable mêlé de coquilles marines et dont l'inclinaison est plus ou moins forte. La largeur de cet estran varie le long des côtes; elle va depuis 500 mètres jusqu'à près de 1500 mètres. Le sable de l'*estran* est dur lorsqu'il est mouillé, et offre alors une bonne communication pour les voitures. La mer dépose journellement sur l'estran plus de sable que le vent ne lui enlève pour accroître les dunes; aussi tous les jours l'estran gagne sur la mer, augmente la longueur de son glacis et éloigne par conséquent la laisse de mer. Cet avancement est devenu pour ainsi dire uniforme; on l'évalue sur nos côtes à $1^m,50$ par année.

182. La connaissance des marées est aussi nécessaire à l'officier chargé de garder et de défendre la côte, que celle de l'estran.

On ne peut donner ici une théorie complète des marées, ni la construction des tables au moyen desquelles on les calcule pour tous les jours de l'année. Ce serait sortir des limites du

Manuel. On se bornera à des données générales. On appelle *marée* le mouvement alternatif des eaux de la mer qui inondent ou abandonnent le rivage. Lorsque les eaux montent ce mouvement se nomme *flux* ou *étale*, c'est le temps de la haute mer; lorsque les eaux descendent c'est le *reflux* ou *jusant*; c'est le temps de la basse mer.

183. Cet effet a lieu par suite de l'attraction que le soleil et la lune exercent sur notre globe; mais la lune influe sur lui beaucoup plus que le soleil, de sorte que c'est elle qui règle le plus le mouvement des marées. L'effet le plus grand a lieu lorque les efforts du soleil et de la lune se combinent, c'est-à-dire les jours de nouvelles et de pleines lunes; jours auxquels ces deux astres passent ensemble le méridien du lieu à midi. Les jours de pleine et de nouvelle lune, les marées devraient donc être les plus hautes du mois, et les plus basses marrées les jours du premier et du dernier quartier. Cependant l'expérience a appris que l'effet ne se faisait sentir que 36 heures après le passage des astres au méridien du lieu. Pendant un jour lunaire de 24 heures 50 minutes, il y a deux marées, c'est-à-dire que la mer monte et baisse deux fois. Ainsi donc la marée n'arrive pas tous les jours à la même heure du jour solaire; tous les demi-jours il y a un retard de 25 à 30 minutes, différence qui se régularise tous les demi-mois lunaires : car, ainsi qu'on l'a dit, les jours de nouvelles et pleines lunes les marées reviennent, à peu de chose près, à la même heure.

184. Si l'influence du soleil et de la lune était immédiate, la pleine mer serait à midi juste les jours de pleines et de nouvelles lunes; mais l'expérience a démontré qu'il y avait pour chaque point de la côte une différence en plus et en moins qui varie avec les localités. Ainsi à Anvers il y a retard, et la haute mer est à 4 h. 25 m. de l'après-midi. A Nieuport, à Ostende, à Blanckenberg, ce retard est seulement de 12 à 13 minutes après-midi (bien entendu pour les jours de nouvelles ou pleines lunes).

185. Un officier doit donc s'informer, quand il arrive sur la côte, de l'heure de la haute mer les jours des pleines ou des nouvelles lunes, et les jours des premiers et derniers quartiers; il pourra d'après ces données calculer, à peu près et d'une

manière approximative et suffisante, les heures de marées pour les autres jours.

Les marées des équinoxes sont les plus fortes de l'année. La hauteur des marées sur les côtes de Flandres est de 6 mètres environ, et la différence entre les marées des pleines et nouvelles lunes et celles des quartiers de 1^m,60. On observera que ces marées doivent être les plus hautes possibles lorsqu'un fort vent souffle de la mer ; alors les eaux montent quelquefois de 1^m,50 et au-delà au-dessus de leur niveau ordinaire. Sur toute la côte de Flandres, de Calais à l'Escaut, la marée, comme on l'a vu, se fait sentir partout en même temps (12 minutes après que la lune a passé le méridien). A marée haute et à marée basse, la mer, avant de descendre et de monter, reste quelquefois une demi-heure entière sans qu'on y distingue de changement. On remarquera enfin que sur les côtes de Flandres, la mer monte et s'écoule beaucoup plus vite dans les dernières heures de la période du flux, que dans les premières ; pour descendre c'est le contraire, elle descend beaucoup plus vite durant les premières heures que pendant les dernières de sa période de reflux.

186. Après avoir détaillé comme précédemment les propriétés et les formes générales des terrains qui constituent l'écorce du globe, on s'occupera des objets qui couvrent sa surface.

RECONNAISSANCES DES BOIS ET FORÊTS.

187. La reconnaissance d'une grande forêt consiste dans l'examen : des chemins qui la traversent ; des parties fourrées et de celles qui ne le sont pas. On trouve communément dans les forêts des touffes d'ormilles qui ressemblent aux taillis impraticables et qui cependant sont très-praticables pour l'infanterie quand elle a de bons guides ; ainsi toutes les fois qu'on en trouvera on les reconnaîtra avec soin.

En général, toutes les forêts sont praticables à l'intérieur. Les parties fourrées le plus ordinairement sont sur les lisières ou sur les bords des grands ruisseaux et rivières qui les traversent et facilitent l'exploitation.

Dans les forêts montueuses et élevées, il y a des marais dont on reconnaîtra toujours les contours et la qualité ; on y trouvera la naissance des principaux ravins de la forêt. Du reste, les chemins qui traversent ces marais sont presque toujours, même en été, impraticables pour la cavalerie et les voitures.

188. Il serait trop long de reconnaître tous les chemins d'une forêt, un seul se bifurque en vingt autres qui tous se réunissent à une descente ou en entrant dans un taillis fourré ; il est donc nécessaire de reconnaître exactement les principaux.

1.° Ne jamais s'en rapporter aux dires des gens du pays sur les chemins qui, disent-ils, n'aboutissent nulle part ; il faut suivre tous ceux qu'on voit dans le taillis, presque toujours ils aboutissent à un chemin principal, et servent de communications entre les chemins principaux.

2.° Si l'on fait bien on commencera par faire le tour de la forêt ; on observera et on remarquera avec soin les chemins qui en sortent, les ravins et ruisseaux qui en sortent et qui y tombent.

3.° La meilleure manière de reconnaître les parties plus ou moins praticables d'une forêt, c'est de reconnaître des marches dans la forêt sur plusieurs colonnes et dans plusieurs sens ; on ajoutera les itinéraires des colonnes.

4.° La connaissance de tous les ravins depuis leur entrée jusqu'à leur sortie est essentielle, et le meilleur guide que l'on puisse suivre pour ne pas s'égarer dans les forêts montueuses.

5.° Si on trouve un ravin considérable ou gros ruisseau, suivez-le jusqu'à sa source, en indiquant l'état de ses rives et les chemins qui les traversent.

189. On regarde souvent les grandes forêts comme un obstacle à la marche des armées. On les trouvera cependant presqu'aussi praticables que les pays de plaines. Les Français n'ont trouvé d'impraticables dans leurs campagnes que celles du Hartz et de la Thuringe, à cause de leur grande élévation.

190. Les objets principaux à examiner dans la reconnaissance des forêts, sont :

a. Son étendue.

b. Qualité du terrain, s'il est plat ou élevé.

c. Les chemins qui traversent, où ils vont, d'où ils viennent, leurs qualités.

d. Les rivières, grands et petits ruisseaux, qui la traversent ou en sortent.

e. S'il y a beaucoup de ravins et la qualité de leurs fonds.

f. Quelles sont les parties impraticables ailleurs que par les chemins, et celles claires et praticables qu'on y rencontre.

g. Les villes, villages, hameaux, censes ou châteaux, les parties des plaines cultivées qui se trouvent dans cette forêt.

h. Les marais.

Les villes, villages ou châteaux qui se trouvent dans des forêts, sont ordinairement les points de réunion de tous les chemins.

191. Lorsqu'on dressera le plan d'une forêt, on distinguera avec soin les parties claires d'avec les parties fourrées, on fera en sorte que les chemins puissent se voir très-distinctement dans toute l'étendue du plan : on néglige toujours cette exactitude nécessaire dans un plan ; tous les bois sont dessinés de même, les parties claires comme les parties fourrées, les traces des chemins sont confondues avec les dessins des arbres, et pour peu qu'on en fasse une quatrième copie, elle ne contiendra plus le quart des chemins indiqués dans la première. (*De Lenchères.*)

192. Si là forêt contient des arbres remarquables, on les notera pour servir de points de repère. On lèvera avec soin les clairières, leurs positions respectives, surtout celles que traversent les débouchés principaux. En supposant la forêt occupée par ses troupes, on examinera avec soin si elle peut être tournée ; quels sont les objets placés sur ses flancs qu'il serait utile de défendre. En raisonnant dans le sens de l'offensive, on indiquera le point du plus facile accès, ou celui qu'il convient le mieux d'attaquer. On observera enfin le terrain en avant et en arrière de la forêt, et les positions qui se trouvent : 1.° à son entrée, 2.° à sa sortie.

193. *Des plaines couvertes et coupées.* Les plaines de la Belgique sont de deux sortes. Les plaines hautes ou les plateaux offrent des espaces ouverts ; des villages, des hameaux, des châteaux avec leurs parcs, des petits bois forment comme des îles au milieu d'une mer de moissons. Ces immenses plateaux, faiblement ondulés, traversés en tous sens par de belles routes, ont servi de tous temps de champs de bataille aux armées de l'Europe. Il n'est point de pays qui offre autant de ressources que la Belgique pour l'étude des positions et des champs de bataille. On donnera des détails sur la manière de les reconnaître au chapitre des *positions.*

194. Les plaines basses ont un tout autre aspect, elles ne sont plus ouvertes, et partout praticables pour des masses de troupes. Le plus souvent elles sont coupées de fossés et de ravins, les champs sont entourés de haies et de fossés ; tout le terrain est parsemé de fermes, de châteaux enceints de viviers. Des plaines de cette sorte existent dans les Flandres et dans une partie du pays d'Anvers ; elles offrent des moyens de chicane sans nombre, et doivent être reconnues avec autant de soin que les bois.

On s'enquerra des chemins qui les traversent, de la position des fermes et châteaux entourés d'eau , les points où les haies sont les plus épaisses , la nature de ces haies ; souvent elles sont placées le long de fossés assez larges , et servent d'excellentes défenses. On remarquera les parties boisées , les petits ruisseaux et les ponts qui les traversent. On suivra le cours des ruisseaux , car, dans ces plaines basses , leur largeur, il est vrai, n'a que quelques pieds, mais ils sont parfois bordés, sur les deux rives, de prairies très-maréca-geuses qui rendraient *impossible tout passage de vive force.* Ces petits ruisseaux sont fort nombreux et les cartes souvent n'en font pas mention.

Notez les parties plus découvertes, les hameaux, les villages, les rivières , les bois grands et petits ; en général tout ce qui fait obstacle. Notez aussi la nature du terrain ; est-il argileux ou sablonneux ? Cette donnée est nécessaire pour préjuger la force des haies ; elles sont peu épaisses dans un terrain sablonneux, très-obstaculeuses dans les terres fortes.

DES COMMUNICATIONS.

195. *Considérations générales.* Le chapitre des communi-cations est un des plus importants des reconnaissances mili-taires. Il est indispensable, pour la guerre, d'avoir l'itinéraire de *toutes les routes* ; il est utile de connaître tous les chemins, tous les sentiers qui les joignent. Les routes sont les artères des champs d'opération ; c'est par elles que circu-lent en tous sens les armées et leurs convois. Les routes sont donc ce que l'on est convenu d'appeler les lignes stratégi-ques ; elles servent de ligne d'opération, d'approvisionne-ment , de retraite, de lignes de manœuvres éventuelles. Le temps n'est plus où les armées faisaient une ou deux lieues par jour, campant des mois entiers sur des positions recon-nues de longue main, et ne les quittant, pour en prendre une autre, que par colonnes composées de fractions de lignes de bataille, et dirigées par autant de débouchés tracés à grande peine au milieu des campagnes. Aujourd'hui on s'avance à grandes journées par les chemins existants, par divisions et corps d'armée marchant par des routes parallèles à portée de s'entr'aider, ou par des routes convergentes, afin de se réunir toutes à heure dite à un des points décisifs du théâtre de la guerre. Autrefois il y avait des directions et des positions sacramentelles ; celui qui les occupait le premier était censé vainqueur ; aujourd'hui, par suite de la mobilité imprimée aux armées, le plan de campagne prévoit à peine les mouvements des huit premiers jours ; car qui peut préjuger les résultats des premières opérations et les changements que les événements apporteront aux projets des généraux ? Telle route inutile la veille sera le lendemain une ligne principale de manœuvres. De là, la nécessité de faire marcher l'armée en autant de colonnes que l'on peut par des routes parallèles et à portée de s'appuyer, et par suite, le besoin de connaître tous les chemins de communication entre ces diverses routes, et tous les obstacles qui les séparent. Une armée dans ces marches rapides peut à toute heure être forcée de combattre : 1.º en avant, 2.º sur un de ses flancs ; il faut donc connaître toutes les positions éventuelles qu'il serait possible d'occuper sur le front ou sur le flanc de la marche, et les débouchés qui conduisent à ces champs de bataille éventuels.

196. Un général d'armée doit donc posséder de bons itinéraires de toutes les routes et chemins principaux du pays qu'il occupe ; en temps de guerre, on en fait dresser dans toutes les directions par les officiers de l'avant-garde, et ceux qui sont chargés de conduire des reconnaissances tout autour de l'armée. Ces itinéraires sont envoyés tous les jours au quartier-général avec les levers des positions que

ces communications traversent. Tous les officiers d'une armée devraient être instruits à bien tracer un itinéraire et à lever convenablement le plan d'une position. Nous nous occuperons ici du premier objet, et du second dans la troisième partie.

D'après ce qui precède, on voit que le nœud de plusieurs routes est un point intéressant à noter et à examiner. Lorsque ce nœud de plusieurs routes coïncide avec une ligne de faîte ou un fort cours d'eau, ce point devient important à étudier ; mais ce point est un point stratégique d'une haute valeur si la rencontre de ces routes et de ces cours d'eau se fait au centre d'une ville populeuse, et si surtout cette ville est fortifiée. Cela posé, voici les objets qui doivent attirer l'attention dans les reconnaissances des routes et des chemins.

197. *Reconnaissance des chemins.* Leur direction ; leur terme, leur largeur variable ou constante. La nature du sol sur lequel ils sont établis, dans quelles saisons praticables ; s'ils sont creux, notez leur longueur et la voie du pays. En général, évitez les chemins creux, parce que si une voiture s'y brise la colonne est arrêtée, et obligée d'attendre que le charriot soit raccommodé et qu'on l'ait sorti du chemin creux pour rendre le passage libre.

198. Les chemins dont le fond est de gros sable, ou de gravier ou pierreux, sont bons en tous temps. Ceux qui traversent des terres fortes, qui sont encaissés, bordés ou serrés par des haies, sont certainement mauvais en temps de pluie. Quelquefois on en trouve de ce genre sur les hauteurs, le vent les tient secs, ils sont bons dans l'arrière-saison, mais ce sont presque toujours des chemins fort peu connus, peu fréquentés ; il faut les indiquer ; il ne faut pas négliger les sentiers ; les gens du pays les ragardent souvent comme impraticables pour les troupes , à cause des fossés et autres obstacles qui les rétrécissent, et on en fait cependant de bons chemins avec un peu de travail. Indiquez le temps , les moyens qu'il faudrait employer pour les mettre en état.

Dans un pays de plaines ouvertes , il est évidemment inutile de parcourir tous les chemins. Voyez les principaux , examinez avec attention les ponts de pierre et les ponts de bois qu'on y trouve , etc.

Plus un pays est couvert, plus il faut multiplier ses recherches. Dans les pays montueux et boisés , les chemins dont on doit se servir sont presque toujours montueux et étroits. Quatre hommes de front déterminent la largeur ordinaire d'un chemin pour le passage d'une voiture.

199. *Reconnaissance des routes.* Désignez les routes par les dénominations qui leur sont propres , par la classe à laquelle ils appartiennent (routes de l'État, provinciales, communales); largeur de la chaussée , si elle est pavée ou en empierrement. Largeur des accotements , leur état. Les montées et les descentes évaluées en heures de marche; leurs pentes plus ou moins accessibles. Si les routes sont bordées d'arbres, de haies, de fossés. Les pays, rivières, villes, etc., qu'elles traversent. Les chemins qui viennent y tomber ; jusqu'où ils s'étendent. Les hauteurs qui les dominent ; si la route est en pays de montagnes, voyez si elle est en corniche ou en tourniquet. Décrivez les encaissements , les pas dangereux , les réparations à faire pour le passage de l'artillerie. La difficulté de tourner dans les arcs de raccordement. Si la route qu'on observe est la seule dans cette direction, il faudra voir si on peut ouvrir, parallèlement à elle, des débouchés pour les autres colonnes, et tracer l'itinéraire des chemins que les colonnes devront suivre.

200. OBSERVATIONS. Les routes sont composées comme suit :

1.º dans le milieu, d'une *chaussée* ordinairement bombée et composée de matériaux capables de résister au roulage des voitures ; 2.º à droite et à gauche sont deux voies en terrain naturel, auxquelles on donne le nom d'*accotements* ; 3.º deux *fossés* bordent la route et servent à l'écoulement des eaux.

Le *profil* de la route donne les dimensions relatives de chacun de ces objets : 1.º l'arc de bombement de la chaussée ; 2.º l'inclinaison des accotements ; 3.º la largeur, la profondeur des fossés et l'inclinaison du talus de leurs berges. Il faut donner le *profil* des routes que l'on reconnaît.

201. Les *chaussées* sont construites : en *pavés* durs établis sur un lit de sable de 0^m,16 d'épaisseur, et par rangs alignés et à joints recouverts. Les deux rangées extrêmes sont composées des pavés les plus forts et les plus durs ; on les nomme *bordures*, et on les place les premières. Il sera bon d'indiquer dans le détail la dimension de la surface d'un pavé et son degré de dureté.

2.º *Chaussées en empierrements*. Ces chaussées sont composées de deux bordures solides en pierre de taille, ayant au milieu d'elles un *encaissement* que l'on remplit de trois couches de pierres ; la première est composée de moëlons posés à plat et de 0^m,24 environ d'épaisseur ; la deuxième couche, de 8 centimètres d'épaisseur, est formée de pierres dures cassées à la masse et réduites à des petits cubes de 0^m,04 de côté ; enfin, la troisième couche, aussi de 0^m,08 d'épaisseur, est formée de gros gravier ou de morceaux de pierres dures d'un plus petit échantillon. D'autre fois les trois couches sont formées de pierres de même grosseur et de 5 à 6 centimètre en tous sens. Les routes d'un partie des provinces de Liége, de Namur et du Luxembourg sont empierrées.

On fait quelquefois, pour traverser les marais, des chaussées en fascines et en rondins, couvertes d'une couche de gravier ou de sable.

202. *Routes des pays de montagnes*. La pente ordinaire des anciennes routés des pays de montagne est de 1/12, 1/14, 1/7 au plus. Au-dessus de 1/7, elles ne sont accessibles que très-difficilement aux voitures. On réduit aujourd'hui la pente à 1/18, 1/24, et au-dessous, afin que les voitures puissent descendre sans

enrayer et continuer à trotter en montant. Dans les hautes mon.
tagnes et dès que la pente dépasse le 1/3, on doit employer les
mulets. Ceux-ci ne peuvent plus gravir dès que la pente est
de 29 degrés ou 0^m,55 par mètre ; les hommes ne peuvent plus
gravir sans le secours de leurs mains, quand la pente excède 37
degrés ou 0^m,75 par mètre.

En pays de montagnes, les remblais des routes du côté de la
pente sont souvent maintenus par des murs de soutènement,
surtout dans les tournants. La destruction de ces murs suffit
en temps de guerre pour rendre une route impraticable.

203. *Des transports sur les routes.* Sur un chemin *horizontal*,
un homme sans fardeau peut parcourir dans sa journée 50 kilomètres ; avec 50 kilogrammes, 18 kilomètres.

Dans les hautes montagnes, l'espace parcouru en une heure
est de 400 mètres en hauteur. Un homme chargé de 50 kilogrammes ne s'élèverait que de 1000 mètres environ en un jour.

Le soldat d'infanterie porte en route: en paix, 19 kilogrammes;
en guerre, 25 à 26 kilogrammes ; la distance moyenne des lieux
d'étapes, qui est de 24 kilomètres, est parcourue en 6 heures,
non compris le temps de halte.

Un bon cheval chargé de son cavalier peut parcourir journellement, en 7 ou 8 heures, 40 kilomètres.

On règle la charge des voitures qui doivent suivre les armées
à raison de 150 kilogrammes par cheval ; la charge du mulet ou
cheval de bât est de 120 kilogrammes y compris le bât. Le nombre
de chevaux nécessaires pour tirer une voiture chargée de 4000
kilogrammes, est de: sur une route pavée, 4 ; route à empierrement, 6 ; terrain naturel siliceux, 15 ; argileux, 25.

204. *Itinéraires.* La reconnaissance des routes étant fort importante, on donne ici deux modèles d'itinéraires. L'un est celui
que l'on suit en France et qui est inséré au tome IV du Mémorial du dépôt de la guerre de France, et dans l'Aide-Mémoire
d'Etat-Major (voyez page 126); l'autre, plus expéditif, est celui
qu'indique Dufour dans son *Mémorial pour les travaux de
guerre.* Ce dernier sera surtout utile aux officiers de cavalerie,
dans les moments pressés, et en pays ennemi. Voici comment
s'exprime Dufour :

« On aura pour cela une bande de papier de 10 à 12 centimètres
de largeur, et aussi longue qu'il sera nécessaire. Cette bande, di-

visée en trois largeurs égales, sera roulée sur un petit bâton ; à
mesure qu'on avance on la déroule , et on écrit à la plume ou au
crayon, les différentes notes ou les différents signes que l'on
juge nécessaires , en se conformant au modèle ci-joint , ou à tel
autre qui puisse le remplacer, et qui soit convenu avec le
général.

» En tête du rouleau, c'est-à-dire au bas du croquis, est l'indication de la route, le titre de l'itinéraire ; à gauche, la colonne des
observations générales ; à droite , celle des observations particulières ; au centre, celle des signes conventionnels. La ligne
droite qui est dans le milieu de cette dernière représente la route
à parcourir sans tenir compte des inflexions ; les nombres placés
à droite de cette ligne indiquent les temps employés à parcourir
les montées et les descentes, suivant qu'ils sont marqués du
signe + ou du signe —. On ne marque comme montées et descentes que celles d'une grande étendue, et celles où il faut
enrayer ; toutes les autres de moindre importance se comptent
comme plaines. » (Voyez le modèle, pl. I, fig. 4.)

On récapitule les distances des points principaux de la route
dans un petit tableau qui accompagne le croquis de l'itinéraire, et qui bien souvent suffit à lui seul pour l'objet qu'on
se propose. En voici le modèle.

Itinéraire *du bourg A à la ville E.*

DÉSIGNATION des LIEUX.	TEMPS EMPLOYÉS A PARCOURIR LES			TEMPS TOTAUX.
	Plaines.	Montées.	Descentes.	
	H. M.	H. M.	H. M.	H. M.
Du bourg A au village B.	3 15	0 52	0 40	4 47
Du village B au village C.	2 20	1 15	0 57	4 12
Du village C au village D.	3 45	0 20	0 15	4 20
Du village D à la ville E.	1 55	1 10	0 55	3 40
Totaux du bourg A à la ville E.	H. M. 10 55	H. M. 3 37	H. M. 2 27	H. M. 16 59

8

ITINÉRAIRE de la Route de **BEAUBOURG** à **CORMONT** par **BEVILLE**
5 lieues 1/2 de 25 au degré.

NOMS des LIEUX.	DISTANCES entre les points remarquables.	Désignation des points remarquables sur la route. Ils sont déterminés par un changement de direction ou de construction, par l'origine d'un défilé, d'une pente d'enrayage, ou d'une montée, par un mauvais pas, un pont, un gué, un point appartenant à un thalweg ou à une ligne de partage, par une usine ou un autre bâtiment, par l'embranchement d'un chemin ou d'un sentier, etc.	ÉTENDUE de chacun des accidents.	LARGEUR DE LA ROUTE.	VUES ou PROFILS des DÉFILÉS, PONTS, GUÉS, et autres choses remarquables
	mètres.		mètr.	mètres.	
BEAUBOURG.		Pont de sortie, et pont-levis sur le fossé		2,50	
	400	La route est pavée.	400		
	608	La route n'est plus que ferrée, sans cesser d'être bonne.	600	10 dont 4 de pavé.	
		Descente d'enrayage	400	8	
	50	Pont en pierre de trois arches, sur un petit cours d'eau coulant du sud au nord.	6	8	
	70	Montée rapide. Les attelages doivent être renforcés d'un tiers. Dans la descente il faut enrayer. . .	160		
	250	Mauvais pas fangeux	120		
	200	Tournant difficile	40	6 4,50	
	500	Maison isolée			
	500	Position militaire. Le chemin, frayé dans une roche calcaire, forme un défilé.	240		
OLMAR, maison de poste à 4 lieue de Beaubourg.	1700 5570	Maison de poste dite d'Olmar On trouve sur le même point une forge de maréchalerie et un cabaret.			
	850 4420 etc.	Bac sur la rivière d'Alle, large de. Etc.	50		
BÉVILLE, 5 lieues et demie.	22000	Village situé à une lieue au-dessus du pont.			
		NOTA. On emploie 7 heures pour aller de Beaubourg à Béville, mais il en faut 8 pour le retour.			

(*faisant partie de celle de... à.....*). *Distance totale de Beaubourg à Béville :*

Nature de la route, son état d'entretien. Détails descriptifs sur le terrain qu'elle traverse ; sur les villages, les habitations, les passages d'eau ; sur les objets peu éloignés qui offrent quelque intérêt militaire ; nature et dimensions des ponts, des gués ; époques de l'année où ceux-ci sont praticables ; nombre d'hommes, de chevaux, de voitures, que peuvent contenir les bacs ; temps employé pour le passage et le retour ; moyens qu'offrent les environs pour réparer la route et les ponts.	OBSERVATIONS GÉNÉRALES.

Beaubourg, ville fermée, entourée d'une muraille et d'un fossé sec, non revêtu, de 6 mètre de profondeur, de 12 mètres de largeur ; les propriétaires des maisons adossées à la muraille l'ont percée de portes et de fenêtres ; ils ont planté les jardins dans ce fossé, dont les talus sont extrêmement raides. Cette petite ville pourrait mettre en sûreté dans l'enclos de son hospice un dépôt de 200 malades et un parc de 80 voitures.

Ce petit pont est construit très-solidement ; mais le parapet n'a que 0,33 de hauteur.

Ici le chemin est presque toujours fangeux ; on y remédie en le couvrant de rouleaux coupés dans le bois de droite. Pour construire une chaussée, il faudrait tirer les pierres de Mercy.

On vend dans cette maison du vin, de l'eau-de-vie, de l'avoine ; mais il n'y a pas d'écurie.

Le défilé que forme le rétrécissement de la route offre une position militaire qui serait occupée avec avantage si l'on voulait défendre l'entrée de la plaine de Béville. On pourrait y déployer 4 bataillons, 2 escadrons, et 6 bouches à feu, dont une de 12 qui, placée sur la partie la plus étroite de la route, découvrirait l'ennemi à la distance de 1200 mètres.

Ces trois maisons isolées se trouvent à l'entrée d'une plaine sablonneuse, mais assez fertile, qui s'étend sur la droite. A gauche, la route est bordée par un bois de bouleaux et de hêtres fort serrés. Il y a dans la maison de poste 10 chevaux pour le relais, et 12 chevaux de labour.

Ce bac est un gros bateau qui peut contenir une voiture, 6 chevaux et 20 personnes ; deux hommes le manœuvrent au moyen d'une traille ; les abords sont faciles sur la rive droite, mais le peu de profondeur du ruisseau sur la rive opposée force d'adapter au bac un tablier mobile. Le passage, y compris le temps nécessaire pour l'embarquement et le débarquement, dure 20 minutes.

Etc.

La route de Beaubourg à Béville, excellente en été, devient fangeuse en automne, et presque impraticable en hiver. Il faudrait, pour y remédier, couper les deux bois de Mercy et d'Olmar sur une largeur de 50 mètres, à partir des bords de la route. Le pays est en général découvert et bien cultivé.

A l'est de la route et dans une direction qui lui est à peu près parallèle, il existe un chemin large de 8 mètres, tracé en terrain naturel, et cependant praticable pour les voitures dans toutes les saisons. Il part de Révoire, village situé à 2 lieues à l'est de Beaubourg, passe à Calvan (une lieue et demie à l'est d'Olmar) et se réunit à la route de Cormont, à 3 lieues au-delà de Béville. Ce chemin est moins bon que la route par laquelle le corps en retraite est supposé marcher : cependant il serait à craindre que ce corps fût devancé par une colonne ennemie qui, se portant de Révoire, au point de jonction, aurait à franchir une distance d'une lieue et demie moindre que celle de Beaubourg au même point. Les communications du chemin à la route offriraient en outre à cette colonne beaucoup de facilités pour l'attaque des troupes en marche et des convois.

Depuis le ruisseau de Billy jusqu'à Béville, le sol est montueux et coupé. Des torrents le ravinent. On ne peut marcher que sur la route même, ce qui ne serait pas sans danger en temps de guerre. Il serait utile qu'on éloignât la route du rivage en la faisant passer par Courveau et Belmont, villages dont le territoire offre un sol ferme, assez uni, et qui sont abrités par le bois qui les séparent de la route actuelle. Ce changement de direction n'augmenterait le développement que de 1600 mètres. Les autorités locales évaluent la dépense à fr. 130,000 : elles offrent d'en payer le tiers.

205. *Canaux.* Indiquez s'ils sont navigables, ou s'ils servent au flottage, à l'irrigation ou au desséchement des terres. Leur longueur, largeur et profondeur; la nature des terrains où ils sont creusés. Si les canaux de navigation sont latéraux, ou en lit de rivière, ou à bief de partage. Points qu'ils font communiquer; rive sur laquelle est le chemin de hallage. Profil des berges; écluses, moyens de les ruiner ou de les protéger. Comment défendre ou empêcher la navigation. Canaux d'irrigation; moyens de les saigner ou de les détourner par des prises d'eau.

206. OBSERVATIONS. Les canaux forment des obstacles aux armées; une fois en leur possession, ils servent d'excellentes lignes d'approvisionnement. Il est donc utile de donner sur eux quelques détails.

Il y a quatre espèces de canaux : 1.º canaux d'*écoulement* des plaines marécageuses; 2.º canaux d'*épuisement* supérieurs aux poldres; 3.º canaux *dérivés* des rivières, tracés dans les vallées dans le sens de leur longueur; 4.º canaux en *terrain de partage.*

Les canaux d'*écoulement* sont de simples fossés. Les canaux d'*épuisement* ont pour but de recevoir et de porter à la mer, à marée basse, les eaux des poldres soulevées au moyen de moulins d'épuisement. Presque tous les canaux de la Hollande et du nord des Flandres sont dans ce cas. Les canaux *dérivés* servent à régulariser le cours d'une rivière tortueuse, à rendre navigables ses eaux. Tel est, en Belgique, le canal de la Senne, qui va de Bruxelles au Ruppel; de la Dyle, qui conduit de Louvain au même fleuve; et le canal de la Sambre. Les canaux de *terrain de partage* servent de communication entre deux bassins différents, et mettent en communication deux cours d'eau séparés par un contre-fort que le canal traverse. Tel est le canal de Charleroi qui met en communication le bassin de la Meuse avec celui de l'Escaut; tel devait être le fameux canal du Luxembourg, destiné à joindre les bassins de la Meuse et de la Moselle. Le point où le canal coupe la ligne de faîte qui sépare deux bassins se nomme le point de partage. Ce point de partage constitue une dépression de la ligne de faîte, où deux ruisseaux opposés prennent naissance, et c'est de l'eau des sources de ces ruisseaux dont on se sert pour remplir la partie la plus élevée du canal, que l'on nomme *bief de partage*. On descend des deux côtés dans les vallées au moyen de *sas* qui séparent les biefs. Un canal à point de partage est donc composé du bief de point de partage, et de biefs successivement plus bas et séparés par des sas. Un *sas* est une portion de canal dont les parois sont en maçonnerie, et terminés par deux écluses. Le fond du sas est au niveau du fond du bief le plus bas. Lorsque la porte de l'écluse supérieure est ouverte, et l'écluse inférieure fermée, l'eau dans le sas est à la hauteur du bief le plus bas ; lorsque l'écluse inférieure est fermée et l'écluse supérieure ouverte, l'eau se met de niveau avec celle du bief supérieur. L'ouverture ou la fermeture alternative des écluses permet donc de faire monter ou descendre un navire d'un bief dans l'autre, avec une dépense d'eau qui n'excède pas celle que contient le sas. De là vient qu'avec une rivière médiocre et non-navigable, on peut alimenter un canal capable de porter de grands navires. Chaque bief peut s'alimenter à part, et contient en outre un déversoir par lequel le trop plein des eaux retourne dans le lit primitif.

207. On a employé en Belgique, de temps immémorial, un moyen d'améliorer la navigation des rivières qu'il est bon d'indiquer, car il peut influer sur le passage des rivières. Ce moyen est mis en œuvre sur la Lys, sur l'Escaut. A cause du peu de rapidité de la rivière, on a divisé le cours d'eau en plusieurs biefs, séparés par des espèces d'écluses simples, composées de poutrelles ou seulement de planchettes attachées à des perches et superposées les unes aux autres. A des jours désignés dans la semaine l'on ferme l'écluse, l'eau monte en amont et les bateaux qui veulent descendre se réunissent près d'elle ; à l'heure fixée, l'on ouvre l'écluse et l'immense colonne d'eau retenue coule dans le bassin inférieur et entraîne les bateaux avec le courant. Sur l'Escaut, il y a des écluses de ce genre à Antoing, Tournal et Audenaerde.

RECONNAISSANCE DES LIEUX HABITÉS.

Bâtiments isolés, hameaux, villages, villes ouvertes,
villes fortes.

208. *Généralités.* Avant de parler des lieux bâtis, il
est nécessaire de faire une observation qui s'applique à
toutes les reconnaissances de ce genre. Tous les objets
empruntent leur valeur non de leur importance propre,
mais de leur situation. La ferme isolée de la Haye-Sainte
était un objet de bien peu d'importance par elle-même ; mais
placée comme elle l'était en avant du centre de la position choisie par le duc de Wellington pour attendre
Napoléon, elle devenait par cela même d'une importance
immense. Quand on sera chargé de faire la reconnaissance
de lieux bâtis, on examinera donc tout d'abord leur situation par rapport au terrain avoisinant, et si ce terrain
présente une position eventuelle, si les objets qu'on doit
reconnaître sont placés au nœud de plusieurs routes, aux
abords d'un pont ou défilé quelconque, on ne négligera
rien pour acquérir sur eux tous les renseignements possibles. Ainsi donc la description d'un hameau, d'un château,
d'un village, sans la description du site et des débouchés,
est une reconnaissance incomplète.

209. *Maisons isolées, fermes, châteaux.* Donnez la
description et les dimensions des bâtiments, le nombre
d'étages, la nature des murs (briques, moëlons, terre,
bois), leur épaisseur ; la toiture (tuiles, ardoises, paille).
Les bâtiments sont-ils entourés de haies, de fossés secs
ou pleins d'eau? Voyez s'il serait possible de détruire les
débouchés en avant et de défendre les approches. Les
chemins en arrière sont-ils sûrs et faciles ? Dans le cas

contraire, quels sont les moyens de les améliorer? Se trouve-t-il à proximité des matériaux (bois, fagots, etc.) dont on pourrait se servir pour mettre le bâtiment en état de défense, faire des palissades, palanques, tambours, etc.? Il existe au milieu des campagnes de vieux manoirs flanqués de tourelles; ils seront l'objet d'un examen particulier. Notez s'ils sont munis de souterrains, et dans ce cas, on décrira leur profondeur, leur capacité, l'épaisseur des voûtes. Comptez les fenêtres et les portes; leur position. A l'intérieur, les appartements communiquent-ils bien entre eux?

210. *Hameaux.* Décrivez la disposition des fermes, le terrain qu'elles occupent ensemble, la façon dont elles sont bâties, l'appui mutuel qu'elles peuvent se prêter.

211. *Villages, bourgs.* Après avoir bien examiné la position du village, étudiez son enveloppe, tels que fossés, haies, palissades et murs; ses principaux débouchés sur la campagne, routes, chemins, sentiers. Le village est-il régulier ou irrégulier? Chez les premiers, les maisons sont bâties dans un certain ordre, sont liées par des haies et forment un tout. Les seconds sont formés de maisons éparses çà et là. Voyez si les maisons ne forment pas des rues. Il est important de noter la position de l'église et du château (s'il y en a un), et de la place du village. Le cimetière est-il entouré d'un mur? Peut-on faire un bon réduit de l'église? Existe-t-il d'autres bâtiments solides que l'on puisse fortifier au besoin? Quels sont en avant du village les maisons isolées qui pourraient servir de postes pendant l'occupation? Examinez aussi s'il y a dans l'intérieur des villages, des fossés, des haies, des enclos qui permettraient d'établir une seconde ligne de défense.

212. Ajoutez à ces notes les observations suivantes empruntées à *Lallemand :*

« Les villages situés aux pieds des hauteurs sont rarement susceptibles de devenir des postes ; mais il en est autrement lorsqu'ils sont environnés de bois, et qu'ils sont situés sur des terrains élevés, près ou sur des rivières et des ruisseaux. La nature du pays détermine la position des villages grands et petits. On peut donc, jusqu'à certain point, préjuger cette position dans les pays de montagnes ; mais cela est moins facile dans les pays de plaines et de marais.

» Les villages *irréguliers* se rencontrent en plus grand nombre dans les contrées montueuses et dans les pays marécageux ; la direction des vallées et des gorges détermine ordinairement la position des villages qui s'y trouvent situés. Si quelque chemin ou quelque courant traverse ces différents fonds, il passe ordinairement au milieu du village, et les maisons se trouvent alors placées de chaque côté.

» Les villages bâtis sur des hauteurs formées de rochers offrent rarement un ensemble. Les maisons y sont jettées dans le plus grand désordre ; mais on donne un nom à la totalité, et on la considère comme un village.

» On ne peut guère prévoir la position d'un village situé sur le penchant d'une montagne ou d'un rocher ; les maisons y sont quelquefois adjacentes et quelquefois éparses, selon que la pente l'a permis.

» Les villages situés sur un terrain plat, ou dans une plaine, ont souvent autant de rues qu'il y a de chemins qui s'y réunissent ou qui conduisent, soit dans la campagne, soit en d'autres endroits ; on peut donc en conclure les formes principales de leur plan.

» Il en est de même de ceux qui se trouvent à la croisière des routes. On peut, en suivant ces règles, esquisser dans un mémoire descriptif la position d'un village qu'on n'a point vu, et l'on en tirera cet avantage qu'on n'aura plus, si l'on doit en faire la reconnaissance, qu'à examiner si la position et la grandeur de ces villages sont exactes. »

213. *Villes ouvertes*. Décrivez leur situation, leur construction, les places, les bâtiments considérables ; la défense dont elles sont susceptibles. La ville est-elle entourée de vieux fossés, de vieux murs ? Y a-t-il des tours, des

fossés secs, marécageux, pleins d'eau? Les maisons sont-elles adossées aux vieilles murailles? y a-t-il des brèches? Quels sont les débouchés; leur nombre.

Étudiez les moyens de mettre cette ville en peu de jours en état de défense ; indiquez les ressources qu'elle renferme. Des ruisseaux tombent-ils dans ses vieux fossés? peut-on, au moyen de digues, faire monter leurs eaux ? Donnez enfin tous les détails qui peuvent intéresser un général d'armée.

Ces sortes de villes sont toujours entourées, en tout ou en partie, d'une grande quantité de jardins entourés de haies vives. On rendra compte des largeurs et de la totalité de ces jardins depuis les fossés de la ville jusqu'à la pleine campagne ; des grands chemins qui coupent cette masse de jardins, et des autres petits chemins par lesquels on peut venir jusqu'aux bords des fossés.

214. *Vignes, vergers.* Les villages sont quelquefois entourés de vignes et de vergers. Les vignes peuvent servir de bonne défense à un poste. Il faut indiquer la nature du sol ; le genre de culture et de soutènement. Sont-elles plantées en sillons? quelle est la hauteur et les dimensions des échalas? Dans de certains pays, les échalas sont joints par de petites traverses, ce qui rend les vignobles impraticables. Indiquez si les vignobles sont entourés de haies et de fossés.

215. *Vergers.* Les vergers sont souvent entourés de haies, de murs ou de palissades, quelquefois encore précédés de fossés. Ils contiennent souvent des kiosques, des pavillons, et présentent dans leur ensemble des lieux suscestibles d'une longue défense. L'officier ne devra donc jamais négliger de les décrire chaque fois qu'ils présentent quelqu'importance et couvrent les approches d'une localité que l'on a jugé convenable de défendre.

216. *Statistique.* Un officier ne doit jamais faire la reconnaissance d'une localité, surtout en campagne, sans en donner la statistique aussi complète que possible. L'estimation des ressources d'un pays où l'on fait la guerre est trop utile pour que l'on n'apprécie pas toute l'importance de cette recommandation. Cette évaluation ne peut avoir quelque justesse qu'autant qu'elle est faite d'après un cadastre, une statistique préparés à l'avance. Dans presque tous les pays de l'Europe, des états de ce genre ont été dressés. Ils existent près des administrations communales, des receveurs des contributions et des accises, et c'est chez eux, que l'officier se rendra tout d'abord. Si ces renseignements officiels ne suffisent pas, il faut alors avoir recours aux habitants du pays. Dans ce cas, écoutez le chevalier Allent :

« Quand les instructions officielles manquent, les magistrats, les gens instruits, les vieillards, s'il en est qui aient été témoins des guerres passées, peuvent donner une foule de renseignements positifs. Mais l'art de les recueillir a des difficultés. L'autorité, la crainte, la violence, n'arrachent qu'avec peine des aveux décousus et que la perfidie ou l'effroi rend infidèles. On est réduit quelquefois à ces moyens; mais ce sont les derniers qu'on doit employer. L'officier réussira mieux s'il paraît ne rien demander d'office ; si, sous divers prétextes, il se met naturellement en rapport avec ceux qui peuvent l'instruire, et s'il converse, au lieu d'interroger. Le désir de paraître érudit, d'amuser, de soutenir l'entretien, engagera celui que vous visitez dans des détails qu'il vous refuserait si vous les exigiez. Mais soyez sûr de votre mémoire ; sachez dans l'entretien suivre la chaîne des idées et les faire naître les unes des autres. Gardez-vous surtout d'arriver, dans une attitude magistrale, le crayon et le carnet à la main ; gardez-vous qu'un ton de mystère ou d'importance, et ce front d'un homme qui paraît méditer de grands projets, ne vous rendent suspect à votre hôte, ou ne lui laissent croire qu'il peut être bon de vous tromper : craignez alors non pas seulement le silence inflexible, mais de fausses confidences, des renseignements erronés, qui vous égareront dans vos recherches et peut-être deviendront funestes à l'armée. »

217. La statistique indique le nombre des feux ; la nature des terres ; la quantité et la qualité des récoltes ; les marchés ; les environs qui vont à ces marchés ; les bêtes de somme ; les troupeaux ; les bœufs ; la volaille qu'on y trouve ; les fours ; la qualité des eaux ; la fertilité des champs, etc. Distinguez les fermes des métairies ; celles-ci ne peuvent contenir autant de chevaux que celles-là.

Tous ces renseignements se trouvent contenus dans le tableau suivant, que l'officier chargé de faire une reconnaissance de localités pourra inscrire sur son carnet, en laissant, à ~~gauche~~ droite, autant de colonnes qu'il a de villages et de hameaux à parcourir.

TABLEAU STATISTIQUE

Des ressources que présentent les bourgs et villages de.....

DÉSIGNATION DES OBJETS.			bourg de	village de ....
POPULATION TOTALE			»	»
GARDE NATIONALE. {	sédentaire.		»	»
{	mobile		»	»
FEUX			»	»
RESSOURCES POUR LE LOGEMENT. {	NOMBRE D'HOMMES qu'on { peut loger . . . . {	au plus . .	»	»
		au moins. .	»	»
	NOMBRE DE CHEVAUX { qu'on peut loger . {	au plus . .	»	»
		au moins. .	»	»

DÉSIGNATION DES OBJETS.			bourg de	village de ....
MOYENS DE TRANSPORT.	{	Voitures	»	»
		Bateaux.	»	»
		Nacelles	»	»
RESSOURCES POUR LA BOULANGERIE.	MOULINS pouvant moudre en 24 heures. . . {	à eau . . .	»	»
		à vent. . .	»	»
	FOURS pouvant cuire en 24 heures . . . . {	banaux . .	»	»
		particuliers .	»	»
ÉTENDUE TOTALE DU TERRITOIRE. . . .			»	»
RICHESSES COMMUNALES.	CULTURE DES TERRES.	terres labourables . .	»	»
		vignes . .	»	»
		bois . .	»	»
		prairies .	»	»
		friches . .	»	»
	RÉCOLTES ANNUELLES.	blé . . .	»	»
		seigle. . .	»	»
		orge . . .	»	»
		avoine . .	»	»
		autres grains.	»	»
		vin . . .	»	»
	ANIMAUX DOMESTIQUES.	chevaux . .	»	»
		mulets . .	»	»
		bœufs. . .	»	»
		vaches . .	»	»
		ânes . . .	»	»
		moutons . .	»	»
		chèvres . .	»	»
		cochons . .	»	»
CLASSEMENT DE LA POPULATION MALE.	OUVRIERS d'administration	boulangers .	»	»
		bouchers . .	»	»
		tailleurs . .	»	»
		cordonniers .	»	»
	OUVRIERS en fer . .	selliers ou bourreliers.	»	»
		armuriers . .	»	»
		taillandiers .	»	»
		serruriers .	»	»
		forgerons. .	»	»
		maréchaux-ferrans .	»	»
	OUVRIERS en bois. .	charpentiers.	»	»
		charrons . .	»	»
		menuisiers .	»	»
		tonneliers .	»	»
	PROFESSIONS non classées	bateliers . .	»	»
		laboureurs .	»	»
		vignerons .	»	»
		autres professions . .	»	»

218. *Défilés*. Lorsqu'une armée a résolu de passer par un seul débouché et que ce débouché est étroit, on l'appelle *défilé*. Un chemin creux, un pont, une gorge de montagne, la rue d'un village qu'on ne peut tourner, sont des défilés.

Observez leur longueur et leur largeur; est-elle fixe ou variable? Leur longueur et leur largeur dans chaque portion. Combien d'hommes à pied et à cheval peuvent passer de front? Temps nécessaire pour les traverser. Y a-t-il sur les flancs des passages praticables? pour quelles troupes? peut-on les tourner? temps nécessaire à cet effet. Indiquez les travaux à faire pour les améliorer; description du terrain en avant et en arrière; comment les défendre; les passer; les attaquer; postes à occuper pour défendre une retraite; nombre de troupes de différentes armes nécessaires; comment les disposer.

219. *Villes fortes, forts, fortins, postes fortifiés*. Un officier d'infanterie et de cavalerie ne sera jamais chargé de reconnaître une place de guerre. Il est cependant des renseignements qu'il lui est utile de se procurer sur elles.

Le rapport des places avec le mouvement des armées sur le terrain où elles sont assises. Les positions respectives de plusieurs villes, soit en première, soit en deuxième ligne; leur enchaînement réciproque. Les secours qu'elles peuvent se donner, les secours qu'elles peuvent recevoir en cas d'insulte ou de siége; le moyen de diriger les secours suivant la direction des attaques. Les secours en vivres, le moyen de les faire parvenir. Peut-on les faire servir d'entrepôt essentiel? Peut-on y établir des hôpitaux?

Les rivières, les fortifications, la force de chaque front, les environs de la place à portée de canon.

La forme de l'investissement, les postes à lier aux lignes de circonvallation; la manière de fortifier les lignes, la plus relative au terrain, aux positions, aux moyens. Les communications les plus sûres à établir entre les quartiers, et les moyens de les couper.

Les avantages que peut offrir le terrain entre les glacis et les lignes pour s'opposer aux travaux de l'assiégeant.

220. *Forts.* Leur position, leur étendue, leur objet, leur liaison avec la ville, la protection qu'ils lui donnent, leur fortification; celle dont ils sont susceptibles. Leur défensive, quant à la campagne et à la ville. Les souterrains qu'on y trouve, la qualité de leurs voûtes.

221. *Postes fortifiés.* Sol, terrain environnant, chemins y aboutissant, secours qu'ils peuvent espérer; configuration et forme des ouvrages qui les défendent; force et nature des troupes de défense; armes, vivres et munitions dont elles sont pourvues. Caractère du chef, manière dont se fait le service, heures où l'on relève les gardes et les sentinelles, où se font les rondes et patrouilles, leur parcours, etc.

Le poste est-il commandé par une hauteur? à quelle distance? son élévation et celle du poste, si celui-ci est sur une hauteur. Nature de la rampe, vue du poste sur celle-ci et la campagne. Points environnants qui peuvent cacher les embuscades; inondations. Quels sont les chemins les plus courts et les meilleurs, les mieux gardés. Proximité de l'armée. Côté à attaquer de préférence. Des parapets et de leurs dimensions. Des revêtements, talus, fossés; leurs dimensions. Secours que les divers ouvrages se prêtent mutuellement. Y a-t-il des réduits fortifiés? Sont-ils crénelés, palissadés, couverts de tambours?

222. OBSERVATIONS. Après les dernières guerres, la question de savoir, si l'ancien cordon des places fortes établies sur les frontières par les ingénieurs des deux derniers siècles était utile, a été longtemps controversée. Les uns défendaient ce cordon, les autres voulaient démolir les forteresse existantes et les rebâtir dans des points plus favorables. Les partisans des places fortes, appuyés sur l'immense autorité de Napoléon, l'ont emporté chez toutes les puissances. La défense des frontières des empires est donc confiée à l'action des armées combinée avec celle des places fortes. Quand la frontière est toute découverte, il y a trois lignes de places fortes en échiquier et situées à une journée de marche l'une de l'autre. La première ligne est destinée à soutenir de longs siéges; les places de seconde ligne sont plus fortes encore, ce sont les places des dépôts; les places de troisième ligne, sont des places de soutien. Les frontières, limitées par de hautes chaînes de montagnes, n'ont ordinairement qu'une ligne de places fortes posées en arrière des débouchés aux nœuds des principales vallées; les hauteurs sont gardées par de bons postes. Les frontrières limitées par de grands fleuves, n'ont besoin aussi que d'une ligne de places fortes, surtout si elles servent de tête de pont. A toutes ces précautions, on ajoute celle de fortifier, dans l'intérieur, les points stratégiques décisifs.

DEUXIÈME PARTIE.

AIDE-MÉMOIRE DES OPÉRATIONS SECONDAIRES DE LA GUERRE.

223. On ne peut avoir la prétention de donner ici un traité des opérations secondaires de la guerre. Cette deuxième partie du Manuel des reconnaissances militaires constitue seulement un appendice de la première ; on a pensé que l'officier chargé d'une reconnaissance sera, moins porté à omettre quelque chose d'important concernant les localités qu'il doit décrire, s'il a devant les yeux des notes où sont énoncées en peu de mots, la valeur militaire de ces localités, la manière dont on les garde, dont on les occupe, dont on les reconnaît devant l'ennemi, et les méthodes que l'on suit pour les attaquer et les défendre. Tel est le but que l'on s'est proposé d'atteindre en rédigeant cette seconde partie. Elle est divisée en quatre chapitres :

1.° Les *marches ;*
2.° Les *positions ;* les *camps ;* les *postes de guerre ;*
3.° Les *reconnaissances ;*
4.° L'*attaque et la défense des localités.*

DES MARCHES.

224. *Vues générales.* A la guerre et à portée de l'ennemi, les armées, soit qu'elles avancent, soit qu'elles reculent, campent, bivouaquent tous les jours dans des positions choisies, ou cantonnent à proximité de ces positions. Toutes les parties d'une armée doivent être, à toute heure, prêtes à se secourir et à accepter la bataille, sur son front ou sur ses flancs.

Marcher, en campagne, c'est quitter une position pour en prendre une autre ; et comme on peut être également attaqué pendant que la marche s'effectue, on doit être, en mouvement, comme en position, toujours prêt à recevoir l'ennemi. De là, la nécessité de connaître si parfaitement le terrain sur lequel on avance ; de là, ces maximes de Napoléon qui résument admirablement tout ce que l'on pourrait dire à ce sujet :

« Une armée doit être tous les jours, et toutes les heures
» prête à opposer toute la résistance dont elle est capable ;
» ce qui exige que les soldats aient constamment leurs
» armes et leurs munitions ; que l'infanterie ait constam-
» ment avec elle son artillerie, sa cavalerie et ses généraux ;
» que les divisions de l'armée soient constamment en me-
» sure de se soutenir, de s'appuyer, de se protéger ; que
» dans les *camps*, dans les *marches*, dans les *haltes*, les
» troupes soient toujours dans des positions avantageuses,
» qui aient les qualités exigées pour tout champ de ba-
» taille. »

Et encore :

« Un général doit se dire plusieurs fois par jour : Si
» l'armée ennemie apparaissait sur mon front, sur ma
» droite, ou sur ma gauche, que ferai-je ? et s'il se trouve

» embarrassé, il est mal posté, il est mal en règle et il doit y
» remédier. »

Ces conseils que l'empereur adresse aux généraux d'armée, que le chef de toute troupe qui marche à portée de
l'ennemi, les ait constamment à la pensée.

225. La marche doit être *prompte* et *régulière* ; l'armée
doit pouvoir vivre avec facilité ; l'armée doit pouvoir se déployer le plus promptement possible ; il est donc urgent de
la morceler et de la faire marcher sur plusieurs colonnes
par des routes parallèles. Mais le morcellement le plus grand
auquel on soumette une armée, c'est celui par division. A
moins de motifs fort graves, on ne sépare jamais les troupes
d'une division. C'est un corps organisé pour résister seul, et
parer à tous les événements. Dans les marches d'armées,
1.º le front de la marche doit se rapprocher, autant que
faire se peut, de l'étendue du front de bataille ; 2.º on ap-
puie les flancs de la marche, si la chose est possible, à des
obstacles naturels ; 3.º les corps ne doivent jamais être séparés par des obstacles infranchissables ; 4.º ils doivent
être en communication, soit par de petites patrouilles, soit
par des signaux ; 5.º chaque fois que le terrain s'ouvre on
rectifie le front de la marche.

226. Une armée ne s'engage que dans un terrain reconnu,
et protégée par des détachements qui la précèdent et bordent
ses flancs. Les détails des marches de ces détachements sont
les seuls qui ressortissent au Manuel ; l'art de faire mouvoir
les diverses colonnes d'une armée, dans un but donné, appartient à la *logistique*.

Voici cependant quelques précautions à prendre pour la
marche d'une division couverte par une avant-garde, et que
les officiers de toutes armes ne doivent point perdre de
vue.

227. *Marche d'une division par une seule route.* 1.º On fixe l'heure de l'arrivée sur la position avec autant de soin que l'heure du départ ; prendre position à heure fixe est à la guerre d'une grande importance.

2.º La durée de la marche se règle sans celle de l'infanterie ; elle fait, y compris les haltes, 7 à 8 lieues en 10 heures.

3.º A moins que la cavalerie ne serve d'avant-garde particulière à la division (et dans ce cas elle agit au dehors de la colonne), on ne la fera jamais partir la première.

4.º L'infanterie ouvrira donc la marche, précédée de l'artillerie à pied divisionnaire, car en cas de besoin, l'artillerie doit de suite entrer en action, et protéger le déployement des troupes, unie à l'artillerie de l'avant-garde. Elle se mettra en marche avant le jour, afin de prendre position de bonne heure, et de donner le temps aux hommes d'aller aux vivres et de préparer le campement.

5.º Le front de la marche est aussi grand que possible, selon le largeur du chemin qu'on parcourt.

6.º On laisse entre chaque régiment d'infanterie une distance. Chaque régiment a donc sa tête de colonne, afin que la marche soit bien régulière.

7.º La cavalerie, pour une marche de 7 lieues, part deux heures plus tard, précédée de son artillerie légère ; elle regagne ce repos, nécessaire à la nourriture des chevaux et à leur pansage, par quelques temps de trot.

8.º Après la cavalerie arrivent, suivies de l'arrière-garde, les voitures d'artillerie, les bagages, etc.

9.º L'étape doit pouvoir se faire avec suite et sans à-coups.

10.º Dans aucun cas, on ne mélangera dans une même colonne des corps d'infanterie et de cavalerie.

11.º Pour le passage des défilés, que l'infanterie reprenne ses distances, que la cavalerie passe au trot ou au galop.

12.º Que personne, dans les haltes, ne quitte son rang et ses armes sans l'ordre précis du chef.

13.º Que toutes les subdivisions d'une même colonne conservent bien entre elles leurs distances.

Pour les autres dispositions relatives aux marches, voyez le titre XII du Réglement de service de campagne.

228. *Des avant-gardes.* Toute armée marche précédée d'une avant-garde, et gardée à droite et à gauche par des corps de flanqueurs. Ce sont les flambeaux et les gardiens de l'armée. Ils observent le pays, font parvenir au général des rapports sur la nature du terrain, et les obstacles qu'il peut rencontrer, etc., et pendant ce temps ils ne perdent point l'ennemi de vue, reconnaissent sa position, et résistent, au besoin, à ses premiers efforts, s'il tente d'attaquer le front ou le flanc de la marche. Un détachement de cette sorte est ordinairement composé des trois armes; et la nature du terrain, sur lequel on opère, règle la force de chacune d'elles.

L'avant-garde est ordinairement le 1/5 du corps d'armée. Les circonstances peuvent faire augmenter ce nombre. Dans les pays de plaines, la cavalerie est plus nombreuse; dans les pays coupés ou de montagnes, c'est l'infanterie.

229. M. Rocquancourt résume ainsi les fonctions de l'avant-garde, et les préceptes qu'il donne s'appliquent également aux détachements des flancs :

1.º Lorsque l'avant-garde ne sera pas assez forte pour résister à un engagement, tenez-la toujours à portée d'être soutenue par l'armée.

2.º Ayez soin de la rapprocher des colonnes, lorsque vous voudrez attaquer l'ennemi, afin d'éviter de la compromettre et de découvrir prématurément vos desseins.

3.º Dans la marche sur plusieurs colonnes, placez l'avant-garde en avant de celle d'entre elles, dont il importe de couvrir plus particulièrement le mouvement, mais pourtant de manière à ce qu'elle puisse protéger le déployement des autres, si l'on venait à prendre un ordre de bataille.

4.º Tenez-la sans cesse environnée des plus grandes précautions, couvertes par des éclaireurs et des flanqueurs.

5.º Ne l'engagez dans aucun village, dans aucun défilé, bas-fond, chemin creux ou bois, avant de les avoir fait soigneusement reconnaître et occuper par de l'infanterie. Les troupes détachées à cet effet se hâteront de la rejoindre aussitôt après qu'elle aura traversé ces obstacles; s'il s'agissait d'un défilé, ces troupes attendraient l'arrivée des colonnes, dont elles prendraient ensuite la queue.

6.º Les troupes de l'avant-garde devront être disposées conformément à la nature du pays; c'est-à-dire que la cavalerie et l'infanterie en prendront alternativement la tête, selon que le pays sera ouvert ou fourré. Dans tous les cas, quelques cavaliers ouvriront la marche. De nuit, et quel que soit d'ailleurs le terrain, l'infanterie marchera la première, précédée, comme on vient de le dire, par quelques cavaliers, pour donner avis de la présence de l'ennemi: on laissera comme arrière-garde, à la queue de la cavalerie, un petit détachement d'infanterie, suivi à quelques pas par un peloton de cavalerie; les pièces, pour ne pas encombrer la route en cas de retraite, conserveront leur place à la tête de la colonne.

7.º Les haltes ne devront se faire que dans une position favorable; le commandant, pour y arriver, poussera vigoureusement tous les détachements ennemis qu'il trouvera devant lui.

8.º En cas d'attaque, il tiendra ferme et enverra prévenir l'armée.

9.° Si l'ennemi occupe quelque poste qui puisse arrêter ou retarder la marche de l'armée, il l'attaquera brusquement et s'efforcera de couper la retraite aux défenseurs.

230. *De la conduite de l'avant-garde.* Les détachements qui composent l'avant-garde et les corps des flanqueurs prennent les mêmes précautions que l'armée ; une avant-garde a une extrême avant-garde, des petits corps de flanc, et de plus une arrière-garde. Elle forme une espèce de losange dont l'extrême avant-garde et l'arrière-garde occupent deux sommets opposés, et les petits corps de flanqueurs les deux autres angles. Le corps principal de l'avant-garde est au centre de la figure. Les détachements font rayonner autour d'eux des groupes d'éclaireurs, et le corps principal se tient, par des petites patrouilles, en communication avec eux. Il ne faudra pas confondre ces détachements ou patrouilles de *flanc*, avec les tirailleurs de marche ; ce sont des services tout à fait différents. Les patrouilles de flanc sont quelquefois obligées de s'éloigner de l'avant-garde de plus d'une lieue, tandis que les tirailleurs de marche ne quittent point leurs colonnes des yeux.

Dans les cas ordinaires, le corps principal de l'avant-garde sera de la moitié de la force totale, et les détachements de 1/8 de cette force. Les détachements envoyent à leur tour la moitié de leur monde en éclaireurs. Les détachements placés sur les flancs de l'avant-garde seront principalement composés de cavalerie. Le corps principal de l'avant-garde doit avoir le soin particulier de se tenir en communication avec eux, soit par des signaux, soit par des patrouilles ou des vedettes volantes.

Il est bon de dire ici, une fois pour toutes, qu'il ne peut rien y avoir d'absolu dans l'énonciation de préceptes relatifs à la petite guerre. Il est certaines circonstances, par exemple, où une des patrouilles de flanc doit être presque aussi forte que le corps principal de l'avant-garde ; c'est lorsque l'on connaît la présence de l'ennemi sur ce flanc de la marche, et que l'on peut redouter quelque entreprise de sa part.

Complètons ces données par un exemple.

231. Supposons qu'un corps d'armée occupant Gand, apprenne que l'ennemi, réuni en force à Hulst, a poussé son avant-garde sur St.-Nicolas, et que ses courreurs sont arrivés en vue de Lokeren. Le général de ce corps d'armée ordonne aussitôt à une division de se porter à Lokeren et d'y prendre position. Il ordonne en même temps à un bataillon, uni à un escadron et à deux pièces d'artillerie, de se porter vivement sur Wetteren. Le chef de ce détachement doit laisser sur la route, des cavaliers échelonnés, afin de prévenir le plus vite possible de son arrivée et de l'occupation de Wetteren. Si la campagne est encore libre en avant de lui, on lui prescrit de laisser deux compagnies d'infanterie pour mettre le pont en état de défense et le garder, et de s'établir avec les quatre autres compagnies à Calcken. La cavalerie aurait une grand'garde à Overmeire et pousserait ses patrouilles vers le nord, dans la direction de Meulenhoek et de Beirvelde. Le chef de ce détachement doit recevoir des ordres ultérieurs du commandant de l'avant-garde de la division.

On a aussi ordonné à la garnison de Termonde d'envoyer un petit corps de troupes au hameau de Lange, en avant de Grimberge, pour observer ce qui se passe vers Waesmunster et Hamme.

Aussitôt que l'on sait à Gand que le pont de Wetteren est bien gardé, la division se met en marche par la grande route de Lokeren, précédée d'une avant-garde forte de deux bataillons d'infanterie, de deux escadrons et de six pièces d'artillerie. Le chef de l'avant-garde prend ses dispositions de la manière suivante. Sa droite est bien flanquée par l'Escaut et par le détachement qu'on sait être arrivé à bon port à Wetteren ; mais il n'en est pas de même de la gauche, car l'ennemi occupe Axel et le Sas-de-Gand. Il décide que : 1.º l'extrême avant-garde sera de deux compagnies et un peloton de cavalerie ; 2.º le corps principal de l'avant-garde sera formé des quatre autres compagnies du bataillon, de trois pelotons de cavalerie et de quatre pièces d'artillerie : 3.º l'arrière-garde est forte de deux compagnies prises au second bataillon ; 4.º le corps de flanqueurs de gauche sera composé de quatre compagnies d'infanterie, de deux pelotons de cavalerie, et, comme toutes les routes sont bonnes, des deux autres pièces d'artillerie ; 5.º enfin le corps de flanqueurs de droite est formé seulement des deux pelotons de cavalerie qui restent disponibles.

Le détachement de flanqueurs de droite doit marcher par Destelberge et les hameaux de Schuytenhoek, Beirvelde et Molenhoek, où il se mettra en communication avec les patrouilles venant de Calcken et d'Overmeire. Le corps de flanqueurs de gauche marchera par les hameaux de Walputte, Heeft, Oudvelde et Schipken. Le commandant de ce détachement a ordre de faire reconnaître Oostacker, Desteldonck et surtout Saffelaere, ainsi que les ponts de Puyenbrugge et de Steenbrugge.

L'avant-garde parvient ainsi jusqu'à Seveneecken. Là, son chef apprend qu'à sa droite tout est bien, qu'il n'y a pas de traces de l'ennemi. Les nouvelles qu'il reçoit de son extrême avant-garde lui font connaître que Lokeren n'est pas encore occupé en force, que de simples patrouilles y ont pénétré. De sa gauche, on lui fait savoir que l'ennemi a poussé des patrouilles vers Wachtebeke et Moerbeke. En conséquence, il donne connaissance de cet événement au commandant de la division arrivée à Loochristi, et prescrit aux flanqueurs de sa gauche de laisser deux compagnies à Saffelaere jusqu'à l'arrivée des flanqueurs de la division. En effet, le commandant de la division ordonne à son corps de flanqueurs d'aller s'établir à Saffelaere, et d'occuper les débouchés par où l'ennemi peut menacer la gauche. L'on reprend immédiatement la marche en avant.

Le détachement de flanqueurs de gauche va se placer à Bril et garde les ponts de Etbosch et du Brugge ; le corps placé à Calcken et Overmeire reçoit ordre de marcher sur Zele, et le restant de l'avant-garde, suivi de près par la division, s'avance sur Lokeren et s'y établit.

232. Dans cette marche, le détachement de gauche était à 1000 mètres environ du corps principal de l'avant-garde. Il est des circonstances où cette distance peut être portée à une lieue et plus ; aussi celui qui le commande doit-il recevoir du commandant de l'avant-garde des ordres précis et positifs, avec l'indication de sa ligne particulière de retraite, pour le cas où il serait coupé.

233. *Éclaireurs.* Les détachements qui protègent une avant-garde, une arrière-garde, ou un corps de flanqueurs en avant, en arrière, à droite et à gauche, se fractionnent eux-mêmes, et rayonnent autour d'eux de petits groupes d'éclaireurs. Ce sont là les véritables enfants perdus de l'armée, ses batteurs d'estrade. Jusque là, dans les dispositions générales de la marche, dans la direction imprimée aux détachements, l'expérience du chef a tout fait ; mais ici commence la partie intelligente du rôle du soldat. Tout en avançant, il doit fouiller les haies, les bois, les villages, reconnaître les défilés, éventer les embuscades, découvrir les vedettes de l'ennemi et annoncer sa présence. Dire comment il faut mélanger dans ces groupes, l'infanterie avec la cavalerie, serait chose impossible, car à chaque minute le terrain change d'aspect et demande des précautions nouvelles. Mais lors même que le terrain est montueux et couvert, l'infanterie seule ne pourra jamais satisfaire à un bon service d'éclaireurs. Il faut toujours quelques cavaliers, alors même qu'ils n'auraient d'autre mission que de porter rapidement au chef du détachement des nouvelles de l'ennemi. Il serait également impossible de dire tout ce que doit faire un éclaireur. On ne peut que résumer quelque préceptes généraux, et l'on est forcé de se fier, pour le reste, à l'intelligence du soldat.

234. 1.º Faites agir, autant que possible, les éclaireurs par

deux. Tandis que l'un fouille, ou tourne les objets qu'il rencontre, l'autre tient son arme prête à faire feu, et protége les recherches de son camarade.

2.º Les éclaireurs agissent autant que possible en vue les uns des autres, avancent et reculent conjointement. Si un des éclaireurs disparaît, les autres s'arrêtent, et font reconnaître la cause de la disparition.

3.º Ne vous servez ni de la trompette, ni du cornet, ni du tambour, pour donner des signaux. Tout dans les marches d'un détachement de ce genre doit être silencieux; il faut avancer sans être vu ni deviné.

4.º L'éclaireur ne doit jamais tirer, si ce n'est pour défendre sa propre vie, ou s'il est coupé. Quand il aperçoit l'ennemi, il s'arrête, se cache et fait prévenir son chef. Ce n'est pas que, dans une marche en avant, un chef de détachement doive hésiter à attaquer; mais cela se fait avec ensemble, et jamais par les éclaireurs seuls. Cependant, si l'éclaireur est reconnu par les ennemis, il fait feu pour avertir, aussitôt que possible, les siens de leur présence.

5.º L'éclaireur ne laisse rien en arrière sans le visiter; un bois, un ravin, un village peuvent contenir des embuscades.

6.º L'éclaireur examinera avec soin les traces des pas empreints sur le terrain; il suivra quelque temps celles qu'il présumera révéler la présence de patrouilles ennemies, et, si elles conduisent à un couvert, il devra craindre une embuscade.

7.º On cherchera à tourner les chemins creux et les défilés par les hauteurs. Dans les endroits difficiles, dans les défilés qu'on ne peut tourner, chemins des forêts, on n'engage que quelques hommes; les autres restent à l'entrée pour donner l'éveil, s'il s'y trouvait quelqu'embuscade. On échelonne au fur et à mesure les espaces reconnus, jusqu'à ce que le défilé soit franchi.

8.º Quant aux petits bois, on les tourne et on examine les empreintes des pas de tous les chemins qui y pénètrent.

9.º On s'arrête à portée de fusil des villages, et on ne s'y engage que lorsque la tête des éclaireurs en a visité toutes les parties.

10.º Si l'on rencontre une hauteur, un éclaireur s'y porte vivement jusqu'à ce que sa tête seule en dépasse le sommet, puis il examine. Il y aurait maladresse à se laisser voir tout entier.

11.º Pendant la nuit, les éclaireurs marchent plus serrés, et redoublent de silence et d'attention. Ils s'arrètent fréquemment pour écouter; l'un d'eux met souvent l'oreille contre terre.

12.º Les éclaireurs, ne doivent jamais laisser entre eux et le détachement auxquels ils appartiennent des obstacles et des défilés; ils s'y maintiennent et ne reprennent leur route qu'après l'arrivée du détachement.

13.º Si les éclaireurs protégés par les localités, parviennent jusqu'à une vedette ennemie sans être aperçus, trois ou quatre hommes tâcheront de la dépasser en se courbant à travers les haies et les plis de terrain et, à un signal donné, se précipiteront sur elle et l'amèneront.

14.º L'éclaireur imite le braconnier, il suit les pistes et cache sa propre marche.

15.º Les éclaireurs enfin sont les *tirailleurs de marche*. Ils doivent bien se pénétrer de ce principe, qu'ils facilitent les opérations, éclairent l'armée, mais que leurs réserves seules sont susceptibles, par leur consistance, de gagner une position et de s'y maintenir.

255. Toutes les précautions indiquées pour l'avant-garde

sont applicables aux corps qui gardent les *flancs* des armées.
Ils auront de plus l'attention de laisser toujours sur le flanc
de la marche les obstacles naturels, comme ruisseaux, vallons, fortes haies, marais, et ils en garderont tous les
débouchés. S'il rencontrent des châteaux, des fermes faciles
à défendre, ils les reconnaîtront pour s'y porter au besoin ;
car, en cas d'attaque sur le flanc de la marche, le corps de
flanqueurs devient avant-garde, et doit résister, dans un
champ de bataille éventuel, en attendant que l'armée se soit
mise en bataille sur son flanc attaqué.

236. L'*arrière-garde* suit le mouvement de l'armée, et dans
les terrains découverts reste toujours à sa portée. Elle occupe les postes tenus par le corps de flanqueurs, et les conserve jusqu'à ce que l'ennemi ne puisse s'en servir pour
compromettre le salut de l'armée. Après les haltes, elle se
porte quelquefois en avant, prend position, et reste en
bataille jusqu'à ce que l'armée ait entièrement défilé.

Le véritable rôle de l'arrière-garde est dans les retraites,
mais son rôle alors dépend de la tactique. L'arrière-garde
escorte également les gros bagages de l'armée ; on parlera
plus tard des dispositions à prendre pour escorter un convoi,
pour l'attaquer, pour le défendre.

237. Pendant les marches, les officiers d'état-major ac-
compagnent les corps d'avant-garde et de flanqueurs. Ils
sont chargés d'examiner avec soin le pays ; de voir si l'ordre
de marche imprimé à l'armée ne doit pas recevoir de modifications ; de rechercher les champs de bataille éventuels que
l'armée pourrait prendre si elle était attaquée sur son front
ou sur son flanc ; la nature des débouchés qui conduisent à ces positions, en avant et en arrière ; enfin de
préjuger les projets de l'ennemi. Mais à cet égard on répète
ici ce qu'on a dit déjà (n.º 1), il est impossible de penser

que les officiers d'état-major puissent suffire seuls à tous ces détails ; ils doivent être secondés par leurs camarades de la ligne. Ceux-ci ne feront pas moins d'attention au terrain qu'à l'ennemi. Tous ces rapports sont convenablement agencés au quartier-général par des officiers spécialement chargés de les réunir.

DES POSITIONS.

238. *Préliminaires.* Avant de parler d'offensive et de défensive, il est à propos d'établir les principes qui indiquent les qualités principales des positions, et dont l'examen concourt, avec le lever du terrain, à former le coup-d'œil de l'officier.

Toute position supposant un avantage décidé, ne doit être dominée nulle part sur son front et sur ses flancs. S'il y a des habitations, séparées de la position, qui soient aussi élevées, elles doivent être à portée de canon.

On doit avoir trois objets en vue dans la reconnaissance d'une position :

1.º Le détail du terrain ;
2.º Les abords ou débouchés ;
5.º Les communications en arrière de la position.

239. En supposant une armée sur deux lignes, le camp doit avoir au moins 600 mètres en profondeur de terrain libre ou très-aisé à rendre tel, et 120 mètres de front pour 1000 hommes, y compris les intervalles.

240. Le défaut de bois et d'eau, ou le trop grand éloignement de l'un et de l'autre, rendent les autres avantages d'une position inutiles ; elle n'est tenable, en pareil cas, que dans un grand éloignement de l'ennemi ou momentanément. On ne peut regarder comme une ressource un ruis-

seau en avant du camp dont l'ennemi peut interdire la jouissance.

Toute position, aussi avantageuse qu'elle soit, est à rejeter si, dans la profondeur, des obstacles empêchent les commu nications des lignes.

241. Les *flancs* d'une position doivent être appuyés à des villes, villages, marais, ruisseaux ou escarpements.

242. Le *front* doit être couvert par des ruisseaux ou petites rivières, par des ravins ou des escarpements, et en général par quelqu'obstacle dans le terrain qui empêche l'ennemi de se porter en bataille sur le camp, et d'arriver au camp autrement que par des défilés. Il faut observer qu'une position devient inutile lorsque le front est couvert par des marais impraticables, au travers desquels l'armée n'aura nul débouché pour sortir de son camp. Il n'en est pas de même pour les flancs d'une position; il n'y a jamais d'inconvénients qu'ils soient bien couverts; on ne doit jamais s'en rapporter au dire des gens du pays sur la difficulté de ces accidents, il faut les examiner avec d'autant plus d'at-tention qu'ils influent beaucoup sur la bonté d'une position.

243. Dans les pays montueux, il faut que les obstacles qui couvrent le front d'une position, ainsi que les défilés pour y arriver, soient toujours soumis au feu du canon placé sur le champ de bataille, ou à la tête du camp.

Dans un pays de plaines, ou les positions n'ont pas l'avan-tage de la supériorité et ne sont plus ou moins bonnes que par la nature des obstacles, comme petits ruisseaux, rivières ou marais qui les couvrent, il est nécessaire que le pays en avant soit découvert, à moins que ces obstacles ne fussent d'une étendue assez considérable pour occasionner des défilés aisés à rompre ou à garder.

244. Il est toujours dangereux d'occuper une position

qui ait derrière elle des marais, des ruisseaux marécageux, et, en général, un terrain formant défilé, qui, dans un cas de retraite, rendrait le déblai de la position lent et difficile; ainsi toutes les fois qu'on trouve une position en avant d'un terrain trop difficile, il faut reconnaître ce terrain dans le plus grand détail et voir en combien de colonnes on pourra le passer.

245. On peut regarder comme obstacles, savoir : bois très-fourrés, dans lesquels les chemins sont rares; gros ruisseaux qu'on ne peut enjamber ou passer à gué; marais, chemins creux, ravins profonds et escarpés, pays coupé de haies et fossés; enfin, tout accident de terrain et produit de la nature qui peuvent gêner les approches de l'ennemi, ou qui exigent beaucoup de temps pour les surmonter.

Le terrain d'un camp ne peut être embarrassé d'obstacles.

Telles sont à peu près les qualités requises pour une position.

246. Il y a différence entre position *offensive* et position *défensive*.

On conçoit aisément que des troupes sont inutiles sur un terrain dont l'ennemi ne peut approcher; il est également dangereux de dégarnir entièrement de troupes les endroits crus inabordables. C'est ainsi que la bataille de Ramillies fut perdue.

Lorsque les défilés sont hors de vue, l'ennemi peut les passer et se former sans gêne en bataille avec peu de perte.

Les positions des pays montueux sont sujettes au même désavantage. Ainsi la fameuse position de Dorsmund, entre la Lippe et le Rhin, a le défaut de ne pas découvrir le cours de la rivière dans toute l'étendue de son front.

247. Il est d'usage, dans les pays de plaines, de placer des troupes et de l'artillerie le plus à portée que faire se peut

des obstacles qui couvrent la position et les flancs ; il faut que le terrain, depuis ces débouchés jusqu'à la ligne de bataille, ne soit pas embarrassé pour que le jeu de l'artillerie ne soit pas gêné et que l'ennemi n'approche pas sans être vu. (Hosted fut perdu parce que le camp était trop loin du ruisseau qui ne fut pas assez disputé.)

Une armée obligée de se retirer devant une autre, doit avoir au moins six débouchés.

248. *Positions offensives.* Un terrain avantageux, des débouchés aisés suffisent pour l'offensive ; quoique l'offensive ne demande pas autant de soins que la défensive, il est cependant d'usage de couvrir le front par des ruisseaux et d'appuyer les flancs aux villages.

On reconnaîtra toutes les positions d'un pays, et dans tous les sens, ce qui sera d'autant plus nécessaire à un général qu'il connaît ainsi, et les positions qu'il peut occuper, et celles que peut occuper l'ennemi.

Un général agissant offensivement a moins de précautions à prendre ; il consulte plus ses projets que le soin des positions.

249. *Positions défensives.* Une armée inférieure en nombre ou qui évite le combat, doit occuper des positions assez avantageuses, tant par la nature du terrain que par les retranchements qu'on y peut faire, pour que l'ennemi ne puisse pas l'y attaquer, sans un avantage décidé.

Le choix d'un camp défensif demande une attention particulière, non-seulement par l'ensemble du terrain, mais encore par le rapport qu'il doit avoir avec l'ensemble et la nature du pays qui l'environne.

250. Le front et les flancs d'une position défensive doivent être couverts de façon à ne laisser que très-peu de débouchés pour en approcher. Il est nécessaire que les

obstacles qui font les flancs soient assez prolongés pour que l'ennemi ne puisse pas les tourner sans faire un grand circuit; il faut toujours avoir soin de reconnaître dans le plus grand détail, et pied à pied, tout le terrain qui couvre un camp défensif. Si ce sont des marais, on le sondera; si ce sont de gros ruisseaux : reconnaître tous les gués, non-seulement près la position, mais aussi loin que possible, et l'emplacement de digues, si le gros ruisseau couvre la position; il faut détruire les ponts et faire refluer les eaux; on ne conserve que les ponts à proximité du camp et de bonne garde.

S'il y a sur le front et les flancs des bois fourrés, on ne se contentera pas de les observer à proximité du camp, mais on verra le pays bien au-delà et aussi loin que faire se pourra, car souvent les flancs couverts par les bois fourrés peuvent être tournés.

251. On ne trouvera pas toujours des positions assez fortes par la nature du terrain; alors on a recours aux retranchements et aux abatis; indiquez ces points dans les reconnaissances. On choisit pour eux les tertres ou élévations du terrain, en avant ou à portée du camp, pour porter les feux croisés sur les débouchés que l'on veut défendre, et ils ne doivent pas être dominés. Les feux les plus rasants sont les meilleurs, car les feux d'artillerie qui plongent n'ont pas ou point d'effet.

252. Dans le compte que l'on rendra d'une position, il faut indiquer tous les chemins qui y arrivent, leur qualité; en avant ou en arrière sur les flancs; indiquez en même temps les noms, distance, forme, des villages et bourgs situés à proximité du camp, et détaillez particulièrement ceux en avant du front et aux flancs.

Il n'y a pas d'inconvénient à ce qu'une armée ait derrière

elle un pays couvert, si le nombre de débouchés est suffisant ; d'abord il favorise la retraite de l'arrière-garde, et contient l'armée.

253. La bonté d'une position défensive ne consiste pas entièrement dans les avantages du terrain ; il faut qu'elle soit utile. Or, elle n'a cette qualité qu'autant que l'ennemi ne puisse la tourner et la dépasser en corps d'armée, sans trop prêter le flanc, et découvrir ses communications.

254. Le front doit être d'une assez bonne défensive pour permettre au général de faire un assez gros détachement de son armée pour s'opposer à un détachement ennemi ; il faut qu'une armée soit assez à portée de ses subsistances pour qu'elle n'ait rien à craindre des excursions que l'ennemi peut faire sur ses communications ; car, si le dépôt est trop éloigné, et que faute de postes intermédiaires et à l'abri d'insultes, les communications soient exposées à être interceptées, du moins inquiétées, la position n'est pas tenable.

Lors même qu'il existerait plusieurs postes intermédiaires, si l'éloignement de la position au dépôt était trop considérable, les communications ne seraient pas moins exposées. Il faut autant que possible que l'éloignement des subsistances ne soit que de cinq lieues, et on les renferme dans des endroits à l'abri d'un coup de main. Toutes les bonnes positions connues ont cet avantage.

255. Quant aux rapports de la défensive avec l'ensemble de la nature d'un pays, ils consistent dans la spéculation des mouvements que l'ennemi peut faire, conséquemment dépendent de la nature du terrain, sur les flancs et les derrières de la position. Cette spéculation ne peut se faire que par la connaissance la plus étendue des venants et des aboutissants. Il ne faut donc rien omettre de tout ce qui peut amener à la

connaissance de toutes les parties environnantes, positions, chemins, ruisseaux, etc.

Les ressources en vert et en sec contribuent beaucoup aussi à la tenue d'une position défensive ; il faut donc s'occuper activement de l'objet des fourrages, reconnaître les quantités dans une profondeur de 4 à 5 lieues, et joindre une note détaillée au compte que l'on rend d'une position ; il en est de même de tous les villages et hameaux en arrière à 4 et 5 lieues.

Les cantonnements éloignés ne peuvent être à plus de 4 à 5 lieues de la position choisie.

256. *Mémoire*. Il comprend l'exposé du terrain, et la spéculation, conséquence de cet exposé. Cet exposé doit être exact, détaillé, précis. L'exactitude consiste à ne jamais indiquer que ce qu'on a vu soi-même, ou sur le rapport de gens sur lesquels on peut compter. On sera toujours trompé si on se fie aux habitants de pays.

Il ne faut rien omettre dans le compte qu'on rendra.

257. Les objets qui paraissent les plus indifférents deviennent importants au moment de l'action, et plus un mémoire est détaillé, plus il est utile. Il faut seulement élaguer les longueurs et les inutilités, et n'entrer dans aucun autre détail que :

1.º Sur tout ce qui peut faire obstacle au mouvement d'une armée ;

2.º Sur ce qui peut faire préférer une position, ville, bourg, village, etc ;

3.º S'assurer des moyens d'action que la reconnaissance du pays peut fournir.

258. La spéculation se fait par une application raisonnée de la nature du terrain aux mouvements des armées. On détaillera chaque objet de reconnaissance séparément, et

dans toute son étendue, avant d'en commencer un autre. On reconnaîtra tous les détails sur le terrain en même temps; mais il faut en faire le dépouillement dans le mémoire.

259. Pour rendre un mémoire bien intelligible et ne pas fatiguer l'esprit du lecteur, il faut séparer le détail de la spéculation; car si en faisant l'application du terrain aux mouvements d'une armée, on détaille en même temps chaque objet de reconnaissance à mesure qu'il tombe dans le cas de la citation, les longueurs inévitables et même nécessaires du détail feront, souvent, perdre de vue l'ensemble de la spéculation, dans laquelle, enfin, tout ce qui est objet de détail ne doit point être cité.

260. Toutes les grandes rivières doivent avoir leur détail séparé;

Les gros et petits ruisseaux, et les marais;

Les masses de bois avec leurs chemins et ravins;

Les montagnes;

Les chemins d'un pays en général;

Le plus ou moins de fertilité d'un pays et l'espèce de denrée la plus commune, et les ressources en fourrage en général.

261. Chaque position exige un détail particulier. On joindra à la suite de tous ces objets de reconnaissance, le raisonnement et la spéculation qu'on aura à faire, conséquemment, l'instruction dont on aura été chargé.

Cette forme de mémoire paraît être la meilleure, rien ne fatigue la judiciaire du lecteur; et il trouvera dans le détail de chaque objet la reconnaissance particulière qu'il pourra désirer sur la nature du terrain.

Comme on n'a pas toujours le temps de lever à vue la surface d'un pays, on joindra au moins au mémoire un plan détaillé de chaque position et de chaque ville, bourg ou château dont on pourrait faire un poste avec peu de travail.

262. *Position d'armée*. On entend par positions d'armée les camps à occuper pour la défensive ou l'offensive ; et le choix de leur direction, de la droite à la gauche, est ce qu'on appelle *castramétation*.

Les plus célèbres militaires, en parlant des camps, ont dit qu'il fallait que la gauche et la droite fussent bien appuyés, les derrières sûrs, mais aucun n'a donné de principe nécessaire pour bien remplir cet objet.

La position d'un camp exige un grand coup-d'œil de la part du général, et il faut un grand coup-d'œil pour la saisir sur-le-champ et faire dans un instant la combinaison des avantages et désavantages qu'offre la nature du terrain ; ce coup-d'œil de prévoyance est différent de celui qu'il faut à un général pour s'opposer aux efforts que fait un ennemi pour le forcer dans ses positions ; car pour lors, il a les objets sous les yeux, au lieu que dans le premier cas, ils ne sont que dans son imagination et dans la possibilité.

263. *Premier principe*. L'expérience fait connaître que le principal débouché d'un ennemi est celui contre lequel il faut prendre les plus grandes précautions ; et en général le camp des ennemis doit toujours servir de pivot pour déterminer la direction des camps à occuper devant lui, si on ne veut pas être surpris.

Cette parallèle doit toujours être hors de la portée du canon, et le point qui doit servir de pivot se trouvera décidé par les avantages qu'offrira le terrain, pour pouvoir être occupé de manière à parer à tous les inconvénients et toutes les suppositions que l'on pourrait faire. Cette règle n'est pas sans exception ; les opérations militaires dépendent toujours de la position du terrain ou de celle de l'ennemi.

Il y a des cas où ces circonstances réunies ou séparées pourraient faire changer le principe, comme si une armée était campée au bord d'une rivière, dont les points praticables pour le passage seraient absolument déterminés.

264. *Deuxième principe.* La direction des camps dépendra toujours de celle qu'on supposera devoir être prise par un ennemi, et des débouchés principaux par lesquels on pourrait marcher pour entreprendre, ou dont on pourrait se servir pour aller à lui.

L'étendue du front de bandière doit être relative à la force d'une armée et subordonnée au terrain qui ne doit pas être coupé, autant qu'il sera possible, par des vallons, marais, fossés, etc., afin qu'un général puisse, autant que possible, voir toute la position d'un seul coup-d'œil.

Ce qu'on vient de dire a lieu pour les pays de plaines, mais il n'en est pas de même pour les pays de montagnes où on est assujetti à des camps décousus; mais il faut assurer dans ce cas la communication d'un camp à l'autre, de façon qu'elle ne puisse être coupée.

265. *Troisième principe.* L'objet des positions est toujours mieux déterminé dans les montagnes que dans les plaines, parce qu'on ne craint ordinairement dans les premières que quelques débouchés dont on connaît les directions particulières, et que les mouvements de l'ennemi ne peuvent s'étendre que sur un petit intervalle; au lieu que dans les plaines, il faut presque toujours que les positions embrassent toute l'étendue dans laquelle l'ennemi peut se mouvoir, et qu'il n'y a que des places fortifiées en avant, de droite et de gauche, ou des rivières, marais, etc., qui en puissent diminuer l'étendue; celles-ci sont le plus souvent indiquées par les débouchés dont l'ennemi peut se servir et par la facilité d'y ouvrir des marches, au lieu que les autres n'ont rapport qu'à des débouchés déterminés.

La règle générale dans la détermination de ce choix est d'observer que l'ennemi ne puisse les tourner qu'en plusieurs marches ou au moins en une seule marche forcée, afin d'en pouvoir changer et les mettre dans le cas d'avoir perdu le front de sa marche, ou que l'on soit à même de lui présenter une position assez formidable pour qu'il ne puisse pas l'attaquer sans désavantage.

266. *Quatrième principe.* Ce n'est pas toujours un ravin, une rivière, ou des bois qui fixeront le choix d'une position ; cela est relatif à celle de l'ennemi ou au plan de campagne qu'on aura formé ; mais dans tous les cas il faut éviter qu'il puisse arriver sur les flancs et gagner les derrières. Il y a beaucoup d'occasions à la guerre où il ne faut pas s'arrêter aux avantages particuliers du terrain pour y asseoir un camp, s'il est trop étendu, à moins qu'il ait celui de ne pouvoir être tourné que par un long détour qui oblige l'ennemi à une ou plusieurs marches pour y arriver et que son front ne présente de grands obstacles.

Il est essentiel en général de proportionner l'étendue des positions au nombre de troupes qui doivent les occuper ; car telle position qui serait inexpugnable pour un corps de troupes considérable, peut devenir très-faible pour un corps de troupe insuffisant pour en défendre l'approche en tous les points.

267. *Précautions à prendre dans le détail des positions.* Celle qui avec le moins d'étendue couvre le plus de débouchés, sera préférable, soit qu'on agisse offensivement, soit qu'on agisse défensivement.

Il faut que les ailes soient bien appuyées, que le front soit escarpé et couvert par quelques marais, rivières, etc., dans les pays de plaines, si l'objet est de se tenir sur la défensive.

Si le camp ne doit regarder que le débouché d'une vallée, on couvrira son front par les ravins les plus profonds et les moins praticables, observant que les positions de la droite et de la gauche soient à même hauteur; c'est-à-dire que les ravins aient leurs confluents très-rapprochés dans le bas de la vallée; si sur l'étendue du front il y a des parties susceptibles d'être escarpées, il ne faudra pas les négliger, escarpement vaut mieux que parapet.

Si les sinuosités des ravins offrent des plateaux qui aient quelques découvertes en avant du front du camp, il faudra y placer des canons et des carabiniers; il en est de même pour tous les points qui offriraient la découverte de chemins, avenues et sentiers qui mènent au camp.

Reciproquement, si le camp était dominé ou enfilé par quelque plateau voisin, il faudrait l'en couvrir par retranchements, traverses, etc.

Si la position a pour objet de couvrir une étendue de pays, il faut la déterminer dans quelques postes qui aient rapport au centre de ladite étendue, afin d'être à même de se porter sur tous les débouchés de l'ennemi s'il l'on est en défensive active, ou afin de faire des diversions et de pouvoir déboucher de divers points en même temps, si l'on est en offensive. On peut donc dire que ce point est celui qu'il faut chercher dans tous les cas.

S'il s'agit de couvrir plusieurs débouchés ou de donner de l'inquiétude sur une grande étendue, on prendra le point le plus rapproché du concours de ces débouchés, observant de mettre les communications en état, de les entretenir libres, afin que rien ne s'oppose à la marche de l'armée sur la droite et sur la gauche; et comme il pourrait arriver dans cette supposition que l'on soit plus éloigné de l'une que de l'autre, il faudrait faire ses combinaisons pour marcher d'un pas égal et à la même hauteur, et prendre toutes les précautions nécessaires en pareil cas.

268. *Cinquième principe*. Il faut distinguer le camp d'une armée de celui de quelque corps de réserve, quoiqu'il faille prendre les mêmes précautions.

Cette distinction aura principalement lieu dans les endroits où le centre de l'étendue qu'on voudra occuper se trouvera couvert par des montagnes inaccessibles, ou qui ne présenteront que des débouchés difficiles et pas à craindre. On placera alors de fortes réserves à droite et à gauche, en avant de l'armée et aux environs du centre de l'intervalle compris à droite et à gauche.

Il est dangereux de multiplier les détachements en plaine, où ils risquent d'être coupés avant que le gros de l'armée ne puisse venir à leur secours; mais au contraire, dans les montagnes, il est avantageux d'avoir de ces petits piquets qui servent à éclairer l'armée, à garder les débouchés dont on projette de faire usage. Ils servent encore à reconnaître l'ennemi de plus près, et à s'assurer de ses mouvements.

Cette précaution peut avoir lieu en plaine, lorsqu'on a en avant de soi une rivière, un bois, une hauteur, qu'on a intérêt que l'ennemi ne puisse pas reconnaître de trop près; mais dans tous les cas il faut assurer la retraite de ces derniers corps, s'ils étaient attaqués par des forces supérieures.

Il est indispensable d'avoir reconnu d'avance des positions qui puissent mettre obstacle à la force de l'ennemi dans chaque direction; il faut préparer et entretenir les communications de ces positions les unes avec les autres, préparer le front, et avoir attention, autant qu'il est possible, qu'elles ne soient pas tellement éloignées qu'on ne puisse y arriver par une marche, sans que l'ennemi puisse s'y opposer.

Il est bon d'avoir aussi de petits postes à chacune de ces positions pour en imposer, et être averti en temps des tentatives de l'ennemi.

269. *Ressources nécessaires dans les positions.* Les lieux les plus éloignés des villes, bourgs, villages, qui pourraient servir à camper un nombre de bataillons, ainsi que ceux qui se trouvent dans les intervalles en bas des vallées et sur les penchants, demandent un examen scrupuleux pour la direction de leur front, pour les droites et les gauches qui les soutiendront, les débouchés de l'avant et des derrières, pour l'eau et les bois, et y faire trouver aux troupes les munitions de guerre et de bouche ; mais si on était obligé de faire camper dans un endroit dépourvu de ces choses, il faut prévoir ce cas d'avance et faire voiturer l'eau et le bois sur les lieux. L'économie dans un pareil cas serait un mauvais conseiller.

Il faut enfin dans toutes les positions qu'on aura choisies déterminer le front de bandière, sur une ou plusieurs lignes ; et si c'est dans un pays de montagnes, où le camp serait coupé, il faut rendre les débouchés respectifs propres à la marche des différents corps, pour qu'ils se rassemblent à l'endroit le plus avantageux.

270. OBSERVATIONS. Cette théorie sur les positions a été imprimée pour la première fois dans le Journal des Sciences militaires de 1827, et est attribuée au général Bourcet. Tous les écrivains qui ont écrit sur les positions ont presque tous copié ou analysé ce mémoire, resté jusqu'alors en manuscrit au dépôt des fortifications de *France.* On a cru faire plaisir au lecteur en donnant cette théorie en entier, et en lui conservant sa forme primitive.

Les principes fondamentaux de cette théorie sont : 1.º que toute position couvre bien la ligne de communication de l'armée, et ne puisse être impunément tournée ; 2.º que l'étendue de la position soit en rapport avec l'armée qui l'occupe, qu'aucun obstacle n'existe ni dans sa largeur ni dans sa profondeur; 3.° que la position soit forte et protége les flancs de l'armée, quelle que soit sa supériorité en nombre, mais aussi que les obstacles ne l'enserrent pas comme dans un fort; *toute défensive doit rester attaquante*; 4.° qu'elle ne soit pas dominée; 5.° les que débouchés en arrière soient nombreux et sûrs; 6.° enfin que le bois et les fourrages soient à portée.

271. Connaissant la marche d'une armée, on peut déjà *à priori* se rendre compte des positions qu'elle va occuper. Si la route de l'armée est tracée sur une ligne de faîte, elle marchera protégée au loin sur ses flancs par les deux cours d'eau que cette ligne de faîte sépare. Maintenant si l'on a bien compris ce qui a été dit, à cet égard, dans la première partie, on se rappellera que toute ligne de faîte présente une suite de renflements et de dépressions. A ces dépressions prennent naissance les affluents des cours d'eau, et si deux affluents opposés prennent naissance à la même dépression, celle-ci sera considérable. Le terrain en arrière des dépressions de ce genre offrira donc une position accessible par son centre, mais ayant sur ses ailes les sources des cours d'eau coulant dans des sens opposés. Telle est la position de Waterloo; elle est sur la ligne de faîte qui sépare les eaux de la Senne de celles de la Dyle; à la droite prennent naissance les sources du ruisseau de Merbe-Braine, affluent de la Senne; à la gauche, les sources du ruisseau du Smohain, affluent de la Dyle. La clef de la position était à la ferme de la Haye-Sainte, placée entre ces sources sur la ligne de faîte.

Si une armée prend position le long ou parallèlement à la ligne de faîte de deux cours d'eau, elle a devant soi la vallée d'un cours d'eau; dans le prolongement de ses flancs sont deux affluents de ce cours d'eau, et ses ailes sont protégées par les petits ravins de ces affluents. Dans les positions de ce genre, si le massif qui sépare les cours d'eau n'est pas considérable, l'armée a derrière soi une vallée et un cours d'eau sur lequel il faut multiplier les ponts. Telle était la position de Nerwinden.

Enfin, si l'armée choisit sa position en appuyant son aile à un cours d'eau, le front couvert par un de ses affluents, l'autre aile s'étendra évidemment vers la ligne de faîte du bassin.

L'ennemi, pour gagner le front et l'aile appuyée, doit, à la vérité, traverser les vallées des affluents du cours d'eau dans leur partie la plus large, mais aussi l'aile opposée au cours d'eau sera le point faible de la position, et si l'ennemi gagne la ligne de faîte, il peut en résulter de grands désastres. Tel était le champ de bataille de Fontenoy. Si, au lieu de s'avancer imprudemment entre les redoutes, les Anglais avaient réuni leurs efforts sur leur extrême droite par la ligne de faîte qui sépare les eaux de l'Escaut de celles de la Dendre, c'en était fait de l'armée de France, elle était rejetée sur l'Escaut.

272. Pour bien reconnaître une position occupée par l'ennemi, Ternay conseille de se figurer une ligne passant par cette position, et prolongée de chaque côté de 2000 mètres, et de supposer trois autres lignes menées perpendiculairement sur les ailes et sur le centre. On compare au moyen de ces cinq lignes les difficultés des différentes attaques qu'il est possible d'exécuter contre les flancs, les ailes et le centre. On décrit pour cela les profils du terrain dans la direction de ces cinq lignes, et l'on examine les obstacles que chacune d'elles présente.

CANTONNEMENTS, CAMPS, BIVACS.

273. Lorsqu'une armée arrive dans une position, selon qu'elle est plus ou moins éloignée de l'ennemi, selon qu'elle veut y séjourner plus ou moins longtemps, elle *cantonne*, elle *campe* ou elle *bivaque*.

274. *Cantonnements.* On ne cantonne que dans les pays où les villages sont assez resserrés pour contenir une armée dans un espace limité, afin qu'elle puisse en un jour prendre sa ligne de bataille. Quand on cantonne, on assigne à l'armée deux points de réunion. 1.º En avant, c'est le champ de bataille choisi pour combattre; 2.º en arrière, et sur le point le plus à l'abri et le plus éloigné de l'ennemi, pour que, si celui-ci paraît à l'improviste, elle ait le temps de se rassembler avant qu'il soit en mesure d'attaquer. Dans le choix des cantonnements, il faut avoir en vue : 1.º la sûreté de l'armée ;

2.º la possibilité de la faire vivre aux dépens du pays ; 3.º la facilité des communications. Ainsi les cantonnements abondants et resserrés sont les meilleurs ; dans tous les cas, il ne doit jamais y avoir plus de cinq lieues entre les cantonnements extrêmes et le point général de rassemblement ; et l'ennemi doit être à plus d'une journée de marche forcée des avant-postes.

275. Dans le même cantonnement, et s'il est un peu séparé des autres, on mêle toujours les troupes des trois armes. Les soldats sont logés dans les granges, et jamais on ne sépare les soldats d'un même regiment. Les données nécessaires à la dislocation de l'armée dans les cantonnements, s'acquièrent par les reconnaissances dont la théorie a été donnée dans la première partie et par les revelés statistiques. Les flancs des quartiers doivent être bien appuyés. La cavalerie légère cantonne en avant pour éclairer au loin le pays ; on détache de l'infanterie dans les cantonnements de cavalerie, pour qu'il soit permis aux hommes et aux chevaux de prendre, la nuit, quelque repos. La ligne des cantonnements doit être protégée en outre par des obstacles naturels, comme rivières, montagnes, etc., ou couverte par une ligne de bons postes fortifiés.

276. Chaque cantonnement séparé a deux places d'armes, celle de jour et celle de nuit. La place d'armes de jour est le lieu ordinaire des rassemblements ; la place d'armes de nuit sert en cas de surprise ; les divers groupes doivent la joindre à la hâte. Ce point est toujours pris du côté opposé à l'ennemi et reste chose secrète. On peut loger un bataillon ou escadron par 150 feux. L'infanterie et l'artillerie occupent les cantonnements les plus rapprochés du champ de bataille éventuel. Lorsque l'éloignement des villages force le général de camper une partie des troupes, on choisit toujours

l'infanterie. Les cantonnements doivent être liés entre eux par des chemins faciles et praticables, et il ne faut jamais les séparer par des obstacles infranchissables.

277. Les officiers chargés de distribuer les logements dans les cantonnements, observeront les dispositions suivantes :

1.º L'ordre de bataille des lignes et des divisions sera conservé autant que possible dans les cantonnements.

2.º Il sera observé, dans les répartitions, de mettre toujours ensemble les bataillons d'un *même régiment* et les compagnies d'un *même bataillon.* Les soldats des mêmes compagnies seront mis de même ensemble, ou le plus près autant qu'il se pourra, dans les maisons ou granges qui seront marquées à cet effet.

3.º Les officiers chargés du logement numéroteront toutes les maisons et granges, et marqueront sur celles destinées pour les soldats, le numéro de la compagnie et le nombre d'hommes qu'elles devront contenir.

4.º Les compagnies de grenadiers, et en leur absence celles de voltigeurs, seront toujours logées de préférence aux avenues des quartiers de leurs bataillons.

5.º Il sera marqué aux tambours des logements au centre des quartiers, et le plus en portée qu'il sera possible du logement de l'officier qui y commandera.

6.º Le commandant du quartier y aura le premier logement. Chaque général de brigade sera logé dans le cantonnement de sa brigade. Le quartier-maître ou l'officier-payeur et les adjudants seront toujours logés à portée du commandant du régiment, ainsi que les tambours.

278. *Camps.* Il y a plusieurs espèces de camps : 1.º les *camps de manœuvres,* ce sont les camps de paix ; 2.º camp de rassemblement ou d'*observation* ; 3.º camps *retranchés*

sous les places fortes ; 4.° camps *volants* ou de campagne.
Nous ne nous occuperons que des derniers.

« L'art d'asseoir un camp sur une position n'est autre
chose que l'art de prendre une ligne de bataille sur cette
position. A cet effet, il faut que toutes les machines de jet
soient en jeu et favorablement placées ; il faut choisir une
position qui ne soit dominée, et qui ne puisse pas être tournée ; et, autant que cela est possible, il faut qu'elle domine
et enveloppe les positions environnantes. » (*Napoléon.*)

L'ordre de bataille détermine donc l'ordre de campement.
Ainsi donc : 1.° les différents corps sont campés dans l'ordre
suivant lequel ils *doivent combattre* : ils se placent aux centres et aux ailes, en première ou en deuxième ligne, en raison
de la position qui leur est assignée dans l'ordre de bataille ;
2.° le front du camp de chaque corps doit être égal à celui
qu'il occupe en bataille, ce que l'on exprime en disant que le
camp est couvert par la troupe en bataille, ou autrement
que le front de *bandière* est égal au front de bataille.

279. On campait autrefois sous des tentes ; toutes les
armées de l'Europe les ont abandonnées. En campagne, on
se construit des abris avec les matériaux que l'on trouve sur
les lieux ; les meilleurs abris en campagne, parce qu'ils sont
les plus vites faits et faciles à exécuter, sont composés de
fermes posées sur la terre, unies par des clayons et recouvertes en paille. Lorsque le 3.ᵐᵉ chasseurs à pied est venu
camper à Bouwel, en 1832, lors du siége d'Anvers, il ne lui
fallut que quelques heures pour former ses abris. Le génie,
commandé par M. le lieutenant-colonel Beukers, avait fait
élever une baraque-modèle par bataillon. Ce mode de camper
fut même adopté l'année suivante, pour le camp d'une
brigade élevé dans la même bruyère, et resta debout pendant trois années.

280. *Données pour l'établissement d'un camp d'infanterie.*

Un fantassin occupe dans le rang. . . . . . . 0ᵐ,50 à 0,55
Dans la file, quand il n'a pas de sac (y compris
l'intervalle de 0ᵐ,32). 0,66
Il y a entre les bataillons d'infanterie un inter-
valle de. 16,00
Entre les régiments. 30,00
Entre les brigades 40,00
Entre les régiments de cavalerie et d'infanterie. 50,00

281. *Formule pour déterminer le front de bandière du camp d'un bataillon.*

Soit N l'effectif des hommes et caporaux , *n* le nombre formant une file (deux ou trois , selon que les hommes sont en bataille sur deux ou trois rangs), I le sergent formant la gauche du bataillon , C le nombre des compagnies, *x* l'étendue cherchée du front de bandière exprimée en mètres ; 0ᵐ,55 l'espace qu'occupe un homme dans le rang ; on aura :

$$x = 0^m,55 \left(\frac{N}{n} + 2C + I \right)$$

Si la force du bataillon, caporaux et soldats, est de 864 hommes, le nombre des compagnies 6, la formation sur trois rangs, alors :

$$x = 0^m,55 \left(\frac{864}{3} + 12 + I \right) = 0^m,55 \times 301 = 165^m,55.$$

282. Un bataillon de 800 hommes campe par compagnie sur deux files de baraques. Un bataillon de moins que 800 hommes n'a qu'une file de baraques. Les baraques sont séparées par des petites et des grandes rues. Les petites rues sont de deux mètres. Les baraques ayant cinq mètres de large , il est donc facile de trouver la largeur des grandes rues. Dans l'exemple choisi, le bataillon occupe 165ᵐ,55; il y a douze baraques de cinq mètres ; plus cinq petites rues à 2 mètres, c'est-à-dire 60ᵐ + 10 = 70ᵐ, la largeur d'un grande rue sera donc le 1/6 de 165ᵐ,55 — 70 = 15ᵐ,925 largeur de chaque grande rue. On suppose ici le plus petit côté des baraques placé dans le prolongement du front de bandière.

283. *Profondeur du camp.*

1. De la garde du camp aux latrines. . . . 50 pas. 33,33
2. Des latrines aux faisceaux d'armes. . . .150 » 100,00
3. Des faisceaux d'armes aux baraques. . . 15 » 10,00
4. Profondeur des baraques. (Cette donnée dépend du nombre des baraques et de leurs dimensions.) . . . . *pour mém.*
5. Du derrière des baraques aux cuisines. . . 20' » 13,20
6. Profondeur des cuisines. (Cela dépend de la construction adoptée) . . . . *pour mém.*
7. Des cuisines aux baraques du petit état-major. 20 » 13,20
8. Profondeur des baraques du petit état-major. *pour mém.*
9. Jusqu'aux baraques des lieutenants et sous-lieutenants . . . . 20 » 13,20
10. Profondeur des baraques des lieut. et s.-lieut. *pour mém.*
11. Jusqu'aux baraques des capitaines. . . . 20 » 13,20
12. Profondeur des baraques des capitaines. . *pour mém.*
13. Jusqu'aux baraques de l'état-major du batail. 20 » 13,20
14. Jusqu'aux latrines des officiers. . . . . .125 » 82,50

284. *Dimensions des baraques.* Nous n'avons adopté que la baraque sans parois pour abris des camps de guerre, c'est d'eux seuls dont nous nous occuperons. Les baraques des camps de paix ou de séjour sont ordinairement construites par les troupes du génie et les ouvriers des corps réunis en compagnies d'ouvriers. Cependant toute troupe qui possède dans ses rangs quelques ouvriers en paille, peut élever les baraques, dont il est ici question, en deux ou trois heures, si les matériaux sont sur place.

Hom.	Long.	Larg.	Hom.	Long.	Larg.
Pour 12,	4^m,00	5^m,00	Pour 18,	6^m,00	5^m,00
» 14,	4^m,70	5^m,00	» 20,	6^m,70	5^m,00
» 16,	5^m,40	5^m,00	» 30,	10^m,00	5^m,00

Dans ces baraques, les soldats sont couchés sur deux rangs.

285. *Construction.* Il y a avantage à construire par compagnie de 120 hommes, quatre baraques de 30 hommes. On leur donne 12 mètres au lieu de 10 pour obtenir à l'extrémité un

espace de 2 mètres séparé par une cloison, afin d'y loger les officiers si, dans la même journée, on n'a pas le temps de commencer leurs baraques. Lorsque les baraques des officiers sont
élevées, on place dans ces séparations les cantiniers, les
sergents-majors et fourriers.

286. Pour une baraque de 12 mètres de long, il faut 16 fermes espacées de 0^m,80 ; chaque ferme est composée de deux arbalétriers unis par un entrait. Les bouts des arbalétriers pénètrent
en terre de 0^m,10 ; et ils sont fixés à des petits piquets, enfoncés
en terre près de chacun d'eux, au moyen de hards. La largeur
de l'abri au niveau du sol est de 4^m,80, sa hauteur sous le faîte
2^m,80. Au milieu de l'abri on ménage une rue de 0^m,70 de large
tracée par deux rangées de petits piquets entourés de clayons.
Les pignons de la baraque, si on en a le temps, sont faits en
torchis ; un des pignons est muni d'une porte de paille, surmon-
tée d'une ouverture pour donner le jour dans l'intérieur. Si
l'on n'a pas de clous, on entaille à mi-bois, et on joint les
perches au moyen de clayons. Par baraque de 12 mètres, il
faut, 32 arbalétriers de 4 mètres sur 5 à 6 centimètres de diamètre au petit bout ; 16 entraits de 1^m,60 et même diamètre ;
4 montants de porte de 2^m,80 ; 42 mètres courant de perches
de diverses longueurs pour la confection des cloisons ; 350 gaules ou lattes de 2^m,20 pour latter la couverture ; 1500 forts hards,
1500 kilogrammes de paille. (Pl. I, fig. 5.) La planche à pain
est portée sur entraits. Creusez autour de la baraque, et à 50
centimètres du toit, une petite rigole.

287. *Cuisines.* Tranchée de 0^m,60 de profondeur et de 1 mètre
au fond. Talus raide d'un côté, aisé de l'autre ; remblayez du côté
raide avec les terres tirées du fond. Entre la fosse et le remblai,
berme de 1 mètre. Sur cette berme, et 0^m,40 du bord, marquez
l'emplacement des fourneaux, espacés les uns des autres de
mètre 0,40. Chaque fourneau doit servir pour deux marmites
accolées.

288. *Latrines.* Fosse de 1 mètre de profondeur sur 2 mètres de
largeur ; on les masque de la vue du camp par des feuillages
ou un mur de gazon. Sur un des bords établissez un marche-pied
en rondins, surmonté d'une traverse, pour empêcher de tomber
dans la fosse.

289. *Camp de cavalerie.*

Un cheval occupe dans le rang. 1,00
Dans la file, intervalle compris. 3,00
Entre les escadrons d'un même régiment 12,00
Entre les régiments de cavalerie. 24,00

Le front de bandière d'un escadron est égal à autant de mètres qu'il y a de files à l'escadron augmentées de 2 ; soit 48 le nombre de files, l'escadron en bataille aura 50 mètres.

290. On fait camper ordinairement l'escadron par 4 files de baraques, ayant 2 grandes rues. Il faut au cavalier un espace double du fantassin, afin qu'il puisse placer son harnachement. On peut donc donner à la cavalerie les abris de l'infanterie, en faisant coucher les hommes sur un seul rang. Pour un escadron, il y aura donc 4 lignes de baraques ; 2 lignes simples, 1 ligne double séparée par une *petite rue de 2 mètres et 2 grandes rues* ; soit un escadron de 120 chevaux, il occupera 62 mètres de front, 4 lignes de baraque font 20 mètres, 1 petite rue 2 mètres ; il reste pour les grandes rues $62 - (20 + 2) = 40$. Donc chaque grande rue sera de 20 mètres de largeur.

291. Les chevaux sont, comme on l'a dit, placés dans les grandes rues, les têtes tournées vers les baraques des hommes. Ils sont attachés à de forts piquets enfoncés en terre à coups de masses et unis par des cordes. Comme il faut 3 mètres pour le cheval, la grande rue est diminuée de 6 mètres ; elle reste large de 14 mètres. On campe donc par quart d'escadron, et par file de 30 chevaux. Chaque cheval demandant un espace de $1^m,50$, la profondeur des grandes rues des cavaliers sera de 39 mètres. A cause des gardes, la profondeur des rues et la longueur des baraques peuvent au besoin être diminuées d'un quart.

Chaque peloton de cavalerie a donc une rangée de baraques, et ses chevaux sont également sur une rangée ; les chevaux du second rang à la gauche de leur chef de file, les chevaux des lieutenants à la droite du peloton ; les chevaux des capitaines à la droite de chaque division.

292. *Profondeur d'un camp de cavalerie.*

Dans les camps de cavalerie, les cuisines sont en avant du front de bandière.

1. Du poste avancé aux latrines de la troupe. . . .   34,00
2. Des latrines aux cuisines.   86,00
3. Ces cuisines au front de bandière.   14,00
4. Du front de bandière aux dernières baraques de la troupe (à calculer). . . . . *pour mém.*
5. Des dernières baraques aux officiers d'escadron. .   20,00
6. Profondeur des baraques d'officiers. . . . . *pour mém.*
7. Des baraques d'officiers à celles de l'état-major. .   20,00
8. Baraques de l'état-major. . . . . *pour mém.*
9. Des baraques de l'état-major aux latrines d'officiers.   66,00

Les fourrages sont placés entre les baraques des cavaliers, dans le sens de la profondeur.

293. *Camp d'artillerie.*

La voie des roues prise du dedans au dehors est de.			1ᵐ,48
La longueur du *pas* employé comme unité de mesure des distances, est de.			0,75
La pièce de campagne attelée de 6 chevaux occupe 18 pas.			13,50
La pièce de 12 attelée de 8 chevaux. . . .	22	»	16,50

En bataille, intervalle de centre en centre. . . { Pièce de 6. . . . 20 » 15,00
                » de 12. . . . 25 » 18,75

Pour les batteries à cheval. . . . . 30 » 22,50
Intervalle de batterie à batterie. . . . . . 30 » 22,50
    Id.   avec les autres troupes. . . . . 40 » 30,00

Étendue d'une batterie en bataille, y compris les trompettes . . . . { Montée de 6 et 12. . 170 » 127,50
                     A cheval . . . . 220 » 165,00

294. Il n'y a rien de fixé réglementairement au sujet des camps d'artillerie. Les conditions de sûreté et la nécessité de ne pas augmenter outre mesure la profondeur du camp, ont amené l'obligation de donner à ces camps en front de bandière le plus de largeur que possible. Voici les dimensions que l'on pourrait adopter pour camper une batterie de huit pièces de l'artillerie à cheval, s'il était facultatif de séparer les servants des conducteurs. On a laissé 25,50 mètres pour l'intervalle, ce qui donne pour le front du camp 168 mètres. Dans les batteries montées, les servants camperaient de chaque côté du parc, les conducteurs derrière.

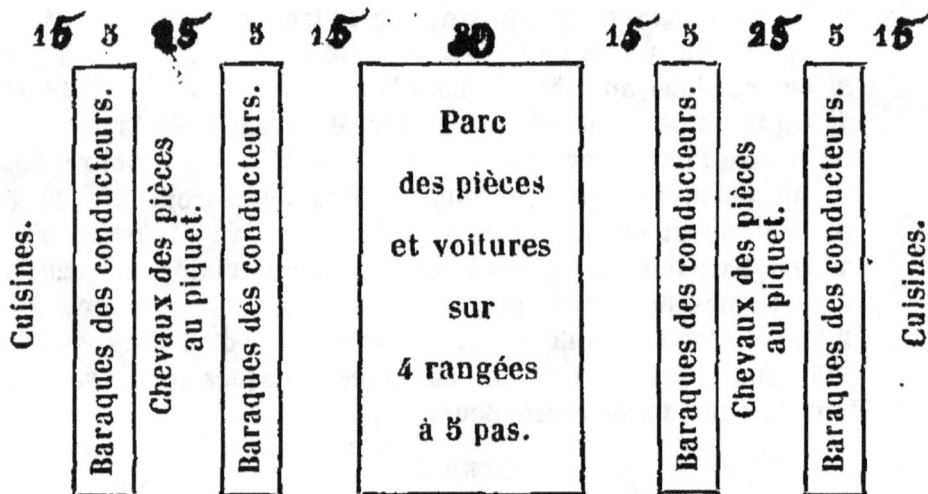

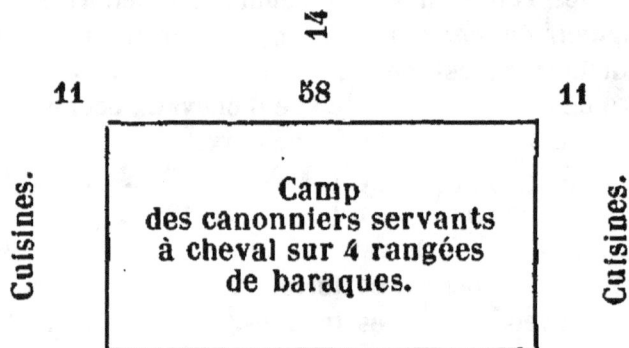

15 5 15 5 15 30 15 5 25 5 15

| Cuisines. | Baraques des conducteurs. | Chevaux des pièces au piquet. | Baraques des conducteurs. | Parc des pièces et voitures sur 4 rangées à 5 pas. | Baraques des conducteurs. | Chevaux des pièces au piquet. | Baraques des conducteurs. | Cuisines. |

14

11 58 11

| Cuisines. | Camp des canonniers servants à cheval sur 4 rangées de baraques. | Cuisines. |

12

Sous-officiers.

12

Officiers.

La profondeur dépend du nombre de chevaux présents.

Nota. Le pas d'artillerie est de 0,75 ; le pas de l'infanterie, 0,66 ; le pas de la cavalerie, 1 mètre.

295. Pour les autres considérations relatives au campement, on renverra au réglement de service en campagne, titre III, pag. 52 à 50.

296. *Bivacs.* Les bivacs sont des camps sans baraques. Le front de bandière y est égal au front de la troupe
en bataille. Un bivac consiste dans une ligne de faisceaux
d'armes pour l'infanterie, une ligne de feux, deux ou trois
rangs d'abris confectionnés à la hâte avec tout ce que
l'on a pu trouver (et si l'on a le temps d'en faire) ; et dans
une autre ligne de feux et un rang de baraques pour les
officiers. Les règles applicables aux camps le sont également aux bivacs ; les bivacs, seulement, ont moins de
profondeur que les camps.

C'est le général Hoche qui a introduit en France les bivacs des armées entières ; autrefois les grand'gardes seules
passaient la nuit en plein air. Cet usage, qui fut cause en
partie des succès des armées républicaines en les rendant
plus mobiles, fit abandonner l'usage des tentes à toutes les
armées de l'Europe. A ce sujet Napoléon a dit : «Les tentes
ne sont pas nécessaires, il vaut donc mieux que le soldat
bivaque, parce qu'il dort les pieds au feu, dont le voisinage sèche promptement le terrain sur lequel il se couche ;
quelques planches ou un peu de paille l'abritent du vent. Cependant la tente est nécessaire pour les chefs qui ont besoin
d'écrire et de consulter la carte ; il faut donc en donner
aux officiers supérieurs, et leur ordonner de ne jamais coucher dans une maison. Les tentes sont un objet d'observation pour l'état-major ennemi ; elles lui donnent des renseignements sur votre nombre et sur la position que vous
occupez. Mais une armée rangée sur deux ou trois lignes
de bivacs, ne laisse apercevoir de loin qu'une fumée que
l'ennemi confond avec les brouillards de l'atmosphère ; il
est impossible de compter le nombre des feux. »

297. En guerre, on cantonne autant que l'on peut, et si
le sort de l'armée peut être compromis on bivaque. Quand

on séjourne on campe ; car ce sont les camps qui retrempent l'esprit du soldat et le disciplinent. C'est dans les camps que les soldats apprennent à vaincre, tandis que les cantonnements les énervent. Témoins les camps romains ; témoins ce camps de Postdam qui formèrent l'armée avec laquelle Frédéric tint tête à l'Autriche et à la France réunies ; témoins les camps de Boulogne et de la Passarge, qui donnèrent à l'empire les soldats d'Austerlitz et de Friedland.

298. *Emplacements des camps et bivacs.* L'art d'asseoir un camp sur une position, a-t-on dit, n'est autre chose que prendre une ligne de bataille sur une position. Il ne s'ensuit pas de là que les camps et bivacs se trouvent précisément sur l'emplacement même où les diverses lignes doivent combattre. Non, car il en résulterait de grands désavantages. Les trous des cuisines, des latrines, etc., causent mille petits obstacles aux mouvements des troupes et nuisent aux manœuvres. Il suffit que la ligne de bataille soit en avant et à portée de ces camps. D'un autre côté, on ne trouverait pas toujours sur toute l'étendue de la ligne de bataille des emplacements convenables pour faire bivaquer les troupes, surtout la cavalerie et l'artillerie. Ne les placez jamais dans un lieu bas et humide, mais autant que possible dans un endroit sec, à portée d'un village pour profiter de ses ressources ; d'un ruisseau, pour que les chevaux puissent s'abreuver ; d'une forêt où l'on puisse couper des piquets, des branchages, du bois pour les feux ; enfin, pendant l'été, près des champs couverts de moissons auxquels, à défaut de fourrage, on emprunte la nourriture des chevaux. Il est bien entendu cependant que la raison militaire doit toujours dominer, et que jamais on ne doit sacrifier le bien-être au salut de l'armée. Il faut seulement se garder du méthodisme méticuleux de ces gens qui croient

tout perdu quand ils n'ont pas un camp de toutes pièces, d'une uniformité parfaite, et sont esclaves, non de l'esprit, mais de la lettre du règlement.

299. *Tracer le camp.* On emploie par régiment deux cordeaux : l'un dit de *front*, l'autre de *perpendiculaire ;* ils sont divisés en mètres. Le cordeau de front se place au front de bandière. On calcule, comme on l'a indiqué plus haut, le front et la largeur des grandes rues, et on marque les divisions le long du cordeau au moyen de petits piquets enfoncés en terre. A la droite et à la gauche on place deux fanions. Aussitôt que la droite et la gauche de chaque bataillon et les piquets des rues sont déterminés, on trace la profondeur du camp au moyen du cordeau de *perpendiculaire.* Les détails relatifs à ce tracé sont indiqués dans les règlements.

AVANT-POSTES.

300. Lorsque l'armée est établie dans ses camps, bivacs ou cantonnements, elle doit se garder et établir ses *avant-postes.* Plus une armée est ramassée, plus il est facile de la garder ; un camp est donc plus facile à garder que les cantonnements. Tout le service relatif à cette partie importante de la petite guerre a été admirablement traité dans notre réglement de service en campagne. On peut dire avec Rocquancourt que ce règlement est tellement satisfaisant qu'on ne peut que le résumer par quelques aphorismes :

1.º Les avant-postes consistent dans une chaîne quadruple de postes d'observations, savoir : 1.º *postes d'appui;* 2.º *grand'-gardes;* 3.º *postes avancés;* 4.º *vedettes et sentinelles.*

2.º La nature du terrain détermine la forme, le placement, la distance de ces lignes entre elles. Entre le corps principal et les postes les plus avancés, s'il y a une avant-garde particulière, la distance est généralement fixée à trois ou quatre lieues. Lorsque l'armée n'a pas d'avant-garde, la distance est d'une lieue.

3.º Les avant-postes débordent la ligne occupée par l'armée et gardent toutes les avenues. On appuye et on couvre autant que possible les lignes d'avant-postes par des obstacles naturels.

4.º Les grand'gardes ou premiers postes sont ordinairement sous les ordres d'un capitaine et fortes d'une compagnie; ces grand'gardes profitent de tous les plis de terrain pour bien s'établir, des broussailles, des digues, etc. Elles détachent en avant et sur leurs flancs, à deux cents pas environ, des postes avancés dont la force ne doit jamais aller au-delà du 1/3 de celle de la grand'garde. Ces postes détachent à leur tour des vedettes ou sentinelles pour former la chaîne extérieure à raison de une par 4 à 5 hommes.

5.º Distance *maximum* entre les vedettes : pour l'infanterie 300 pas, pour la cavalerie 1200. Les communications entre les postes doivent être surveillées par de fréquentes patrouilles.

6.º Les grand'gardes ne doivent pas être séparées des postes avancés par des obstacles provenant du terrain.

7.º Les postes d'appui, plus concentriques, sont destinés à rallier les grand'gardes, à présenter à l'ennemi une résistance plus solide. On les compose des trois armes, et leur force dépend de la nature du terrain. Ils occupent les principaux débouchés de l'ennemi, les embranchements des routes, les localités qui offrent quelque moyen de résistance.

8.º Le commandant de l'avant-garde prend position au centre des postes d'appui.

(Ce qui suit est de Rocquancourt.)

9.º Les avant-postes étant plutôt destinés à avertir qu'à

combattre, doivent surtout s'attacher à bien découvrir ce qui se passe autour d'eux, sans se mettre eux-mêmes en vue.

10.° Il faut éviter : 1.° de les établir dans les villages mêmes, on y a trop de peine à empêcher le soldat de s'écarter ; 2.° de les placer dans le voisinage d'obstacles assez rapprochés pour couvrir une surprise.

11.° Il est préférable de les établir sur le côté d'une route que sur la route même, surtout la nuit.

12.° Il faut que les diverses chaînes de sentinelles, de postes et de grand'gardes forment un réseau qui embrasse tout et voie tout, tant intérieurement qu'extérieurement.

13.° Il faut se ménager une libre communication, des sentinelles aux petits postes, de ceux-ci aux grand'gardes, de celles-là au corps principal.

14.° Il faut recourir à toutes sortes d'expédients pour couvrir les sentinelles et les vedettes.

15.° C'est moins du nombre que du bon emplacement des postes qu'il faut attendre le salut de l'armée ; il n'en faut établir que le nombre rigoureusement nécessaire, car ce genre de service, surtout pendant les longues nuits et la mauvaise saison, fatigue excessivement les hommes et les chevaux.

16.° Il est bon de placer deux sentinelles ou vedettes sur le même point. Les vedettes qui sont sur une route doivent toujours rester immobiles ; mais si elles sont deux, l'une d'elles peut explorer le terrain environnant.

17.° Une vedette a sur une sentinelle le double avantage de découvrir plus loin, de porter plus vite un avis, et de se dérober plus facilement au danger.

18.° De jour, les vedettes se placent sur les hauteurs ; de nuit, un peu en arrière sur leurs pentes. Elles sont ainsi moins faciles à enlever, et découvrent mieux ce qui paraît sur les sommités, les objets s'y dessinant sur le ciel. Elles doivent tenir rabattu le collet de leurs manteaux, afin de mieux entendre.

19.° De nuit, les précautions doivent être plus resserrées et multipliées. C'est principalement une heure avant le jour, qu'il faut redoubler de surveillance, car l'ennemi peut avoir mis la nuit à profit pour s'approcher à ce moment; les grand'-gardes d'infanterie doivent prendre les armes, celles de cavalerie monter à cheval.

501. Le commandant supérieur décide seul du degré de résistance qu'il faut opposer à l'ennemi, quelle que soit sa force. Car il est des cas où il est urgent de gagner du temps, soit pour cacher un mouvement offensif ou un mouvement de retraite. C'est aux postes d'appui que la résistance se prolonge; les vedettes rejoignent les petits postes, les petits postes les grand'gardes, et tous viennent unir leurs efforts à ceux des postes d'appui.

502. Il est bon de ne jamais laisser pendant la nuit les petits postes et leurs vedettes à l'emplacement qu'ils ont occupé le jour. L'ennemi, qui a reconnu leur position, pourrait les enlever.

Un poste attaqué ne doit jamais, autant que faire se peut, se retirer directement sur la grand'garde; il se retire obliquement, prenant le flanc de l'ennemi. Il en est de même de la vedette. Elle rejoint le petit poste par un détour, pour ne point dénoncer son emplacement.

503. Un chef de poste ne doit dormir ni jour ni nuit. Sa surveillance doit être incessante. Le jour, quand il n'y a pas de brouillard, la moitié du poste se repose. Les avant-postes doivent garder un silence parfait, ne pas allumer de feu et se garder, s'ils ne sont entièrement à couvert, d'élever des abris qui dénoteraient leur présence.

Le chef de poste envoie trois rapports dans les vingt-quatre heures ; le matin, à midi et le soir. Il visite fréquemment ses postes, rectifie leur emplacement, et cherche à acquérir sur le terrain qu'il occupe tous les renseignements possibles.

OCCUPATION ET DÉFENSE DES POSTES MILITAIRES.

304. Quand une armée a pris position et a résolu d'y résister, elle ajoute encore par des travaux d'art à la force du terrain qu'elle a choisi. On en agit de même à l'égard des postes dont la conservation importe au succès des opérations. On va réunir dans ce paragraphe les données nécessaires à la défense des postes, et les principes de fortification passagère qui s'y rapportent.

305. *Considérations générales.* Une armée qui occupe militairement un pays, soit qu'elle agisse offensivement ou défensivement, soit qu'elle se trouve en cantonnements ou en quartiers d'hiver, prend possession des villages, hameaux, châteaux, fermes, etc., qui sont à portée de son front, de ses flancs, ainsi que de ses communications.

Ces différents points, occupés par des détachements de troupes, portent le nom de *postes militaires*, et peuvent former entr'eux un système défensif, ou se trouver isolés et abandonnés à eux-mêmes.

Les avantages que l'occupation de ces points présente, sont :

1.º De produire un effet moral et physique sur les défenseurs comme sur les attaquants ;

2.º D'abriter les défenseurs en moindre nombre et surtout l'artillerie, tout en fixant d'une manière plus précise l'attention du soldat, et augmentant la confiance réciproque des chefs et des troupes sous leurs ordres ;

3.º D'arrêter l'impétuosité de l'ennemi, en usant considérablement ses forces, en l'obligeant à perdre du monde et à se mettre en un certain désordre, avant que de pouvoir attaquer l'armée qu'ils couvrent ;

4.º De gêner l'ennemi dans ses mouvements, en le resserrant dans ses positions ;

5.º De défendre un passage essentiel avec peu de monde ;

6.º D'appuyer d'autres dispositions tactiques, connues par le général en chef.

Des travaux d'art venant renforcer l'action des troupes, il est facile de sentir, que chacun de ces postes pourra tenir en échec des forces ennemies considérables, coûter à l'adversaire le sacrifice de beaucoup de monde, et celui d'un temps quelquefois très-précieux.

Tout officier d'infanterie devrait donc posséder sur les éléments de la fortification de campagne des notions suffisantes, pour pouvoir mettre promptement en état de défense un village, un hameau, une ferme, etc. Cette importante considération m'a engagé à donner ici un léger aperçu des préparatifs qui tiennent à l'art, pour passer ensuite aux moyens tactiques d'attaque et de défense.

306. *Règles générales pour la défense.* Les dispositions défensives dont il convient d'entourer les postes militaires, doivent avoir pour objet d'éviter le combat corps à corps, et de ménager des prises sur l'ennemi par les armes de jet.

Si le poste est protégé en arrière, on pourra se passer de le retrancher à la gorge ; s'il était isolé et sans protection immédiate, on devra le placer par l'art en état de se suffire à lui-même, et de résister aux attaques sur tout son développement, tout en réunissant dans son intérieur et en suffisante quantité des magasins de vivres et de munitions de guerre, ainsi que des logements pour les défenseurs.

Les règles générales que l'on peut donner là-dessus, variables avec les localités, se réduisent aux suivantes :

1.º L'enceinte à défendre ne doit pas être en disproportion avec le nombre d'hommes dont on dispose ;

2.º On doit toujours pouvoir compter sur un réduit central, sous la protection duquel on puisse se retirer ;

3.º Connaître parfaitement dans le développement de cette enceinte les parties plus ou moins vulnérables, et celles qui ne le sont point ;

4.º Se rendre compte des dispositions offensives probables de l'ennemi et des ressources locales qui peuvent le favoriser, pour régler là-dessus les dispositions défensives ;

5.º Inutile et même dangereux de garnir de troupes les points reconnus inaccessibles;

6.º Les communications doivent être mises en bon état, et les débouchés qui sont conservés, garnis d'une force convenable.

307. *Occupation d'un village.* Cela posé, s'il s'agit d'occuper militairement un village, les premières opérations de l'officier qui en sera chargé, doivent être de barricader les avenues principales, en ne conservant que de petites issues dérobées, faciles à défendre, par lesquelles sortiront les rondes allant placer les vedettes.

Ce même officier placera les gardes et les avant-postes, fera dégrader les chemins par lesquels l'ennemi peut s'approcher, démolir ou brûler les maisons détachées qui pourraient cacher ses opérations, et abattre les arbres et les haies qui gêneraient la défense.

On établira les pièces d'artillerie, s'il y en a, contre les avenues les plus favorables à l'ennemi, et on mettra en réquisition tous les travailleurs et outils que l'on pourra trouver, pour les employer à la construction des différents ouvrages.

Une reconnaissance détaillée des environs placera l'officier en état d'arrêter le plan général de ces dispositions, à l'exécution desquelles il destinera les ouvriers et soldats dont il peut disposer.

Il s'occupera ensuite à chercher dans le village l'emplacement le plus convenable pour servir de réduit, en projetant les travaux d'art convenables à ce but, et préférant la localité qui présenterait une première enceinte extérieure, avec un point de sûreté intérieure.

Lorsque le village n'offre aucun bâtiment qui puisse servir de réduit, on se trouve obligé de le construire de toutes pièces, dans une position avantageuse et à l'extérieur, en le réunissant au village par des dispositions défensives.

L'officier, après avoir tracé le polygone extérieur le plus convenable aux localités, au temps et aux moyens dont il peut disposer, fixe, sur les différents angles qui le composent, la position et les dimensions des redans et bastions avec flanquement réciproque, en donnant à ces ouvrages un relief suffisant pour découvrir le terrain extérieur, et adoptant pour courtines des haies ou des lignes de maisons crénelées.

Si les maisons du village sont en bois, ce poste ne saurait offrir qu'une résistance momentanée pour les tirailleurs. Le feu le rendrait bientôt inhabitable.

Si le village est trop vaste, on peut n'en fortifier que la portion la plus convenable, en utilisant les maisons les plus solides que l'on y rencontre, de manière à former une espèce d'enceinte flanquée.

Si les maisons sont couvertes de chaume, on en abattra les toits, pour se procurer une défense très-efficace par-dessus le dernier plancher.

En dernière analyse, il n'y a que les villages, construits en pierres, dont les maisons se groupent, et dont les jardins seraient entourés de haies vives ou de murailles, qui puissent convenir au but dont il s'agit.

Dans ce cas, les maisons extérieures sont crénelées, les murs et les haies arasés à une hauteur telle que l'on puisse faire feu par-dessus. Les haies sont en outre plaquées intérieurement de terre, pour les mettre à l'épreuve de la mousqueterie, et des fossés sont creusés extérieurement pour présenter à l'ennemi un obstacle de plus. Souvent, lorsqu'un ruisseau traverse le village, des inondations artificielles peuvent placer une portion de l'enceinte hors d'insulte.

Des abatis, espèce de retranchements faits avec des arbres qu'on aura coupés, seront encore, dans un pays boisé, le moyen le plus simple et le plus expéditif, pour mettre promptement un poste militaire en état de défense.

Le réduit que l'on choisit pour la position générale, étant presque toujours une église avec son cimetière, les travaux à y exécuter se réduisent à boucher les portes et les fenêtres basses, à ne laisser qu'une seule issue libre, à créneler les murs et à suppléer au défaut de flanquement par des tambours. Si la porte qui a été conservée ne se trouve point défendue, c'est par le moyen de mâchicoulis qu'on y suppléera.

Si on craint que l'ennemi puisse enfoncer de loin la porte de l'église, on la blindera avec des poutres inclinées, contre lesquelles on plaquera de la terre bien battue ou du fumier, en y donnant une épaisseur suffisante.

308. *Éléments de la défense des postes.* Les éléments qui entrent dans l'organisation matérielle de la défense des postes de guerre, consistent donc :

1.º Dans toute espèce d'obstacles employés dans la composition des retranchements de campagne, c'est-à-dire, parapets en terre, fossés, palissades, palanques, troncs d'arbres, abatis, chevaux de frise, barrières, puits militaires, bâtardeaux, écluses, digues, etc. ;

2.º Dans les murailles et les haies appropriées à la mousqueterie, dans les tambours en charpente, les barricades et mâchicoulis. (RACCHIA, *lieut.-col.*)

309. *Défense d'une maison.* S'il s'agissait de se défendre dans une maison, on commencerait par en fermer les fenêtres et les portes, à l'exception de celle qui serait par sa situation la mieux garantie ; on doublerait les contrevents avec des madriers à l'épreuve de la mousqueterie, et l'on barricaderait soigneusement les portes avec toute sorte de gros meubles entassés. Les principes généraux de la défense sont :

1.º Fermer toutes les ouvertures, excepté les communications;

2.º Disposer les murs de manière à donner les feux directs les plus efficaces ;

3.º Chercher à procurer des feux de flancs ;

4.º Éloigner l'ennemi du pied des murs, pour qu'il ne bouche pas les créneaux et qu'il ne puisse saper ;

5.º Faire les dispositions pour résister même après que l'ennemi aura pénétré dans l'intérieur, et aussi pour se mettre à l'abri de l'incendie.

Si l'ennemi a de l'artillerie, on doit lui opposer des masses couvrantes en terre tout autour de la maison, ce qui ferait de celle-ci un véritable réduit.

L'ennemi pouvant essayer de saper les murs ou de mettre le feu à la maison, on se garantit de la première tentative par la formation d'un fossé extérieur, par une tranchée intérieure, par des créneaux à fleur de terre, ou bien encore par des mâchicoulis en saillie : on prévient la seconde, en démolissant la charpente du toit dont les bois seront utiles pour les dispositions intérieures, et en tenant une quantité d'eau prête.

On rendra la défense beaucoup plus active, en construisant

plusieurs rangs de créneaux, évasés du dehors au dedans, et susceptibles, par la direction des lignes de tir, de porter des feux sur tous les points importants.

On fera un créneau par 1 mètre ou $1^m,30$ au rez-de-chaussée, par $2^m,00$ un second étage, un par $2^m,60$ aux étages supérieures. Ces proportions servent à faire connaître le nombre d'hommes nécessaires à la défense d'une maison, en y joignant une réserve.

310. S'il y a un fossé devant la maison, on peut mettre les créneaux du rez-de-chaussée à $1^m,80$. On peut aussi, quand on ne creuse pas de fossé, les établir à $2^m,50$ au-dessus du sol, et faire une banquette intérieure avec des tonneaux ou tréteaux recouverts de planches. Dans ce dernier cas, on peut établir un second rang de créneaux à $0^m,30$ du sol ; ces créneaux serviront à tirer de bas en haut, on les placera dans les intervalles des autres créneaux, il faut creuser vis-à-vis chacun d'eux un petit fossé de $0^m,60$ de profondeur, pour que le soldat puisse faire feu facilement. Cependant il est bon de ne faire ces créneaux inférieurs, que quand le sol extérieur est plus bas que le sol intérieur, soit naturellement, soit au moyen d'un fossé. Dans ce cas, cette défense peut s'appliquer à un mur ou à une palanque.

Si l'on conserve le toit du grenier, il faut fermer les lucarnes en madriers, créneler et percer des créneaux dans les toits pour tirer sur ceux qui seraient dans des lieux élevés ; mais il est prudent d'enlever le toit, de mettre en réserve les matériaux qui peuvent servir à la défense et de recouvrir de fumier le plancher du premier étage.

311. Il faut disposer les créneaux de façon à bien voir les angles du bâtiment et les portes, profiter du flanquement et y suppléer par des tambours en avant de la porte de communication. Sur le milieu des côtés de la maison, et aux angles, il sera bon de poser des palanques ou tambours pour couvrir les portes, et de donner des feux de flanc en avant de la maison.

Si la disposition des murs ne fournit point de flanquement, c'est en construisant des tambours extérieurement, que l'on pourra suppléer à ce défaut.

Si la porte d'entrée conduit à une espèce de vestibule, il faut en créneler les murs, faire devant la porte d'entrée et devant les portes qui conduisent du vestibule dans l'intérieur, des fossés de 1ᵐ,6 de largeur et de 1ᵐ,00 de profondeur, qu'on passe sur des planchers avant l'attaque.

Au premier étage faire des trous dans les planchers, afin de fusiller l'ennemi parvenu dans la première pièce. Défendre de même les autres pièces, et en conserver une comme dépôt des vivres et munitions, et communiquant avec le premier étage par une échelle, car l'escalier doit être détruit, lorsque l'ennemi est au rez-de-chaussée. Il faut isoler les fenêtres de l'appui en enlevant le plancher sur une largeur de 1ᵐ,60 et une longueur égale à la largeur de la fenêtre, plus 0ᵐ,60 de chaque côté ; on y communique par de madriers qu'on ôte au moment de l'escalade. Il faut avoir dans les derniers étages des baquets pleins d'eau, y entasser les poutres provenant des démolitions pour les rouler sur l'ennemi.

Une bonne précaution à prendre pour ne pas être écrasés sous les décombres, quand l'ennemi a du canon, c'est de détruire les poutres. Si l'on a une pièce de canon, on la place de la manière la plus avantageuse derrière une porte ou à une fenêtre barricadée, et percée d'une embrasure de 1ᵐ,60 de hauteur et de 0ᵐ,33 de largeur avec portière ; si elle est placée au premier étage, étançonnez fortement les pièces de bois sur lesquelles elle est placée ; quelquefois on la met dans le tambour ou la palanque environnante. (Aide-Mémoire.)

312. *Défense intérieure d'une maison.* Enfin on organise un réduit dans la pièce la plus convenable, servant de dépôt de vivres munitions, vers laquelle on se retirera, en abandonnant successivement un étage après l'autre, une chambre après avoir défendu celle qui la précède, et enlevé les escaliers. Les portes de ce réduit seront barricadées, renforcées et assurées en se servant de matériaux provenant de la démolition des planchers ou de la voûte de la chambre d'accès. On percera en outre son plancher pour plonger l'ennemi.

C'est par l'emploi de ces divers travaux que l'escalade est rendue presqu'impossible, et que la résistance des postes peut souvent contrebalancer, pour un temps assez long, les efforts de l'ennemi.

313. *Des blockhaus.* Le blockhaus est le meilleur retranchement dans les pays de montagnes, par la triple raison qu'on trouve sur les lieux tous les matériaux nécessaires à sa construction; que l'ennemi ne peut qu'avec bien des difficultés employer le canon, et qu'étant très-rare de se trouver sur un terrain non dominé, un semblable ouvrage, couvert, est sans contredit celui qui présente les plus grands avantages.

On préviendra le cas d'incendie, en creusant tout autour un fossé à grand talus. Les terres qui proviendront de l'excavation seront employées contre les parois extérieures du blockhaus, jusqu'à la hauteur des créneaux, à terrasser le plancher supérieur, et à former au dehors un petit glacis. On donne accès à cet ouvrage par un petit pont, supporté en son milieu par un chevalet. L'enceinte du blockhaus, pour résister au canon, doit être formée d'une double rangée de pieux jointifs, dont on remplit les vides avec de la terre bien damée jusqu'à la hauteur des créneaux. Cette muraille de bois peut avoir près d'un mètre d'épaisseur. On tire souvent parti de la terrasse des grands blockhaus, pour en faire une plate-forme.

314. *Dispositions tactiques.* Les dispositions tactiques concernant l'occupation et la défense des postes militaires, sont basées sur les principes suivants :

1.º Qu'une défense, pour être efficace, doit compter sur l'usage de la baïonnette de près, plus que sur le feu de loin ;

2.º Que les troupes doivent être en général partagées en trois parties, dont la première serait chargée de la sûreté journalière ; la deuxième au bivac, derrière les points les plus importants, ou dans une position aussi centrale que possible ; la troisième au repos, destinée à joindre, en cas de nécessité, ses efforts à ceux des deux premières ;

3.º Que l'infanterie, propre à tous les terrains, forme toujours leur véritable défense ;

4.º Que l'artillerie, s'il y en a, occupe les points d'où elle puisse produire le *maximum* d'effet ;

5.º Que le réduit central, préparé d'avance dans un emplacement convenable, est fait pour rassurer le moral des défenseurs dans le moment critique, où, s'ils sont forcés d'abandonner la principale défense et de céder au nombre, une honorable capitulation, sous cette dernière protection, ne saurait leur être refusée par le parti victorieux. (RACCHIA , *lieut.-col.*)

FORTIFICATION PASSAGÈRE.

TRACÉ. — *Retranchements simples.* (1)

315. *Redan.* Deux faces; ouvert à la gorge; pour couvrir les barrières, issues, grand'gardes, petits postes d'observation, ordinairement peu de capacité, et faible profil. (Pl. I, fig. 5 et 6.)

316. *Lunette.* Deux faces de 30 à 60 mètres et deux flancs de 12 à 15 mètres; ouverte à la gorge; pour couvrir les ponts, défilés, digues; d'un profil plus fort que celui du redan; comme lui, ne pouvant être employée isolément sans que la gorge soit défendue. (Pl. I, fig. 7.)

317. *Redoute.* Sa forme ordinaire est celle d'un carré. Ses défauts sont d'avoir des fossés sans défense, et d'avoir au saillant un secteur privé de feu. On évite les angles morts au saillant par des crémaillères ; mais elles ont l'inconvénient d'augmenter la masse du parapet, d'être d'une construction minutieuse, de relever la crête intérieure en·prolongeant le plan de la plongée, ce qui rend le tir difficile, et de découvrir les défenseurs en obligeant de relever la banquette. Les crémaillères sont mauvaises surtout, lorsque l'angle saillant est aigu. (Pl. I, fig. 8.)

Les côtés varient entre 15 et 40 mètres, d'après la force du détachement destiné à la défense.

Les détachements n'excèdent pas ordinairement 500 hommes, et sont au moins de 52 hommes.

Soit x le côté de la redoute, y le nombre de défenseurs, r la réserve sur le terre-plein, n le nombre de rangs sur la banquette, p le nombre de bouches à feu, s l'espace nécessaire pour placer ce qui est relatif à l'artillerie ; 5 le nombre de mètres carrés occupés par une pièce de canon.

---

(1) On a réuni dans cet article les données des Aides-Mémoire de France et de Belgique et de l'Agenda de l'Officier d'état-major; on ne pouvait présenter un meilleur résumé. Rien ici n'appartient à la rédaction du Manuel.

Le *minimum* de la capacité intérieure d'une redoute sera donné par $(x-8)^2 = \frac{3}{2}y+s$. On suppose 4 mètres jusqu'au pied du talus, et un homme est supposé occuper 2/3 d'un mètre carré.

Le *maximum* par $4x = \frac{y-r}{n} + 5p$.

Un homme occupe sur la banquette 1^m courant; un homme occupe au bivac 2/3^m carré; une pièce de campagne en batterie occupe sur la crête 5 à 6 mètres; une pièce avec son caisson, avant-train, etc., occupe de 36 à 40 mètres carrés. Il faut un magasin à poudre pour 3 à 4 bouches à feu; il occupe 12 à 15 mètres carrés.

318. *Forts étoilés.* Ils ne doivent s'employer que pour des polygones de huit côtés au moins, ces côtés ayant de 30 à 60 mètres de longueur, autrement le flanquement est illusoire, ou il résulte du tracé une diminution trop considérable de surface intérieure. (Pl. I, fig. 9, 10, 11 et 12.)

319. Le tracé bastionné est le meilleur, il s'applique aisément aux triangles; on l'emploie avantageusement pour fortifier un carré ou un pentagone. En fortification passagère, on ne s'occupe guère de polygones d'un plus grand nombre de côtés.

320. *Dimensions ordinaires d'un front bastionné.* Côté extérieur, 150 à 250 mètres. Longueur des lignes de défense, 150 mètres au plus. Longueur de la perpendiculaire : pour le pentagone, 1/7 du côté extérieur; pour le carré, 1/8 du côté extérieur; pour les polygones supérieurs, 1/6 du côté extérieur. Longueur des faces, 2/7 du côté extérieur.

La longueur des flancs, qui doivent être perpendiculaires aux lignes de défense, est portée de 18 à 25 mètres.

La courtine en ligne droite est la meilleure. Sa longueur doit être de 60 à 80 mètres, afin qu'en supposant un parapet d'un relief de 3 mètres, une égale profondeur du fossé et une plongée de 1/5, le milieu du fossé de la courtine soit battu des deux flancs.

La courtine avec brisants extérieurs offre le double avantage de conserver les feux droits en avant de la courtine et d'en diriger vers les faces, mais elle laisse des angles morts.

La courtine avec brisure intérieure est la plus mauvaise, en ce qu'elle diminue la capacité de l'ouvrage, et qu'elle fait croiser les feux en avant de la courtine, qui est déjà la partie la plus forte du front. (Pl. I, fig. 13.)

LIGNES CONTINUES.

321. *Lignes à redans.* Distance entre les saillants, 240 mètres ; longueur des faces, 60 mètres ; courtines en ligne droite, entre les redans. Les saillants et les fossés des redans ne sont pas défendus ; le terrain en avant est dépourvu de feux.

322. *Lignes à tenailles.* La courtine est brisée de manière à former deux faces à peu près perpendiculaires aux faces des redans. Il n'y a plus aucune partie dégarnie de feu ; mais tous les saillants peuvent être attaqués en même temps. On corrigerait ce défaut en allongeant les faces des brisures, et en mettant dans les rentrants des redans qui porteraient l'artillerie.

323. *Lignes à crémaillère.* Les flancs doivent être tournés vers l'objet à défendre ; lorsque leur direction n'est pas déterminée, on l'alterne de trois en trois crans. Le saillant vers lequel les flancs sont tournés se trouve alors bien défendu, et, pour que l'autre point où les crémaillères se retournent ne reste pas dépourvu de tout feu de flancs, il convient d'y former un rentrant.

324. *Lignes bastionnées ordinaires et lignes bastionnées à doubles flancs.* Les unes et les autres laissent des angles morts dans les fossés. Les dernières ne présentent que la moitié des saillants à l'attaque ; mais elles exigent plus de développement et de profondeur de terran.

LIGNES A INTERVALLES.

325. Ces lignes sont composées, suivant le terrain et les circonstances, d'ouvrages détachés qui se flanquent réciproquement. A quelques centaines de pas et devant les intervalles des bataillons, une ligne de lunettes ou de redoutes, présentant leurs saillants en avant, assez grandes pour contenir chacune trois ou quatre cents hommes, avec quelques pièces d'artillerie ; derrière les intervalles de ces ouvrages, des batteries, couvertes par des redans, pour les flanquer ; entre les batteries et derrière les redoutes des épaulements, pour couvrir quelques escadrons ; le reste des troupes en arrière, prêt à agir suivant les circonstances.

En général, les lignes à intervalles doivent être préférées aux lignes continues.

Pour que les lignes puissent produire leur effet, il faut que les flancs de la position ne soient pas dans le cas d'être tournés, ou qu'ils soient fortifiés de manière que l'ennemi n'ait pas d'avantage à les attaquer plutôt que le front. (Pl. I. fig. 14.)

326. Le système suivant, proposé par le général Rogniat, réunit les propriétés des deux espèces de lignes, et peut être construit dans une nuit. Une suite de bastions destinés à recevoir de l'infanterie, avec profil réduit à 2 mètres de hauteur et 1ᵐ,60 d'épaisseur ; des courtines faites comme la tranchée, avec gradins pour être facilement franchies ; au milieu des courtines, des redans, dont le profil n'a que 0ᵐ,80 de hauteur, pour l'artillerie tirant à barbette. (Pl. II, fig. 1.)

RÈGLES GÉNÉRALES.

327. Les retranchements et leurs différentes parties se défendent mutuellement par des feux de flancs. Les flanquements à peu près à angle droit, jamais à angle aigu. Les lignes de défense n'excèdent pas 150 mètres, portée efficace du fusil. Les angles saillants plutôt obtus qu'aigus, jamais au-dessous de 60 degrés. Les retranchements disposés de manière à faciliter les sorties et les retours offensifs, soutenus par des troupes en arrière, ou contenant une réserve proportionnée à leur importance.

328. La surface intérieure, ou la capacité d'un ouvrage et son développement, se déterminent d'après les données suivantes. Un fantassin occupe 1 mètre sur la crête et 2/3 mètres carrés sur le terre-plein. Une pièce de campagne, 5 mètres sur la crête et 35 à 40 mètres carrés sur le terre-plein, avec son approvisionnement. Un magasin à poudre pour trois ou quatre pièces, 12 à 15 mètres carrés. Pour une bonne défense il faut deux rangs de fusiliers sur la banquette, le deuxième rang chargeant les armes pour le premier, avec une réserve d'une force égale, s'il est possible, ou au moins du cinquième.

329. Dans l'application au terrain , étudier le parti qu'on peut tirer des accidents qu'il présente. Le choisir de manière que les ouvrages n'aient pas besoin d'être défilés ou que le défilement soit facile. Ne compter pour la défense que sur les feux dont la direction est perpendiculaire à la crête intérieure , et ne s'incline pas de plus de 12 à 15 degrés au-dessous de l'horizon. Diriger les faces vers les parties basses , les marais , les inondations , ou vers des hauteurs hors de la portée du canon. En pays de montagnes, suivre la forme des crêtes, de manière à couvrir de feux toute la pente ; si la pente est rapide , et si le poste n'est pas d'une grande importance , supprimer le fossé , et donner au parapet la forme d'un glacis , en prenant les terres dans l'intérieur ; garder avec soin les gorges , les vallons , par lesquels l'ennemi pourrait tourner la position.

NOMENCLATURE D'UN PROFIL.

d. Crête intérieure. Elle ne peut avoir moins de $2^m,30$ à $2^m,50$ de commandement; il ne faut pas que ce commandement excède 4 mètres, à cause de la difficulté d'exécution. Le commandement de cette crête sur celle du glacis ou des ouvrages en avant, doit être au moins de $1^m,50$.

cd. Talus intérieur. 1 de base sur 3 de hauteur ; hauteur d'appui , 1^m30.

bc. Banquette. $1^m,20$ de largeur pour deux rangs; jamais elle ne doit dépasser $1^m,50$

ab. Talus de banquette. 2 de base sur 1 de hauteur; c'est au pied de ce talus que se place le troisième rang de défenseurs , afin de recharger les armes du deuxième rang et de remplacer les hommes hors de combat.

de. Plongée. Maximum d'inclinaison, 1/5; minimum, 1/10. Le plus ordinairement 1/6. Elle doit passer à 1 mètre au plus au-dessus du bord de la contrescarpe ou du glacis.

d'c'. Épaisseur du parapet. Elle dépend de la qualité des terres et de l'espèce de projectiles auxquels le parapet doit résister. Contre l'infanterie 1 mètre, contre l'artillerie 2 à 5 mètres.

ef. Talus extérieur ou naturel. Généralement 1 de base sur 1 de hauteur, ou 5 sur 4.

fg. Berme. Largeur, $0^m,30$ à $0^m,50$. Ne point en laisser si cela est possible, et recouper après la construction. Si le fossé est plein d'eau, berme de 1 mètre.

ghik. Fossé. Il doit fournir les terres nécessaires au parapet. Largeur, 4 mètres au moins ; profondeur, 2 mètres au moins et 4 mètres au plus. (Voyez plus loin, n.° 331.)

fh. Talus d'escarpe. Sa base est égale aux 2/3 de la base relative à un talus naturel de même hauteur.

ik. Talus de contrescarpe. Sa base est égale à la moitié de la base relative à un talus naturel de même hauteur.

kvm. Glacis. On le fait avec l'excédant de terre du déblai. La plongée ne doit pas passer à plus de 1 mètre au-dessus de sa crête i et de sa queue m. Si la plongée passe au-dessous de sa crête, la ligne di ne doit pas passer à plus de 1 mètre au-dessus de m.

330. Les dimensions des différentes parties du profil varient :

1.° Selon la qualité des terres qui doivent former l'ouvrage ;

2.° Selon la nature de l'attaque probable que l'ouvrage doit supporter ;

3.° Selon le degré de résistance qu'il doit opposer ;

4.° Selon son importance et sa durée présumée ;

5.° Enfin selon le temps et les moyens dont on peut disposer pour sa construction.

331. *Fossé.* H étant sa profondeur, l sa largeur supérieure, s la surface de son profil, on a :

	TERRES		
	Fortes.	Ordinaires.	Légères.
Talus d'escarpe	4/9 h.	2/5 h.	4/1 h.
Id. de contrescarpe.	1/3 h.	1/2 h.	5/4 h.
Somme des talus	7/9 h.	7/6 h.	7/4 h.
Foisonnement	1/8	1/8	1/10
l et h peuvent varier, l ne doit jamais être plus petit que.	$1,25\sqrt{s}$	$1,55\sqrt{s}$	$1,87\sqrt{s}$
h ne doit jamais être plus grand que. .	$1,60\sqrt{s}$	$1,54\sqrt{s}$	$1,07\sqrt{s}$

On fait ordinairement h égal à 2^m; 2,40 ; 3,00 ; 3,60 ; 4 mètres au plus.

332. TABLE *pour servir au tracé de quatre profils différents, dans les terres ordinaires.*

	M.	M.	M.	M.
Épaisseur du parapet	1,00	2,00	5,00	4,00
Hauteur de la crête intérieure. . .	2,00	2,50	2,50	5,00
Plongée à 1/6.	0,17	0,53	0,50	0,67
Banquette.	1,20	1,20	1,20	1,20
Surface du profil du parapet . . .	5,50	10,70	12,45	19,51
Foisonnement	0,69	1,54	1,55	2,41
Surface du profil du fossé. . . .	4,81	9,56	10,88	16,90
Profondeur du fossé.	2,00	2,40	2,40	5,00
Largeur supérieure	5,58	5,50	5,95	7,58
Largeur inférieure	1,23	2,50	5,15	5,88
Solidité du fossé par tranche de 2 mètres courants	9,62	18,72	21,76	55,80
Nombre de jours nécessaires pour exécuter l'ouvrage par corvée. .	2,1/2	4,5/4	5,1/2	8,1/2
Nombre d'hommes composant chaque file de travailleurs	5	4	4	5

Le glacis et l'élargissement du fossé nécessaire pour le construire, seront déterminés suivant les cas. Même observation à l'égard de la berme.

DÉFILEMENT.

333. Lorsqu'il existe des hauteurs dominantes dans un rayon de 1000 à 1200 mètres, il faut que la crête intérieure se trouve dans un plan qui laisse tout le terre-plein au-dessous de lui de 2 mètres, si l'ouvrage ne doit recevoir que des fantassins ; de 2^m,50, s'il doit recevoir aussi des hommes à cheval, et qui passe à 1^m,50 au-dessus des hauteurs dominantes : c'est le *plan de défilement*.

On établit d'abord le *plan de site* parallèle au premier, tangent à la hauteur dominante, et ayant sa *charnière* sur la limite du terrain à défiler (la gorge d'une lunette ou un côté d'une redoute). La charnière, prolongée hors de l'ouvrage, doit laisser le terrain au-dessous d'elle, dans toute l'étendue du défilement, et dans l'intérieur de l'ouvrage être élevée au moins de 0^m,50 ou 1 mètre au-dessus du terre-plein. La charnière étant marquée par les têtes de deux piquets, on détermine, en visant, l'intersection du plan de site avec un jalon planté au saillant de l'ouvrage. En relevant ce point et la charnière de $1^m,50$, on a le plan de défilement.

Pour éviter un relief excessif, lorsque la hauteur du plan de site au saillant excède $2^m,50$, on rapproche la charnière du saillant; lorsque l'ouvrage est dominé par des hauteurs latérales, on prend deux ou plusieurs plans, ayant leur charnière sur la capitale, et on défile séparément chaque partie. On construit alors sur la charnière une traverse qui couvre le terre-plein en arrière, ou les banquettes, à 2 mètres de hauteur, contre les feux de revers.

CALCUL D'ÉGALITÉ DU DÉBLAI AU REMBLAI.

Soit R le remblai, S le profil du parapet, L le développement de sa crête intérieure, on aura $R = SL$.

Soit D le volume du déblai, S' le profil du fossé, L' le développement de la ligne parcourue par son centre de gravité, on aura $D = S'L'$.

Soit $\dfrac{1}{m}$ le foisonnement, on aura :

$$R = D + \frac{D}{m} \quad \text{ou bien} \quad SL = S'L'\left(\frac{m+1}{m}\right)$$

Connaissant L, on a L'.

Soit $L' = L + \dfrac{L}{n} = L\left(\dfrac{n+1}{n}\right)$ on a donc :

$$SL = S'L\left(\frac{m+1}{m}\right)\left(\frac{n+1}{n}\right) \quad \text{d'où :}$$

$$S = S' \times \frac{mn}{(m+1)(n+1)}$$

Ce qui donne la surface du profil du fossé, surface qui, exprimée au moyen de la largeur et de la profondeur du fossé, est, en supposant sa largeur représentée par x; sa profondeur par y; par $P+Q$ le rapport des bases des talus d'escarpe et de contrescarpe à leur hauteur, on a :

$$S' = y\left(x + x - \left(\frac{P+Q}{2}\right)y\right) = y\left(x - \left(\frac{P+Q}{2}\right)y\right)$$

Égalant celle valeur à celle trouvée plus haut, on obtient :

$$y\left(x-\left(\frac{P+Q}{2}\right)y\right)=S\frac{mn}{(m+1)(n+1)}$$ équation qui donne les deux

dimensions du fossé.

En faisant L=L' et en ne tenant pas compte du foisonnement, on obtient :

$$S=y\left(x-\left(\frac{P+Q}{2}\right)y\right)$$ d'où l'on tire les deux formules :

$$x=\frac{S}{y}+\left(\frac{P+Q}{2}\right)\times y$$

$$y=\frac{x-\sqrt{x^2-2S(P+Q)}}{P+Q}$$

L'emploi de ces formules est d'ailleurs superflu en campagne.

EXÉCUTION.

334. On construit complètement sur le terrain et en tout relief les profils sur les angles de l'ouvrage, sur les extrémités, sur les sorties, au moyen de piquets liés entre eux par des cordeaux ; s'il est nécessaire, on établit des profils intermédiaires.

Lorsque dans un ouvrage défilé les crêtes homologues de deux faces contiguës ne sont pas dans le même plan, on les raccorde par un triangle ou un trapèze arbitraire.

Le talus intérieur est ordinairement revêtu en gazons, fascines, claies, etc.

Les profils sur les extrémités et sur les sorties sont obliques, suivant le talus naturel ou suivant le talus intérieur, et revêtu de même.

335. *Déblais des terres à la brouette.* La tâche d'un bon travailleur qui est à la fouille dans des terres de consistance médiocre, de la nature de celles qui sont dites terres à deux hommes dans les travaux du génie, est de 15 mètres cubes en 10 heures de travail, mesurés au déblai.

Un autre travailleur peut, dans un temps égal, charger à la pelle ces 15 mètres cubes dans des brouettes, des hottes ou des paniers.

La capacité moyenne des brouettes est de 0,030 mètres cubes. Un mètre cube suffit à en charger 33 ; 15 mètres cubes suffisent à en charger 500.

Un homme qui transporte des terres à la brouette peut parcourir en plaine, dans une journée de 10 heures de travail, 30,000 mètres, savoir 15,000 en allant chargé, et 15,000 en revenant à vide. On partage les distances parcourues à la brouette en relais de 30 mètres en plaine, et de 20 mètres en rampe. 15,000 mètres en plaine font 500 relais. Partant, la quantité de travail journalier du rouleur est représentée par $15 \times 30 = 450$.

336. *Déblais à la hotte ou au panier.* La capacité des paniers varie de 1/40 à 1/50 de mètre cube. Mais, en général, un homme peut en 10 heures transporter avec les paniers ou les hottes, 12 mètres cubes de terre à 30 mètres de distance. Partant, sa quantité de travail journalier est représentée par $12 \times 30 = 360$.

337. *Déblais à la pelle.* Un bon travailleur peut en une heure jeter à la pelle, à 4 mètres de distance horizontale, ou 2 mètres de distance verticale, un mètre cube de terres qui ont été piochées ou qui peuvent, de première main, être enlevées à la pelle. Partant, sa quantité de travail journalier sera représentée par $10 \times 4 = 40$.

NOTA. Les déblais, soit à la brouette, soit au panier, emploient à la fouille, pour charger, un homme de plus que ceux à la pelle.

338. *Travaux d'armée.* Dans les travaux d'armée où le transport des terres est effectué à la pelle par des hommes qui souvent ne sont pas payés ou n'ont pas de bons outils, on ne compte que 4 mètres cubes par file de travailleurs.

Les files sont espacées de 2 mètres à $1^m,50$ au moins.

On doit exiger par jour, de chaque file de travailleurs payés et effectuant le transport des terres à la pelle, 10 mètres cubes mesurés au déblai.

Lorsqu'on donne des brouettes ou des paniers aux travailleurs, on paie séparément la fouille des terres qui comprend la charge dans les brouettes ou les paniers et le roulage. Le prix de la fouille varie suivant la nature des terres. Le roulage se paie en raison du nombre de relais.

339. *Revêtements en gazons.* Les gazons ont les dimensions suivantes : longueur 0,32, largeur 0,32, épaisseur réduite 0,10.

Un atelier de trois hommes, pourvu des outils nécessaires, peut lever en une heure de travail 100 à 150 gazons.

Un autre atelier, d'un égal nombre d'hommes, à portée duquel sont les gazons, peut en une heure revêtir 3 mètres carrés de talus. Il faut 2 piquets de 0.20 de longueur par gazon.

340. *Revêtements en fascines.* Les fascines à revêtir ont 2 à 3 mètres de longueur et 0,22 de diamètre. On compte par fascine de 2 mètres, deux piquets de 0,65 à 0,80 de long et de 0,16 de tour.

Un atelier de six hommes, pourvus des outils nécessaires et travaillant dans une forêt de bois taillis, peut fournir par heure la quantité de branchages qui entrent dans la construction de vingt fascines, déchet compris, ou 150 piquets.

Cet atelier ayant ensuite disposé sur un terrain ferme, et autant que possible horizontal, deux bancs composés chacun de trois chevalets espacés de 0,65, doit livrer par heure dix fascines de 2 mètres de longueur et 22 centimètres de diamètre, reliées chacune de trois harts.

Une semblable fascine pèse environ 15 kilog., et le cent de piquets 40 kilog.

Un atelier de cinq hommes, dont un pour damer les terres, doit exécuter cinq mètres carrés de revêtement en fascines par heure.

341. *Revêtements en clayonnage.* Le clayonnage enveloppe des piquets qui ont 2 mètres de longueur et 0,04 de grosseur et qui sont espacés de 0,28. De 2 mètres en 2 mètres, il est retenu, au moyen de harts, par des piquets d'un mètre de longueur, enfoncés dans la masse couvrante. Un atelier de cinq hommes fait par heure 3 mètres carrés de clayonnage. Il y emploie 2 à 3 fascines.

342. *Dispositions intérieures.* L'*artillerie* ne se met que dans les ouvrages dont le profil est assez fort pour qu'ils ne soient pas emportés d'emblée; dans des positions où elle puisse agir le plus longtemps possible; souvent en arrière des ouvrages, couverte par des épaulements, où son approvisionnement et ses mouvements sont faciles. On construit pour les munitions des *petits magasins* sous une traverse, ou sous le parapet.

Dans les retranchements qui sont exposés à l'attaque d'une

artillerie nombreuse, il faut des *traverses*. On les construit de manière qu'elles gênent le moins possible les communications, avec un petit fossé en avant pour recevoir les obus, et une banquette en arrière pour qu'elles puissent servir de parapet.

Les ouvrages détachés et ouverts à la gorge, doivent être fermés par un fossé, par des palissades ou des chevaux de frise.

343. Dans les ouvrages fermés et les lignes continues, on établit sur les faces les moins exposées, dans les rentrants, sur le milieu des courtines, des *passages de sortie* ayant au moins 3 mètres de large, fermés par une barrière ou un cheval de frise, couverts par un redan en avant du fossé, ou par une traverse dans l'intérieur. On laisse une masse de terre dans le fossé pour servir de pont, ou bien, on en construit un avec des pièces de bois brut, qu'on brûle ou qu'on retire dans le cas d'une retraite.

Pour faciliter aux défenseurs le moyen de monter sur le parapet et de repousser l'assaut à l'arme blanche, on plante contre le talus intérieur de *forts piquets*, ayant la moitié de la hauteur du parapet, à 1 mètre de distance l'un de l'autre.

Les ouvrages de grande capacité et destinés à faire une résistance opiniâtre, doivent avoir des *réduits* disposés de manière à défendre les passages par lesquels l'ennemi pourrait pénétrer, construits en terre, palissades, corps d'arbre.

344. Les *blockhaus*, qui forment ordinairement des postes isolés, servent quelquefois de réduits capables d'une grande résistance. Leur forme, variable suivant l'objet et la position, présente ordinairement des angles droits, saillants et rentrants. Les parois formées d'un ou deux rangs de poutres jointives de $0^m,32$ d'équarrissage, et percées de créneaux ; la couverture de poutres semblables, chargées de terre, de fumier, 4 à 5 mètres de largeur intérieure, s'il n'y a que l'infanterie ; 8 mètres, s'il y a de l'artillerie ; dans le premier cas, on peut faire sur tout le pourtour un lit de camp qui sert de banquette ; dans le second, la largeur est un inconvénient, à cause de la portée des bois de la couverture. Hauteur intérieure 3 mètres, s'il y a un lit de camp ; $2^m,50$, s'il n'y en a pas. Quelquefois un fossé, un glacis, un intervalle de $1^m,30$ rempli de terre entre les deux rangs de poutres formant les parois, un parapet en terre élevé sur la couverture. (Voyez aussi n.° 313.) 12..

DÉFENSES ACCESSOIRES.

345. Elles ont pour objet de retarder les approches de l'ennemi, de l'arrêter sous le feu des ouvrages, de rendre l'assaut difficile et meurtrier.

346. *Palissades.* Bûches triangulaires, plantées verticalement ; 3 mètres à 3^m,60 de longueur, 0^m,15 à 0^m,18 de côté ; la partie supérieure taillée en pointe sur une longueur de 0^m,30 ; enterrées de 0^m,80 à 1 mètre ; laissant entre elles des intervalles de 0^m,08 à 0^m,10 ; un liteau intérieur de 0^m,05 sur 0^m,10 d'équarrissage, chevillé sur chaque palissade, à 1^m,30 de hauteur.

Un mètre cube de bois donne 20 à 25 palissades ; le meilleur provient des troncs de 0^m,36 de diamètre, qu'on fend en six. Deux charpentiers peuvent faire environ 10 palissades par heure ; 2 autres peuvent en planter et cheviller 12 à 15 mètres courants par jour. On compte de 8 à 9 palissades pour 2 mètres courants. Poids d'une palissade, de 30 à 40 kil.

Il faut que les palissades ne puissent pas être battues par le canon, ni servir d'abri à l'ennemi ; leur emplacement le plus convenable est dans le fossé au pied de la contrescarpe.

347. *Fraises.* Palissades couchées au haut de l'escarpe ; leurs pointes inclinées vers le fond du fossé, pour ne pas retenir les projectiles lancés à la main sur les assaillants ; enterrées de manière à conserver au moins 2 mètres de saillie ; chevillées sur deux lambourdes, l'une en dessous à leur entrée en terre, l'autre sur leur queue. On prépare le terrain, on les place, et ensuite on achève le parapet. Deux hommes en 8 heures posent 6 mètres courants de fraises.

348. *Éventail.* Pour raccorder une file de palissades avec des fraises ou avec un escarpement. Les palissades qui le forment doivent sortir du sol au moins de 2 mètres, pour que l'ennemi n'en puisse pas saisir le bout ; les pointes écartées au plus de 0^m,33. Il faut 12 palissades pour un éventail de 4 mètres de développement aux pointes. Trois hommes les posent en 8 heures.

349. *Palanques.* Se composent de grosses palissades, ou corps d'arbres jointifs de 0^m,20, ou plus, de diamètre. On fait un créneau de mètre en mètre, en entaillant deux pièces jointives, à 2 mètres au-dessus du sol, avec une banquette dans l'intérieur, ou à 1^m,30 avec un fossé en dehors.

Les palanques peuvent remplacer les parapets en terre contre la mousqueterie. Elles servent pour fermer la gorge des ouvrages, pour établir les communications des réduits. Il faut qu'elles soient flanquées, pour que l'ennemi ne puisse pas les pétarder. Deux hommes posent 4 mètres courants de palanques en 8 heures.

350. *Tambours*. Pour couvrir les portes, les communications entre les ouvrages. Se construisent en charpente, comme les palanques. Quelquefois couverts avec des pièces de 0^m,12 d'épaisseur, pour être à l'abri des grenades.

351. *Créneaux*.	Dans des bois de 0,15 à 0,20 d'épaisseur.	Dans des murs de 0,60 à 0,70 d'épaisseur.	Le fond incliné suivant les lieux. Quelquefois les créneaux sont obliques. Ils sont
	M.	M.	toujours élevés au moins de
Hauteur intérieure.	0,30	0.30	2 mètres au-dessus du sol ex-
Id. extérieure.	0,30	0,70	térieur, pour que l'ennemi
Largeur intérieure.	0,20	0,40	ne puise pas s'en servir.
Id. extérieure.	0,06	0,10	

352. *Abatis*. On les fait avec des arbres ou des branches de 0^m,15 de diamètre au moins ; on ôte les menus branchages et on aiguise tous les rameaux. Les arbres sont entrelacés, liés ensemble et arrêtés sur le sol avec des piquets crochus, les pointes en avant. Les abatis se placent ordinairement devant la contrescarpe, couverts contre le canon par un glacis, pour éviter les éclats de bois. Ils servent aussi pour renforcer les points faibles d'une position.

353. *Chevaux de frise*. Poutrelles de 0^m,15 à 0^m,20 de grosseur, équarries sur 4 ou 6 faces, percées alternativement de trous distants entre eux de 0^m,15, et traversés par des lances en bois de 3 mètres, ferrés aux deux bouts. Chaque poutrelle porte à l'une de ses extrémités un anneau, à l'autre un bout de chaîne avec un crochet. Ils sont principalement employés pour fermer les ouvertures et la gorge des ouvrages. Lorsqu'ils servent de barrière, une extrémité repose sur un pivot, l'autre sur une roue ou roulette.

354. *Barrières*. 2 Battants, 1 châssis dormant. Pour chaque battant : 1 cadre formé de 2 poteaux montants de 2 mètres

et 2 traverses horizontales ; 1 écharpe, des fuseaux ou liteaux. Pour le châssis dormant : 2 poteaux montants de 3 mètres ; 1 sous-seuil enterré, sur lequel les montants sont assemblés, 1 seuil. Pour fermeture : 1 fléau de fer tournant sur un boulon fixé à l'un des battants, arrêté par 2 crochets, avec un cadenas ou une serrure d'un côté. Les ferrures nécessaires. Les poteaux montants et les liteaux, taillés en pointe comme des palissades.

355. *Barricades.* Pour fermer les ouvertures, communications, passages des pièces de bois, disposées par lits, se croisant à angles droits et formant des caissons que l'on remplit de terre ; des voitures, enterrées jusqu'à l'essieu et chargées de terre, de pierres, etc.

356. *Petits piquets.* 0^m,50 à 0^m,60 de longueur ; plantés irrégulièrement à 0^m,30 de distance, dépassant inégalement le terrain de 0^m,20 à 0^m,30, aiguisés à leur partie supérieure. En avant de la contrescarpe ou dans le fossé.

357. *Chausse-trapes.* En fer, à 4 pointes de 0^m,10 de longueur, disposées de manière qu'il y en ait toujours une en l'air ; employées comme les petits piquets.

358. *Trous de loup.* Placés ordinairement en quinconce sur 3 rangées, à 3^m,20 de distance, de centre en centre. Diamètre supérieur 2 mètres, inférieur 0^m,80, profondeur 1^m,20 ; la terre relevée dans les intervalles ; un piquet aigu au centre. On les trace au moyen d'un triangle équilatéral en corde. En avant du fossé sur la capitale ; 6 ou 7 de chaque côté, dans chaque rangée.

359. *Inondations.* Il faut qu'elles aient au moins 1^m,60 de profondeur pour n'être pas guéables.

On donne aux digues 1^m,30 d'épaisseur au sommet, lorsqu'elles ne sont pas exposées au canon, de 4 à 6 mètres dans le cas contraire ; 0^m,30 d'élévation au-dessus des eaux tendues ; 2 de base sur 1 de hauteur au talus d'amont, 1 sur 1 à celui d'aval. On les construit comme les parapets ; les talus revêtus avec soin, ordinairement en gazons. On les commence par les deux extrémités. Arrivé au cours d'eau que l'on veut barrer, on le remplit de couches de fascines, entremêlées de gravier ou de gazon, et se croisant alternativement ; ou bien, on forme un barrage avec des pieux et des fascines, et l'on remplit de terre l'espace en aval du barrage. On forme un déversoir revêtu en bois, en fascines, en pierres sèches, pour l'écoulement du trop plein.

Un épi est une digue construite à la surface de l'eau, composée alternativement de couches de fascines de $0^m,50$ d'épaisseur, et de rangées de clayonnages de $0^m,30$ de hauteur, entre lesquelles on met de la terre ou du gravier. La digue s'enfonce à mesure que l'ouvrage avance. Elle prend le nom d'épi noyé, lorsque l'eau passe par-dessus. Il faut que l'épi soit bien enraciné dans les deux rives, pour que le courant ne le tourne pas par des affouillements. Cette construction est employée pour barrer un bras de rivière, pour servir de fondation à un retranchement, etc.

Les digues ou barrages doivent être sous le feu des retranchements, ou couverts par des redants, dont les approches soient défendues par le canon. En général, les inondations, marais, rivières, et tous les obstacles provenant des eaux, sont les meilleurs pour couvrir les flancs d'une position ou une partie de son front. Mais il faut que tous les passages guéables soient rendus impraticables; qu'il y ait toujours des postes d'observation, pour prévenir les surprises sur les points où elles pourraient paraître le moins à craindre.

DÉFENSE ET ACCÈS D'UN PONT.

360. *Divers moyens tirés des localités.* Si la route ou les routes qui conduisent au pont sont élevées ou bordées de larges fossés, souvent il suffit de faire en amont du pont un *fossé* de $2^m,00$ de largeur sur $2^m,00$ de profondeur, avec *parapet* pour la mousqueterie ou pour une pièce de campagne.

Si la chaussée est bordée de grands arbres, on fera des *abatis* en faisant tomber les arbres à droite et à gauche en travers, ou en les plaçant en long avec *un petit glacis* pour les masquer. On peut aussi, au lieu d'abatis, employer des *chevaux de frise*, qu'on place derrière un glacis, et qu'on maintient par de forts piquets.

Si les routes ne forment pas de chaussée, on peut employer les mêmes moyens; mais il faut se servir de ces obstacles en formant un retranchement jusqu'au bord de la rivière.

Souvent au débouché d'un pont , dans l'intervalle des chaussées, on trouve des maisons ou auberges ; on peut en tirer parti
pour la défense en les liant par des palissades, ou en les créne-
lant , en fermant les issues du rez-de-chaussée ou des murs par
des palissades , et en fermant les croisées du premier étage
par un double rang de madriers crénelés.

TÊTES DE PONTS.

361. Quand il n'existe aucun obstacle naturel en avant du
pont qu'on veut couvrir, ou lorsqu'on veut lui procurer une
défense plus grande que la précédente , on a recours aux têtes
de ponts ou aux tambours en palissades.

La forme des têtes de pont , leur étendue et leur profil varient
selon les localités, le nombre d'hommes qu'on veut y placer,
l'espèce d'armes avec lesquelles on doit être attaqué. Dans le
tracé, on doit avoir soin de bien battre les routes qui se dirigent sur ce pont.

Les conditions générales auxquelles doit satisfaire une tête de
pont , sont :

1.º Qu'une tête de pont puisse être défendue jusqu'à ce que
toutes les troupes aient passé la rivière ;

2.º Qu'elle couvre le pont des vues de l'artillerie ennemie ;

3.º Que ses ailes soient bien assurées et appuyées à la rivière ,
et même placées dans des rentrants , à moins qu'elles ne soient
flanquées par l'autre bord ou par des ilots ;

4.º Qu'elle soit défendue de la rive opposée , si la largeur de la
rivière le permet ;

5.º Qu'elle soit, pour cette raison , placée autant que possible
dans un rentrant ;

6.º Qu'elle soit disposée d'après le but qu'elle doit remplir;
par exemple , si elle doit protéger le passage d'une armée
entière , il faut qu'elle soit pourvue de grands intervalles bien
flanqués , afin que l'armée puisse au besoin passer par section
ou par peloton , et se développer à mesure qu'elle débouche.
La grandeur, la forme des têtes de ponts doivent conséquemment varier selon leur objet et le nombre de ponts.

Quand on n'a pas le temps de construire des ouvrages en
terre , on fait des tambours en pallissades ou en palanques;

même tracé, mais moins étendu. Leur développement doit être fait à raison d'un mètre courant par homme, et l'intérieur doit être assez vaste pour les manœuvres des pièces d'artillerie, et pour que les communications ne soient pas gênées. Les palissades ont 3^m,60 de long et 0^m,25 à 0^m,30 d'équarrissage, enfoncées de 1^m,30, banquette à 0^m,60 au-dessus du sol. Trois hommes apportent et posent 14 mètres courants de palissades par 10 heures, y compris le remblai. Toute tête de pont ou tambour doit avoir une barrière, qui doit être le plus possible soustraite au canon.

Les lunettes détachées ont un blockhaus à leur gorge, et une caponnière blindée ou casematée à feu de revers dans les fossés ; les lunettes extrêmes sont flanquées de la rive opposée.

Autant que possible, une tête de pont doit embrasser un espace assez grand pour que le pont soit couvert des batteries d'enfilade établies dans la direction des branches de la rivière. Si une hauteur isolée très-voisine domine le pont de manière qu'il soit difficile de le couvrir, il faut chercher à occuper cette hauteur par un ouvrage détaché.

Quelquefois, on fait des doubles têtes de ponts, ce sont des camps retranchés dont deux courtines se trouvent traversées par la rivière.

Pour prévenir les surprises, il est bon de fermer les deux gorges par une palanque ou une palissade sur les deux rives, ou bien de planter à l'entrée des courtines traversées une file de piquets, ou enfin d'y former une estrade, si la rivière n'est pas profonde et si elle ne présente qu'un faible obstacle.

Il est avantageux qu'il y ait des îles qui débordent les ouvrages des deux rives ; on établit alors à l'extrémité de ces îles, des batteries fermées ou des blockhaus à canons qui prennent de revers les attaquants.

Quand les îles sont grandes, on y construit quelquefois un réduit intérieur auquel les ponts des deux rives sont liés ainsi que leurs petits réduits en palanques. Un pareil ouvrage assure la possession des ponts et d'une moitié de la position quand l'autre moitié est forcée.

RECONNAISSANCES.

362. Il en est de ce chapitre comme de celui des avant-postes; le Règlement de service de campagne est si explicite sur les *reconnaissances*, que l'officier qui a médité ce règlement trouvera dans ses lectures peu de chose à ajouter à ce résumé lumineux et que tout militaire devrait savoir par cœur.

On a dit en commençant la première partie, que les reconnaissances pouvaient se diviser en deux sortes bien distinctes; que les unes étaient relatives au *pays*, et les autres à l'*ennemi*. On a développé dans la première partie tout ce qui a rapport aux reconnaissances de la première espèce; on a décrit les objets de la surface de la terre qui devaient attirer l'attention de l'officier. En paix, le levé du terrain n'offre aucune difficulté; en guerre, il faut lever sous les yeux de l'ennemi, sans les instruments de mathématiques qui rendent les levés faciles, et sous la protection des troupes de l'avant-garde. Les précautions à prendre en semblable occasion sont prévues par les § 110 et 111 du règlement de service en campagne. Mais souvent il est utile de connaître le terrain et la position occupée par l'ennemi à une distance hors du rayon d'action des troupes de l'avant-garde. Il faut aller au loin chercher ses renseignements; ce qui donne lieu aux reconnaissances *offensives*, et aux reconnaissances *secrètes*, les seules dont on s'occupe ici, attendu, comme on vient de le dire, que le Règlement de service de campagne ne laisse rien à ajouter à ce qu'il énonce sur les *patrouilles*, *rondes*, *découvertes*, et les *reconnaissances journalières*.

363. On ajoutera seulement le conseil suivant. Les reconnaissances journalières ne doivent jamais se faire avec une régularité dont l'ennemi profiterait. Ne faites jamais sortir vos reconnaissances à heure fixe, et une seule fois fois par jour; que tout soit irrégulier dans vos allures, et que votre surveillance occulte, à savoir celle que vous exercez par vos espions ou par les sentinelles perdues, ainsi qu'il a été dit aux avant-postes, ne soit jamais plus active que lorsque votre service de reconnaissance paraît se ralentir.

364. Avant de développer ce qui est relatif aux reconnaissances secrètes et offensives, il est bon de parler des autres

moyens dont on peut se servir pour recueillir des renseignements sur le pays et l'ennemi. Ces moyens sont les *cartes*, les
guides et *habitants* du pays, les *espions*, les *déserteurs* et les
prisonniers.

On empruntera au 4.ᵉ volume de Rocquancourt ce qu'il dit à
ce sujet, en y ajoutant quelques développements de De Brack.

365. *Cartes.* Elles sont un objet de première nécessité pour
les officiers généraux, pour les officiers d'état-major et pour
ceux de troupes légères. Quiconque veut faire la guerre ou
seulement suivre les opérations avec fruit et intelligence, doit
être pourvu de cartes.

Les unes, dites *générales*, n'indiquant que les principaux
points et les principales circonstances locales, ne peuvent
suffire pour les opérations journalières; mais elles sont utiles
pour saisir l'ensemble et raccorder les mouvements; les autres,
dites *particulières* ou *topographiques*, fournissent, en plus ou
moins grande abondance, les détails que ne comportait pas
l'échelle des premières. Rien d'essentiel ne devrait être omis
dans une carte topographique, mais il est rare qu'il en soit
ainsi : les omissions que l'on y remarque proviennent tantôt de
l'imperfection du travail, et tantôt de sa vétusté. Une carte
n'eût-elle qu'une date récente, le pays aura changé de physio-
nomie depuis qu'elle aura été faite : tant sont nombreuses
aujourd'hui les causes de mouvement des populations, et par
conséquent de déplacement ou de modification des objets à la
surface du sol.

Ainsi, quelque confiance que paraisse mériter une carte
topographique, il ne faut en user qu'avec circonspection, et
après avoir consulté les gens du pays. La pureté du trait, la
multiplicité des détails et surtout la réputation de l'auteur, sont
des indices d'exactitude; mais ces indices ne présentent pas
encore de suffisantes garanties; et l'on ne peut conclure l'exactitude de l'ensemble que de la vérification de certaines parties;
les cartes publiées et accréditées dans le pays seront généralement les meilleures.

Les rectifications à apporter à une carte se doivent faire sur
le terrain même et au fur et à mesure qu'elles se présentent; il
est bon de les crayonner d'abord sur des papillotes de papier
transparent, sauf à les reporter ensuite sur la carte même. (R.)

366. Les rectifications dont parle Rocquancourt se font par les levés à vue, quand le terrain n'est pas en la possession de l'armée. Quelque détaillée que soit la carte que l'on possède, elle ne dispensera jamais des reconnaissances *locales* et *spéciales*, des levés de villages, de *positions*, de *routes*, du *cours d'une rivière* dont on veut forcer le passage.

367. *Guides.* Avec le seul secours d'une carte, si bonne qu'elle soit, on se reconnaîtrait difficilement, surtout la nuit, au milieu de ce labyrinthe de chemins et de sentiers que présente partout le sol. La carte a permis de décider quelle direction on devait prendre, mais il est besoin de guides pour la suivre et ne pas se fourvoyer. Il est d'ailleurs une foule de renseignements utiles, de détails intéressants qu'eux seuls peuvent fournir et qu'on ne recueille bien que chemin faisant.

Les hommes les plus propres à servir de guides sont les gardes forestiers, les chasseurs, les colporteurs, les bergers, les chevriers dans les montagnes, les charbonniers et les bûcherons dans les bois, les contrebandiers sur les frontières.

Il est de la prudence de se faire accompagner de plusieurs guides à la fois; mais il ne faut s'y confier qu'après les avoir questionnés et s'être assuré de leur intelligence. On a soin de distraire leur attention du véritable objet que l'on veut connaître, en leur faisant des questions détournées et qui y soient même entièrement étrangères.

Quand on n'a qu'un seul guide, on le fait marcher en tête de l'avant-garde. S'il est pris en pays ennemi, ou que l'on ait des motifs pour soupçonner sa fidélité, on le place entre deux hommes qui le tiennent continuellement sous le glaive de la mort, avec ordre d'en faire justice au premier indice d'infidélité. Quand on en a plusieurs, le commandant en garde un près de lui, et fait placer les autres là où il juge nécessaire. Dans les marches de nuit, et sous le feu de l'ennemi, il est bon de tenir le guide par une corde, afin qu'il ne tente pas de s'évader. (R.)

368. *Gens du pays.* Pour obtenir des renseignements, il faut se servir quelquefois des gens du pays et agir en cette occurence avec les précautions, avec la circonspection indiquées au paragraphe relatif à la *statistique*. La série de questions à leur adresser a été résumée par le colonel de Brack, et avant lui par le général La Roche-Aymon. Les voici.

369. *Questions relatives à l'ennemi.* Où est l'ennemi? Que sait-on de sa marche, de ses dispositions militaires, de ses forces numériques, de ses dispositions morales? A-t-il de l'infanterie, de la cavalerie, des canons? Quels numéros, quels uniformes portent l'infanterie, la cavalerie? Les chevaux sont-ils maigres, les hommes fatigués? Quelles langues parlent ces hommes? D'où dit-on qu'ils viennent? Appartiennent-ils à la landwehr ou à la ligne? Y a-t-il parmi eux beaucoup de soldats qui parlent français? L'ennemi bivaque-t-il, ou couche-t-il dans les maisons? Comment se garde-t-il? Envoie-t-il des reconnaissances? Ces reconnaissances ont-elles poussé jusqu'au village où l'on se trouve? Comment s'y sont-elles présentées? Étaient-elles nombreuses? Qu'y ont-elles fait? Qu'y ont-elles dit? Pillent-elles? Insultent-elles? Comment étaient habillés les hommes qui les composaient? Quelles informations ont-elles prises? Par où sont-elles arrivées, et par où se sont-elles retirées? Où ont-elles été en quittant le village? Y ont-elles passé la nuit, et comment se sont-elles établies? L'ennemi est-il proche, envoie-t-il des reconnaissances régulières? Arrivent-elles à la même heure, chaque jour, en même nombre, et par les mêmes routes? Comment est la route qui conduit à l'ennemi? S'y trouve-t-il des bois, des ravins, des ponts, des villages? Où sont-ils situés? Peut-on arriver à ces défilés en faisant un détour, et sans passer par la route tenue par l'ennemi? Est-il sur le qui-vive? Comment se garde-t-il? L'ennemi a-t-il pris des chevaux aux maîtres de poste? S'est-il servi de ses postillons, ou de tout autre homme du village comme guides? Où s'est-il fait conduire? Quelles questions a-t-il faites à ses guides? Les a-t-il maltraités? Ses guides l'ont-ils vu inquiet et triste? Quelles précautions prenait-il dans sa marche?

370. *Questions relatives à la topographie du pays.* Où sont situés telle ville, tel bourg, tel village? Quelle est leur population, leurs ressources? A quelles distances se trouvent-ils entr'eux, et du lieu où l'on est? Combien faut-il de temps pour y aller à pied? Les routes qui y conduisent sont-elles bonnes, larges, ferrées, pavées? Y a-t-il des villages, des hameaux, des fermes intermédiaires? Sont-ils riches? Com-

bien de feux ? Pour s'y rendre , faut-il traverser des bois , des plaines, des rivières ? Y a-t-il des gués, des ponts ? Quelle est leur nature ? Peut-on se tromper de chemin ? Lequel faut-il prendre ? Y a-t-il des montagnes ? Quelle est la nature des routes qui les gravissent ?

371. Si l'on saisit des voyageurs venant de l'armée, on leur demande :

1.º Leur nom, et leur passeport. 2.º D'où ils viennent, où ils vont. 3.º S'ils ont rencontré des troupes en marche, leur espèce, et, à peu près, leur nombre. Quant à la force de la colonne, on pourrait peut-être l'évaluer soi-même avec plus de précision, en demandant aux voyageurs le temps qu'ils jugent avoir employé à longer cette colonne. 4.º Combien ils ont entendu dire qu'il pouvait y avoir de troupes ennemies dans les lieux où ils ont passé ou séjourné. 5.º Si ces troupes étaient en bon état, avaient des malades ; si elles attendaient des recrues. 6.º Si les villages, qu'ils ont traversés sur leur route, étaient remplis de troupes. 7.º Si les avant-postes ennemis sont bien serrés. Si , derrière la chaîne la plus avancée , il y a de l'infanterie , de l'artillerie pour la soutenir et lui servir de replis ; enfin la distance à peu près entre ces divers soutiens, et la chaîne des avant-postes. 8.º Comment sont les chemins, les ponts ; si l'ennemi s'occupe à les réparer. S'il s'occupe à fortifier, ou s'il a déjà fortifié, quelques-uns des endroits par où ils sont passés. 9.º Si les vivres et subsistances sont rares ou chers dans les pays occupés par l'ennemi ; si le pays en souffre , s'il a conservé son bétail ; si l'enemi n'en a pas ramassé. 10.º Enfin quels sont les bruits publics ; que renferment les gazettes de l'ennemi ; quelle est la date du dernier journal qu'on a lu, et que dit ce journal. (de B.)

372. *Des espions.* L'espionnage, quand on sait y recourir avec adresse et circonspection , est un excellent moyen pour parvenir à la connaissance des mouvements et souvent même des desseins de l'ennemi. Il n'est pas de pays où l'on ne puisse se procurer des espions : la soif de l'or en fait surgir de toutes les classes de nos sociétés dépravées , mais surtout de certains états des classes inférieures ; il en existe même de profession : ceux-là , il est vrai , demandent une extrême attention , car ils ne se font aucun scrupule de servir à la fois les deux partis.

Aucun métier ne fournit autant d'espions que la contrebande, et ce sont gens d'autant plus propres à ce rôle, qu'ils sont généralement pleins d'audace, de dissimulation et d'adresse, connaissant jusqu'aux plus petits sentiers, et habitués à se glisser partout. Les Juifs, les colporteurs et tous ceux qu'un trafic quelconque appelle à voyager à l'étranger, se décident encore volontiers à servir d'agents secrets.

Plus d'une fois l'on eut recours à des moyens cruels pour se procurer des renseignements sur l'ennemi. Frédéric s'en accuse lui-même en citant une circonstance où il contraignit, sous peine de voir sa maison brûlée, sa femme et ses enfants occis, un riche propriétaire de passer dans le camp autrichien et d'en rapporter des nouvelles. La guerre est un état de violence et de besoins pressants devant lequel se doivent souvent taire la morale et l'humanité. Que du moins le guerrier n'abuse pas de la prérogative que lui donne la force de tout faire.

Quand aucune passion n'excite violemment les soldats de deux armées ennemies, il s'établit parfois entre eux des rapports momentanés. Ceux des avant-postes oublient pour un instant qu'ils se font la guerre, entrent en pourparler, boivent ensemble et font échange de bons procédés. On peut tirer parti de ces moments d'épanchements pour faire des questions adroites et essayer d'en corrompre quelques-uns.

Il est fort difficile de se prémunir contre l'espionnage, car il n'est pas de forme et de déguisement que ne prennent ceux qui s'y livrent. Il en est de certains espions comme de ces vers attachés à la carène des navires : l'armée les entraîne avec elle, tantôt parmi les vivandiers et les agents subalternes de l'administration, tantôt sous l'habit du soldat et même de l'officier. Il en est qui se glissent dans les quartiers généraux et jusque dans les palais des souverains. Pendant longtemps, le prince Eugène eut à ses gages le directeur de la poste de Versailles ; il ne pouvait mieux choisir ; aussi fut-il toujours servi à souhait. Luxembourg avait gagné le secrétaire du roi d'Angleterre, qui lui donnait avis de tout ce qui se passait.

Nous avons parlé d'espions qui servaient à la fois les deux partis : quoique dangereux, ces doubles espions peuvent devenir fort utiles pour porter, sans qu'ils s'en doutent, une fausse nouvelle à l'ennemi. C'est ainsi que fut trompé Luxembourg la veille de la surprise de Steinkerque. On se rappelle, au surplus, que la valeur française fit tourner la ruse à la confusion de l'ennemi. Ce moyen est usé et réussirait difficilement aujourd'hui.

Les habitants d'un lieu peuvent servir, non-seulement à donner des renseignements sur ce lieu et les environs, mais aussi à établir, par leurs parents ou amis, des liaisons et des rapports avec les lieux circonvoisins qu'on n'a pas encore explorés.

Dans les guerres de principes religieux ou politiques, où de grandes passions agitent les populations, on trouve toujours assez de gens qui, sacrifiant l'amour de la patrie à leurs opinions particulières, s'empressent d'informer l'ennemi du pays.

Il faut un art particulier pour arracher la vérité des espions : les uns ont mal vu, les autres s'expliquent mal. On ne doit pas se borner à en entretenir deux ou trois ; il faut en avoir assez pour assigner à chacun une mission spéciale. L'un vous tiendra au courant du départ, de la force et de l'arrivée des convois ; l'autre, des mouvements généraux ; l'autre, des détachements que l'ennemi fera sortir ; l'autre, des embarras provenant de la solde ou des vivres ; l'autre, de l'esprit, de la discipline et du moral de l'armée ; l'autre, enfin, vous fournira des situations, des contrôles, etc. Toutefois, eût-on été informé par vingt rapports d'espions, cela ne suffit pas pour se commettre dans une affaire ; il faut d'autres renseignements, et les avoir mûrement pesés et comparés. La célérité des avis est de la dernière importance : ce qui était vrai à une certaine heure peut ne plus l'être à l'heure qui la suit. (R.)

373. *Des déserteurs.* Leurs récits ne sauraient être entendus avec trop de circonspection. Intéressés à flatter le parti auquel ils passent, ils peignent souvent sous des couleurs défavorables et mensongères celui qu'ils ont abandonné. Quand plusieurs se présentent à la fois, et que tous sont d'accord sur les motifs de leur désertion, on peut avoir une certaine confiance dans leurs rapports. Ce qu'ils racontent de la manière dont ils ont déserté ; ce qu'ils disent du chemin qu'ils ont suivi, des précau-

tions qu'ils ont prises, tant pour dépasser les avant-postes ennemis que pour aborder les nôtres, peut ouvrir la voie à d'autres renseignements ou servir à préparer une reconnaissance ou une surprise. (R.)

374. On interroge un déserteur, et on lui demande :

1.º Le numéro ou le nom de son régiment, sa force ; 2.º la brigade à laquelle il appartient, le nom du général qui la commande ; 3.º de quelle division cette brigade fait partie, le nom de celui qui commande cette division ; 4.º à quel corps d'armée appartient cette division, le nom, le grade du général en chef et le siége de son quartier-général ; 5.º si le régiment, la brigade ou la division cantonnent, campent ou bivaquent. Si le corps est posté, on demandera s'il est couvert par beaucoup d'avant-postes, s'il se garde avec soin, enfin s'il est retranché ; 6.º quels sont les corps d'armée ou divisions à la droite et à la gauche, leur éloignement ; 7.º où il a laissé son régiment, sa brigade ; si ce corps a fait des détachements, s'il attend des renforts ; 8.º s'il y avait des ordres pour faire un mouvement prochain, ou quelques-uns de ces préparatifs qui le dénotent d'avance ; 9.º qu'est-ce que contenaient les derniers ordres du jour ; 10.º quels sont les bruits qui circulaient dans l'armée ; 11.º si les subsistances sont abondantes ; où sont les magasins, les dépôts, les entrepôts ; 12.º s'il y a beaucoup de malades, où est le grand hôpital, où sont les ambulances.

375. Si le corps du déserteur est en marche, on lui demande :

1.º Quelle direction suivait la colonne ; 2.º son mouvement était-il isolé ou combiné ? 3.º jusqu'où la colonne avait-elle l'ordre de s'avancer ? 4.º la colonne était-elle d'une seule et même espèce d'armes, ou bien mixte ?

376. Si le déserteur appartient à la cavalerie, on lui demande:

Combien avez-vous de chevaux au régiment ? combien en aviez-vous au commencement de la campagne ? sont-ils en bon état ? y a-t-il beaucoup de remontes ? y a-t-il beaucoup de recrues ou de jeunes soldats. Y a-t-il beaucoup de chevaux malades ou hors du service ? les fourrages sont-ils abondants ? les contrées occupées par l'armée suffisent-elles pour les fournir, ou bien les tire-t-on des derrières de l'armée ? arrivent-ils exactement? fait-on des détachements pour les aller chercher? faut-il aller loin? où sont les magasins? comment sont-ils gardés? le cavalier est-il maltraité par ses chefs? y a-t-il eu des insurrections dans les régiments? si nous avons des avantages, y aura-t-il beaucoup de désertions? quelles précautions prend-on pour empêcher la désertion? les hôpitaux sont-ils bien éloignés de l'armée? a-t-on perdu beaucoup de monde dans la dernière affaire? ces pertes ont-elles démoralisé le soldat?

377. Si le déserteur appartient à l'artillerie, on lui demande :

Où est le grand parc? y a-t-il de l'artillerie de siége? où sont les dépôts? où est le petit parc? combien la division, à laquelle est attachée sa batterie, a-t-elle de pièces? quel calibre et quelles espèces de bouches à feu? les caissons et coffrets sont-ils bien garnis? quel est le numéro du régiment, de la compagnie, de la batterie? y a-t-il un équipage de ponts? les chevaux d'attelage sont-ils en bon état?

378. Si le déserteur est un soldat du génie, on lui demande :

Où est le grand parc du génie? Les sapeurs attachés aux divisions ont-ils des caissons d'outils, un équipage de ponts, de chevalet ou autres? (de B.)

379. Toutes ces questions doivent être faites avec intelligence. Plaidez souvent le faux pour savoir le vrai. Notez tout sur votre carnet. N'interrogez jamais plusieurs personnes à la fois, mais séparément, afin de contrôler les réponses. En envoyant le résultat des interrogatoires à son chef, l'officier y ajoutera ses propres observations sur le degré de confiance que l'on peut y ajouter. Enfin ces interrogatoires, dit de Brack, exigent un grand soin, car souvent ils font découvrir des espions.

380. *Prisonniers.* On doit encore moins compter sur leurs récits que sur ceux des déserteurs. Le soldat et même l'officier subalterne ignorent souvent ce qui s'est passé à cinquante pas du lieu où ils étaient. Puis, faut-il admettre qu'un officier consentira à fournir des renseignements contre son pays, contre les amis et les camarades qu'il vient de quitter? Et ne serait-ce pas manquer de générosité et saper les fondements de la morale et du droit des gens, que de prétendre l'y contraindre par la

crainte et la violence? Loin de nous la cruauté et les tor-
tures ! (R.)

RECONNAISSANCES SECRÈTES.

381. Les reconnaissances secrètes appartiennent aux missions les plus difficiles dont un officier puisse être chargé. Il
doit joindre au coup-d'œil le plus sûr, un courage froid et un
cœur intrépide. A la tête d'une cinquantaine d'hommes seulement, il s'éloigne pendant plusieurs jours de l'armée,
gagne les flancs et même les derrières de l'ennemi, le suit
dans ses mouvements, surprend ses coureurs, et s'il en a
reçu l'ordre, inquiète ses patrouilles dans une direction
diamétralement opposée à celle que suivent les siens. Un
officier chargé d'une reconnaissance secrète agit durant sa
mission comme un chef de partisans. A moins que la nature
du pays ne s'y refuse entièrement, c'est toujours à la cavalerie
légère que reviennent les entreprises de ce genre.

382. 1.º L'officier qui dirige une reconnaissance secrète a la
double mission d'observer l'ennemi et le pays qu'il traverse :
il a donc besoin d'être versé dans la science des reconnaissances
spéciales.

2.º Contrairement aux détachements chargés de couvrir la
marche ou les flancs d'une colonne, il ne cherche pas à s'éclairer
au loin, mais il profite de tous les rideaux, bois, haies, taillis,
enclos, replis de terrain, pour dérober sa marche rapide aux
éclaireurs et patrouilles ennemies ; il ne se met en garde que
contre les embuscades.

3.º L'officier doit savoir la langue du pays ou tenir près de
lui des gens qui la parlent, et posséder en outre de bonnes
cartes et une boussole pour s'orienter.

4.º On ne doit jamais oublier que le secret le plus absolu est
le meilleur auxiliaire de ces sortes d'expéditions. Jamais on ne
doit attaquer que pour se faire jour. *Il faut tout voir sans être
vu.* Celui qui attaquerait pour le seul plaisir de le faire et sans
une nécessité *absolue*, commettrait une faute grave et punis-
sable.

5.º L'officier ne doit avoir qu'une seule pensée, c'est de remplir sa mission coûte que coûte. Il s'avancera sans calculer
le péril. Quand un danger réel sera là, il sera assez temps

de penser à y parer à force de ruses, d'adresse et d'énergie.
Qu'il relise sans cesse la conduite de capitaine anglais Grant,
dont Napier décrit les hauts faits dans son histoire de la Péninsule, et qui, seul, en uniforme, ne quittait jamais l'armée de
Marmont, et envoyait tous les jours à Wellington des nouvelles
de sa marche.

· 6.º Arrivé à portée de l'ennemi, le commandant divise sa
troupe en trois échelons. En cas d'attaque, l'approche brusque
de ces trois corps doit dérouter l'ennemi. Il les met à l'abri
derrière des obstacles, en évitant cependant les maisons, puis
il s'avance seul pour reconnaître ce qu'il a intérêt de voir.
Si le pays est trop sillonné par les patrouilles ennemies, et s'il
possède un guide sûr, il n'hésitera pas à faire comme le capitaine Grant, il s'avancera seul, agissant pendant la nuit,
et passant le jour caché dans les taillis des bois, les buissons, etc.

7.º En cas d'attaque sérieuse, si le détachement entier ne
peut se faire jour, à un signal donné, toute la troupe se disperse
et chacun cherche à regagner comme il peut un point de rassemblement situé beaucoup en arrière et indiqué toujours à
l'avance.

8.º Quand on ne peut voir par soi-même, on cherche à re-
ceuillir tous les *indices* possibles et l'on fait des prisonniers.

9.º A proximité d'un village où l'on croit l'ennemi posté, la
troupe se cache; deux hommes rampent jusqu'au village et
tâchent de saisir un habitant, qu'on amène au chef et que
celui-ci interroge.

10.º Si l'officier est chargé de faire la description d'un terrain
ou d'un point donné de ce terrain, qu'il ait présent à la mémoire
les préceptes développés dans la première partie de ce Manuel
et dans l'article *positions*.

11.º Que le chef d'une semblable reconnaissance soit sans
reproches; qu'il soit bon et humain avec les habitants du pays
qu'il traverse, s'il ne veut être dénoncé par eux et traqué
comme une bête fauve.

RECONNAISSANCES OFFENSIVES.

383. Lorsque les reconnaissances journalières et secrètes,
les espions, les déserteurs n'ont rien pu apprendre de satisfai-

sant au général, il a recours à la force pour se procurer les renseignements qui lui manquent. Ces reconnaissances *offensives* se font avec une partie de l'armée et de forts détachements. On marche à l'ennemi avec vigueur et célérité, on culbute ses postes, on le force à montrer ses troupes, et l'on se retire aussitôt que l'on a rempli l'objet que l'on avait en vue. C'est un point délicat des opérations de la guerre, et la manière de conduire ces reconnaissances, faites par une partie de l'armée, est du ressort de la grande tactique. On ne s'y arrêtera pas ici. Les lecteurs cependant verront avec plaisir comment l'empereur Napoléon voulait que l'on conduisît une reconnaissance militaire offensive, destinée à faire des prisonniers, et à aguerrir les troupes :

Au général ZAYONCHEC.

Osterode, le 22 mars 1807.

« L'empéreur, général, auquel j'ai communiqué votre lettre, approuve fort l'idée que vous avez de faire partir le 24 une nouvelle reconnaissance : mais sa majesté désire que cette reconnaissance, au lieu d'être de trois cents hommes de cavalerie comme l'était la dernière, soit forte de seize cents chevaux qui formeraient seize escadrons, sous la conduite de vos meilleurs officiers.

» Vous mettriez quatre escadrons sous le commandement d'un colonel, ce qui ferait quatre colonnes; vous ferez soutenir cette cavalerie par le général Fischer, qui aura à ses ordres un régiment d'infanterie de dix-huit cents hommes et quatre pièces de canon.

» Cette reconnaissance, marchant en masse, se porterait sur *Passenheim*.

» *L'art consiste, général, à marcher ensemble sans se faire éclairer*, de manière que l'ennemi, du moment qu'il apercevra les premiers cavaliers, ait toute la troupe sur les bras.

» La compagnie d'élite, c'est-à-dire les hommes les mieux montés, serait en avant, soutenue par un second escadron, ayant en arrière le reste de la ligne de cavalerie, l'infanterie et l'artillerie. Du moment qu'on apercevrait quelques cosaques, le premier escadron tomberait dessus, soutenu du second; les quatorze autres en arrière. Il est impossible que de cette manière on ne prenne point quelques patrouilles de cosaques.

» La reconnaissance arriverait le même jour à *Passenheim*; l'infanterie y séjournerait en prenant une bonne position, et on laisserait avec elle trois cents hommes à cheval. Le reste de la cavalerie se porterait rapidement sur *Mensguth* avant le jour; de là, elle se dirigerait suivant les renseignements qu'on aurait de l'ennemi, et se porterait sur *Ortelsburg* pour couper et prendre toutes les patrouilles qui s'y rencontreraient; le troisième jour, toute la reconnaissance, infanterie, artillerie et cavalerie, rentrerait en se reployant sur *Villenberg*, et regagnerait ses anciens catonnements.

» On aura soin de laisser en arrière trois cents cavaliers pour ramasser les traînards. »   BERTHIER.

384. *Indices.* Les indices qui peuvent guider l'officier dans ses reconnaissances. se trouvent résumés dans plusieurs ouvrages militaires. Le colonel de Brack a bien traité ce sujet d'après la Roche-Aymon. Il divise les indices en *généraux* et *particuliers*; on trouvera ici les premiers :

Si l'on apprend qu'on a distribué des souliers dans les cantonnements, que les troupes nettoient leurs armes, que l'on rassemble des bestiaux, ce sont là des signes infaillibles de marches ou mouvements quelconques.

Si l'on apprend que des munitions nombreuses sont arrivées; que quelques uniformes nouveaux ont paru dans les bivacs; c'est une preuve que des troupes nouvelles vont se joindre aux anciennes, pour exécuter avec elles une attaque prochaine : car il est probable que ces uniformes sont ceux d'un état-major général ou d'un logement.

Si l'on apprend que des vivres sont réunis sur un point, c'est une raison de supposer que des troupes vont s'y transporter.

Si des bateaux sont amenés de loin, et réunis en grand nombre sur une rive, c'est un indice de tentative de passage; s'ils sont brûlés, c'est l'indice d'une franche retraite.

Si des poutres sont réunies sur le bord d'une petite rivière qui ne porte pas bateau, c'est l'indice d'une tentative de passage.

Si des ponts importants sont coupés, c'est l'indice d'une longue retraite.

Si, à quelques lieues au-dessus d'un pont, que vous venez de jeter, de gros bateaux sont pesamment chargés de pierres, c'est un indice de destruction de votre ouvrage ; vous ne pourrez parer ce danger, qu'en allant au-devant des bateaux pour les amarrer, les échouer, ou les couler.

Si des perches goudronnées et revêtues de paille, sont espacées sur la ligne ennemie, c'est un indice de signal pour un mouvement général.

Si des échelles sont réunies dans un bivac, c'est un indice d'attaque de vive force contre une muraille fortifiée.

Si l'ennemi sur un champ de bataille masque ses mouvements, et ploie en colonne de nombreux et profonds escadrons, c'est l'indice d'une attaque puissante.

S'il se déploie, c'est l'indice d'une prise de position.

Si, en se déployant, et en première ligne, il groupe sur un point des colonnes nombreuses, c'est l'indice de la pensée qui régira tous les mouvements suivants, car il considère sans doute ce point comme stratégique.

S'il fait faire un mouvement rétrograde à son artillerie, c'est l'indice d'une retraite.

S'il porte ses hôpitaux et ses petits dépôts plus en arrière, c'est l'indice d'une retraite ou d'un changement de front.

Si les feux des bivacs de l'ennemi paraissent beaucoup plus nombreux, mais plus petits, et placés avec affectation d'une manière plus ostensible, si ces feux sont allumés successivement, et si, promptement après avoir été allumés, ils s'éteignent, c'est un indice de faiblesse et de retraite.

Si la cavalerie ennemie, en retraite, sans être poussée vigoureusement, retire précipitamment sa ligne de tirailleurs, c'est un indice ou de crainte motivée par la présence d'un défilé, et la supposition d'une attaque, ou un indice d'embuscade dans laquelle on veut nous attirer.

L'ennemi attaque-t-il au point du jour, c'est un indice que son mouvement sera général, parce qu'il lui faut la journée, soit pour compléter ses avantages, soit pour exécuter sa retraite.

N'attaque-t-il que le soir, c'est un indice que, dans ce mouvement, il n'a pour but que de reconnaître, ou de couvrir une retraite; on juge d'autant plus sûrement de la réalité de ce second projet, si la cavalerie seule exécute ce mouvement.

Si cette reconnaissance est poussée très-vivement, et que l'ennemi reste la nuit en avant de ses débouchés, c'est un indice d'attaque sérieuse pour le lendemain.

Si, au contraire, il se replie après, et rentre dans ses positions, c'est un indice, ou de retraite (comme je l'ai dit plus haut), ou de volonté d'attirer l'attention sur ce point, pour rendre moins vigilant sur d'autres.

Les traces des pas sont non-seulement un indice de la direction d'une colonne, mais encore de sa force, et souvent même de la pensée qui présidait à sa marche. Si la terre est également battue, la colonne ne se composait que d'infanterie; si elle est empreinte de traces de chevaux, la colonne était composée aussi de cavalerie; s'il y a de profondes et larges traces de roues, elle traînait avec elle de l'artillerie.

Chacune de ces armes était d'autant plus nombreuse, que les traces qu'elle a laissées le sont davantage et mieux imprimées. Si les traces sont fraîches, il n'y a pas longtemps que la colonne est passée; si la trace est mince, la troupe marchait en toute sécurité, car cette troupe était en colonne de route. Si la trace est large, elle craignait une attaque, car elle marchait en colonné par peloton, par escadron, et prête à se déployer.

Si les blés, les terres sont foulés sur les côtés de la route, et que ces terres, ces blés portent de larges et nombreuses traces de passage, la cavalerie marchait sur les flancs de la colonne, par escadrons et en échelons.

Derrière un pont, un ravin, près d'un village, les traces des pas indiquent si l'ennemi s'est formé, s'il s'est gardé; celles des feux servent à contrôler la force indiquée par celles des pas, ces feux indiquent non-seulement le temps qui s'est écoulé depuis que le bivac a été quitté, mais encore celui que l'ennemi est resté dans ce bivac, par la quantité de cendres, le soin qu'on a eu le temps d'apporter à la confection des baraques, les débris de paille, de vases, d'entrailles d'animaux abattus, etc.

Les pièces d'habillement, de harnachement, d'équipement, d'armement, abandonnées, les cartouches jetées, les chevaux morts, les linges ensanglantés, les tombes recouvertes, le soin qui a présidé à les creuser, sont des indications précieuses pour parvenir à la connaissance des régiments qui composaient les colonnes, de la fatigue, du découragement de cette colonne, du nombre des blessés qu'elle emmenait avec elle, de la gravité des blessures, de la distinction des officiers qu'elle a perdus.

La poussière soulevée par la marche d'une colonne, donne non-seulement des indices sur la direction de sa marche, mais encore sur sa force, sur son ordre et sur l'espèce d'armes dont elle se compose ; le plus ou moins d'épaisseur, de hauteur, de pesanteur de cette poussière indique de l'infanterie ou de la cavalerie.

Si le reflet des armes est très-brillant, il est probable que l'ennemi vous fait face ; s'il en est autrement, il est probable qu'il vous tourne le dos.

Si la troupe ennemie est fort éloignée, et que vous vouliez juger de la direction qu'elle suit, vous prenez deux points fixes en avant d'elle, et sur l'un de ses flancs, et par la gradation successive des distances qui la séparent de ces points, vous jugez facilement de la direction, même de la vitesse de sa marche.

L'inquiétude ou l'insolence des habitants d'un pays insurgé, sont des indices certains de l'approche de l'ennemi, et de la confiance du pays en ses succès. (de B.)

385. *Surprises et embuscades.* On surprend par une *embus-cade* ou une *marche rapide et détournée.* On a traité assez longuement des marches dans les chapitres précédents ; il reste à parler des embuscades.

On fait des embuscades pour surprendre des patrouilles, des coureurs, un officier-général et son escorte, et faire des prisonniers. Si vous allez en embuscade, ayez des hommes décidés ; marchez avec le plus grand secret par des chemins de terre. Evitez, si le détachement est de cavalerie, les chevaux qui hennissent. Arrivez au lieu de l'embuscade par un chemin perpendiculaire à celui que suivent ordinairement les patrouilles ennemies, de crainte que la trace de vos pas ne

vous décèle. Faites, s'il le faut, avancer vos hommes un
par un. Que le terrain choisi soit assez spacieux pour contenir tout le monde, assez écarté pour ne pas être fouillé
par l'ennemi. L'infanterie est l'âme des embuscades, ses
hommes peuvent se *faire petits* et se cacher partout. Fuyez les
villages pour établir votre embuscade ; choisissez les ravins
sinueux, les bois, les fermes isolées, les parcs entourés de
murs et possédant de larges issues. S'il s'agit d'un officier-
général à arrêter, de coureurs, d'estafettes à saisir, choisissez
les environs d'un pont, d'un défilé. On éclaire l'embuscade
par des hommes postés sur des arbres ou couchés dans les
sillons. On peut encore faire déguiser un homme en habitant
du pays et le mettre aux champs, où il fait semblant de
travailler. On communique avec les vigies par signaux. Tout
ce qui passe à portée de l'embuscade est arrêté et conduit
au chef.

Pour attaquer, la troupe est divisée en trois bandes ; l'une
se jette sur les derrières de la proie que l'on convoite ; la
seconde barre le passage ; la troisième s'avance comme réserve. Quelquefois une des bandes se porte vers l'ennemi,
escarmouche avec lui, cède le terrain et attire la proie dans
l'embuscade.

Les troupes en embuscade gardent le silence le plus complet ; point de feu, point de pipe. Si un cheval hennit, on
lui glisse une balle de plomb dans l'oreille.

ATTAQUE ET DÉFENSE DES LOCALITÉS.

RIVIÈRES.

386. *De l'offensive.* Il faut reconnaître tous les gués, les endroits propres à jeter des ponts, les moyens d'arriver à ces
emplacements, les débouchés au-delà, les moyens propres
à passer la rivière.

On a vu ce qu'il faut faire pour les gués. L'emplacement
du pont est dans une partie rentrante des sinuosités. Les sinuosités des rivières, les presqu'îles sont donc étudiées avec
soin en vue de l'établissement des ponts. Voyez si les bords
sont escarpés ; si la hauteur de l'eau, du bord à la crête,
a plus de *sept* pieds, cherchez ailleurs, mais toujours de

préférence le plus près du rentrant de la sinuosité, car l'établissement des rampes est très-long et nuit à la célérité nécessaire aux passages. Reconnaissez en même temps l'emplacement propre aux passages. On place ceux-ci le plus avant qu'on pourra. Pour éloigner l'ennemi davantage et l'empêcher d'inquiéter les travailleurs, faites attention que les emplacements choisis ne soient pas dominés, que les batteries ne soient pas prises en rouage. Enfin les coudes et les sinuosités sont les parties qui demandent à être le mieux observées. Dans ces rentrants la rive escarpée est de votre côté; mais, en revanche, la rive opposée sera toujours en pente douce. Voyez quels sont les gués au-dessus et au-dessous des endroits choisis, S'il n'y a pas de sinuosités, il faut y suppléer par le commandement des rives.

Les gués servent : 1.º à envoyer des troupes légères au-delà de la rivière pour observer le pays; 2.º au passage de la cavalerie, de l'infanterie et de l'artillerie, ou au moins des équipages, suivant leur profondeur.

Si les rives sont plates, l'emplacement des ponts sera là où la rive opposée est la plus découverte.

Il faut, quoique l'on prenne toutes précautions, supposer l'ennemi capable de s'opposer au passage; toute reconnaissance doit être faite dans cette supposition.

Si la rive opposée est pleine de haies et de buissons, mais bien commandée par la rive amie, cet endroit est favorable; il cache l'établissement des ponts, sert d'abri pour l'infanterie; mais il ne faut pas qu'il soit trop profond et qu'il ne demande pas trop de temps pour être rendu praticable, à moins que l'ennemi ne soit loin. Dans ce dernier cas, on ne consulte que la commodité.

Il ne suffit pas de connaître les localités d'un pont, il faut savoir ce que renferme le pays aussi loin que possible. Ainsi il faut éviter de rencontrer aux débouchés un pays coupé de marais, bois fourrés, montagnes ou ravins escarpés, car un tel pays ralentit les opérations et fait perdre un temps précieux. Les débouchés doivent donc être faciles.

La position des bras, ou la distance des bras d'une rivière ou des petites rivières qui se trouvent au-dessus de l'endroit où l'on doit passer, doit être soigneusement observée, parce qu'on peut lancer les pontons dessus, les couvrir de leurs poutrelles et madriers et les descendre par la rivière jusqu'au point désigné pour l'emplacement du pont; on n'a plus qu'à les joindre et jeter l'ancre pour les fixer.

Les bras et rivières dont les confluents se trouveront dans l'endroit destiné à l'établissement des ponts, ne sont pas aussi avantageux que ceux qui sont au-dessus, à moins qu'ils ne soient à une très-petite distance.

On fait quelquefois des préparatifs fort au-dessous des points marqués pour le passage, quand quelque bras de rivière ou ruisseau donne des facilités, 1.º pour cacher à l'ennemi ce point de passage; 2.º pour cacher le moment; 3.º pour gagner du temps.

L'emplacement des ponts, les débouchés, le pays en avant étant reconnus, il faut observer leurs abords ainsi que la position que peut prendre l'armée en attendant que les ponts soient faits, et en combien de colonnes elle pourra arriver à cette position. Si elles sont trop éloignées, le temps qu'il faudra pour remonter la position par la rivière, au lieu d'accélérer l'établissement, le retarderont. Cette position n'étant que momentanée, il faudra la choisir comme pour des troupes qui seraient placées à portée de leurs débouchés pour arriver au pont. (de Lenchères.)

387. Les accidents qu'affectent les rives d'un cours d'eau sont si multipliés, qu'il est impossible de prévoir à l'avance toutes les précautions à prendre pour faire réussir le passage d'une rivière.

L'heure la plus favorable pour le tenter est à la pointe du jour. On fait précéder l'instant du passage et celui de la construction du pont, d'un feu de batteries et de mousqueterie, si la rivière est peu large, afin d'en écarter l'ennemi et protéger le travail des pontonniers; mais ce moyen ne réussit pas toujours, témoin le passage de l'Aar tenté en 1799, par l'archiduc Charles à la tête de 30,000 hommes, et qu'une compagnie de tirailleurs fit échouer. Si l'on veut être certain de la réussite de l'entreprise, on ne doit jamais tenter de jeter un pont avant d'avoir fait passer des détachements sur la rive opposée, et chassé l'ennemi des points d'attérage les plus voisins. Plus il a de monde sur la rive opposée, plus il y a de chances de réussite. Pendant le travail, le passage des troupes, soit à gué, soit par bateaux ou par radeaux, ne discontinue pas.

388. A toutes ces données sur le passage des rivières, on ne peut se dispenser d'ajouter ces notes de Napoléon : « Lorsque l'armée ennemie est couverte par un flanc sur lequel elle a plusieurs têtes de ponts, il ne faut pas l'aborder de front; cette disposition désunit votre armée et vous expose à être coupé. Il faut s'approcher de la rivière qu'on veut passer par des colonnes en échelons; de sorte qu'il n'y ait qu'une seule colonne, la plus avancée, que l'ennemi puisse attaquer sans prêter lui-même son flanc. Pendant ce temps, les troupes légères conservent la rive, et lorsqu'on sera fixé sur le point où l'on veut passer le fleuve, on s'y portera rapidement et on jettera le pont. On doit encore observer que le point de passage doit être éloigné de l'échelon de la tête, afin de tromper l'ennemi.

» Du moment où l'on est maître d'une position qui domine la rive opposée, on acquiert bien des facilités pour effectuer le passage d'une rivière, surtout si cette position a assez d'étendue pour y placer une nombreuse artillerie. Cet avantage est moindre si la rivière a plus de 600 mètres, parce que la mitraille n'arrivant plus sur la rive opposée, les troupes qui défendent le passage peuvent facilement se défiler et se mettre à l'abri du feu. Il arrive alors que si les grenadiers chargés de passer le fleuve, pour protéger la construction du pont, peuvent atteindre l'autre rive, ils seront écrasés par la mitraille de l'ennemi, puisque leurs batteries, placées à 400 mètres du débouché du pont, sont à portée de faire un feu très-meurtrier, quoiqu'éloigné de plus de 1000 mètres des batteries de l'armée qui veut passer ; de sorte que l'avantage de l'artillerie est tout entier pour lui. Aussi, dans ce cas, le passage n'est-il possible que lorsqu'on parvient à surprendre l'ennemi et qu'on est protégé par une île intermédiaire, ou bien lorsque l'on profite d'un rentrant très-prononcé qui permet d'établir des batteries croisant leur feu sur la gorge. Cette île ou ce rentrant forme alors une tête de pont naturelle et donne l'avantage de l'artillerie à l'armée qui attaque.

» Quand une rivière a moins de 120 mètres, et qu'on a un commandement sur la rive opposée, les troupes qui sont jetées sur l'autre bord étant sous la protection de l'artillerie, se trouvent avoir tant d'avantages, que pour peu que la rivière offre un rentrant, il est impossible à l'ennemi d'empêcher l'établissement du pont. Dans ce cas, les plus habiles généraux, lorsqu'ils ont pu prévoir les projets de leur ennemi et arriver avec leur armée sur le point de passage, se sont contentés de s'opposer au passage du pont. Le pont étant un vrai défilé, il faut se placer en demi-cercle alentour de son extrémité, et se défiler du feu de la rive opposée à la distance de 6 à 800 mètres. »

389. *De la défensive.* Cette reconnaissance à trois buts :

1.º Reconnaître tous les moyens de l'ennemi pour passer cette rivière, soit par les gués, soit par les avantages de la rive qu'il occupera ;

2.º Examiner dans le plus grand détail le pays que l'ennemi aura à parcourir après avoir passé cette rivière ;

3.º Reconnaître le moyen le plus efficace pour défendre la rive dont on veut interdire l'accès à l'ennemi ;

4.º Indiquer les positions qu'une armée pourrait prendre selon la nature du pays, pour garder la plus grande longueur possible du cours d'une rivière, et pour être en mesure de se porter sur les points où l'ennemi pourrait tenter un passage.

Premier objet. Ces moyens sont dans une rive commandant l'autre ; des sinuosités commodes avec rentrants bien disposés ; gués, ponts et la nature de la rive opposée. Ainsi donc il faut décrire tous les points avantageux à l'ennemi. Les gués, les ressources en bateaux, les bras de la rivière, les grandes et les petites rivières, confluant à proximité des points de passage, favoriseraient ses préparatifs. Enfin on n'omettra aucun renseignement utile. La quantité de bateaux est essentiel à connaître, car comme on les brûle en cas de défensive, il est bon d'en connaître le nombre pour ne pas en omettre qui serviraient à l'ennemi.

Deuxième objet. Parcourez avec détail toutes les parties du pays que l'ennemi aura à traverser après avoir passé la rivière, et particulièrement en-deçà de toutes les sinuosités favorables pour jeter des ponts, jusqu'à une lieue et plus dans les terres. Dans les pays où il n'y a que des plaines, des rives plates, où presque partout les rives sont praticables, alors il faut indiquer avec le plus grand soin les points où une des rives ou toutes deux peuvent être impraticables.

La reconnaissance du pays où l'ennemi doit manœuvrer après le passage est d'autant plus nécessaire, qu'il peut arriver qu'on marche à l'ennemi et qu'on le combatte avant qu'il soit tout à fait passé; ainsi il ne peut y avoir trop de détail. Du reste, le temps qu'une armée met à passer une rivière est toujours considérable, et elle ne peut s'en éloigner beaucoup la première marche; il est donc bon d'étudier les lieux où elle campera la première nuit, soit pour se reposer, soit pour favoriser le restant du passage.

Si le bord de la rivière est plat, et qu'il ne soit pas couvert de haies, de bois, postez de cavalerie sur les hauteurs à proximité de postes d'infanterie placés dans les villages. Si elle est bordée par de bois ou en pays coupé, on occupera par des postes d'infanterie les coins des bois, les maisons, les clos entourés de haies qui se trouvent au plus à cent pas de la rivière, et en général les points où on découvrira même la rive opposée et le cours de la rivière.

Près de la rivière on expose ses postes, à moins qu'ils soient à couvert par des retranchements; on les met hors de la vue et du feu; les sentinelles seules sont plus rapprochées. S'il y a le long de la rivière des châteaux entourés d'eau, on les note avec le plus grand soin.

Reconnaissez tous les chemins le long de la rivière; s'il n'y en a pas, ceux que suivront les patrouilles pour communiquer ensemble le long et le plus près de la rivière que faire se pourra; car il est essentiel que les patrouilles ne s'éloignent pas pour bien reconnaître ce qui se passe sur la rive opposée.

Troisième objet. On recherche les gués dont l'ennemi pourrait profiter, et on les détruit ainsi qu'il a été dit aux paragraphes 59 à 65 de la première partie.

Si la rivière est bordée de bois, en détaillera la quantité; faites mention des parties trop fourrées et impraticables pour l'ennemi, des parties claires et praticables. Rendez compte des obstacles en-deçà, comme marais, rideaux, montagnes trop escarpées, pays coupé par des files de haies vives. Car si les bords sont impraticables, ou peut s'en faut, il faut peu ou point les garder.

Dans les sinuosités, aux points les plus favorables au passage de l'ennemi, voyez si le pays n'offre pas les moyens de construire des redoutes ou placer des batteries. Les redoutes servent à mettre les positions hors d'insulte, et à offrir à l'ennemi des obstacles dont il est forcé de s'emparer s'il veut marcher en avant, ce qui lui fait perdre du temps et donne celui de venir à lui avec les batteries; il est bon de connaître leur emplacement, soit qu'on les mette à demeure, soit qu'on les établisse en arrivant. Mais ces redoutes et batteries sont inutiles dans un pays plat et découvert. Cette espèce de détail n'a d'importance que si un pays est assez difficile et les points de passage peu nombreux. Retirez tous les bateaux de la rive ennemie; détruisez et coulez à fond ceux dont on ne peut disposer.

Quatrième objet. Détaillez les positions qu'offre le pays pour la défense, soit pour l'armée entière, soit pour un corps d'armée. Pour bien remplir cet objet, il faut bien connaître la longueur de la partie de la rivière qu'on doit garder, reconnaître le pays avec la plus grande attention au moins deux lieues de largeur, dans le plus grand détail, pour pouvoir rendre compte de toutes les positions dont le terrain est susceptible, soit pour le gros de l'armée, soit pour les corps détachés.

Il est reçu qu'on ne peut défendre le cours d'une rivière lorsqu'on a un trop grand front à garder, et devant soi un ennemi supérieur en nombre qui peut faire plusieurs tentatives à la fois sur des points éloignés; mais encore on peut prévoir la partie du cours de la rivière qu'il choisira de préférence relativement à l'objet général de la campagne, et les ressources et avantages qu'il peut retirer après chaque passage.

Il est d'autant plus nécessaire de connaître la nature du pays à deux lieues de largeur au moins, que: 1.° si le pays est montueux et difficile, le général peut préférer camper avec le gros de son armée à une ou deux lieues de la rivière, et au centre du front qui lui sera le plus important à garder, pour être plus en mesure de se porter sur les différents points de ce front où l'ennemi pourrait tenter son passage. Il faut donc qu'il connaisse assez bien le pays pour qu'il puisse bien placer les corps qu'il voudra détacher en avant de lui, pour fournir les postes le long de la rivière, et se mettre en mesure de les soutenir ou de les recevoir en cas que l'ennemi ait pénétré par quelques points. 2.° Si le général prend une position plus rapprochée de la rivière avec le gros de l'armée, il ne lui sera pas moins nécessaire de connaître parfaitement le pays qu'il aura derrière lui, pour, dans le cas de passage de l'ennemi, disputer le terrain pied à pied s'il est difficile, ou ne pas se compromettre si le pays est praticable.

390. *Environs de la rivière.* La connaissance de tous les terrains, sentiers, etc., est indispensable. Un officier, en traitant la *défensive* d'une rivière, doit figurer en même temps tous les chemins dont pourrait se servir l'armée pour se porter sur la rivière, ou réciproquement ceux que les postes établis le long de la rivière auront à suivre pour rejoindre l'armée. Il en joindra un détail particulier au compte qu'il rendra de chaque position. (de Lenchères.)

MONTAGNES.

391. Napoléon a dit : « Dans les montagnes, celui qui attaque a du désavantage ; mais dans la guerre offensive, l'art consiste à n'avoir que des combats défensifs et à obliger l'ennemi à attaquer.

» Le génie de cette guerre consiste à occuper des camps, ou sur les flancs, ou sur les derrières de l'ennemi, qui ne lui laissent que l'alternative d'évacuer ses positions sans combattre, pour en prendre une en arrière, ou d'en sortir pour vous attaquer. »

Celui qui en pays de montagnes voudrait tout garder, disperserait ses forces en pure perte, tant est grand le nombre des postes à occuper, et difficile le moyen de les faire communiquer entre eux pour qu'ils puissent se défendre et s'entr'aider mutuellement. L'ennemi arrivant en masse sur un des points, aurait bientôt enfoncé le cordon et forcé le passage. Les montagnes se défendent par des masses placées en arrière des cols et des passages, et postés au point de jonction des principales communications. Or, on a vu dans la description des montagnes, que les points de passage étaient aux dépressions ou sources des cours d'eau, et que les chemins étaient les vallées mêmes des cours d'eau. Il s'ensuit que les points à occuper en force, sont les nœuds des cours d'eau ou de leurs vallées. Pendant ce temps on fait observer les passages par de faibles détachements, et quand l'ennemi a prononcé son mouvement et sort du défilé, on s'avance vivement pour le combattre. La guerre des montagnes est donc une défensive active, et l'art consiste à occuper des positions centrales.

392. *Défense des hauteurs.* On a adopté généralement pour la défense des hauteurs les méthodes de guerre de l'Angleterre. Pour *défendre* une hauteur, l'infanterie anglaise n'en couronne pas la crête, ainsi que le pratique l'infanterie des autres armées ; elle se place à une cinquantaine de pas en arrière de la crête positive, dans laquelle elle n'est pas vue, pour peu que la pente soit rapide ; elle a presque toujours des tirailleurs le long de la pente qu'il faut gravir pour venir l'attaquer. La fusillade et le retour de ces tirailleurs l'instruisent de l'arrivée de l'ennemi : au moment où il paraît, elle lui envoie une décharge de mousqueterie dont l'effet ne peut qu'être terrible à une si petite portée, et le charge aussitôt. (Le marquis de Chambray.)

393. *Attaque.* On n'*attaque* jamais de front une hauteur que lorsqu'il est impossible de la tourner de loin. On conduit d'ailleurs deux attaques, une fausse et une vraie. L'attaque de front ne peut avoir quelque succès qu'exécutée par des tirailleurs en petites bandes appuyés par de petites colonnes, peu profondes et flexibles. Favorisées par ces combats de tirailleurs, par ces attaques de toutes les localités que présentent les berges de la vallée, les colonnes d'attaque cherchent à se glisser et à gagner quelque lieu élevé qui domine la position ennemie.

Dans l'attaque comme dans la défense des hauteurs, les principes de la petite guerre reçoivent de nombreuses applications.

FORÊTS.

394. *Vues générales.* Pour la reconnaissance, recueillez tous les renseignements indiqués à la première partie (n.º 187); ne vous

y engagez pas sans guide et sans escorte. Divisez celle-ci en petits groupes qui explorent les chemins latéraux en se tenant en communication avec elle. Elle laisse à l'entrée du bois le quart de sa force pour servir de ralliement au besoin.

395. *Défense.* On défend les approches et les flancs d'un bois pas des abatis. Il n'y a de vraiment fort dans un bois que la lisière, car les soldats placés à l'abri fusillent sans rien craindre l'ennemi qui s'avance. Placez donc sur la lisière la moitié de vos forces, un quart en seconde ligne sur les chemins de communications, l'autre quart dans une position centrale et sur la ligne de retraite. Tâchez de vous procurer sur la lisière des saillants que vous fortifierez, et qui prendront de revers les attaques de l'ennemi. Songez que celui-ci une fois maître de la lisière, a autant d'avantages que vous. Les parties faibles d'une forêt sont les angles ; on ne peut assez les fortifier, soit par des abatis, soit par des retranchements.

L'on doit examiner avec le plus grand soin les clairières ; voyez si on ne pourrait les joindre en faisant des abatis. On créerait ainsi une seconde lisière et les moyens de renouveler le combat. Défendez avec opiniâtreté les lieux bâtis que contient la forêt. Veillez aux flancs de la position, et tenez en arrière votre cavalerie prête à charger les troupes qui voudraient vous tourner.

396. *Attaque.* Voyez si la forêt peut être tournée ; reconnaissez avec soin les saillants de la position. Choisissez votre point d'attaque, mais tâchez de dérober vos desseins à l'ennemi le plus longtemps que vous pourrez. Si vous parvenez à agir sur le flanc et les derrières de l'ennemi, il sera forcé d'évacuer le bois ; si cette manœuvre n'est pas faisable, disposez votre attaque autant que possible à l'abri du feu de l'ennemi ; mais aussitôt que vous la démasquez, courez vivement jusqu'à la lisière sans riposter et gagnez-la au plus vite. Si vos soldats gagnent les premiers arbres, la partie devient égale. Dans les bois touffus, on a deux chaînes de tirailleurs à 100 mètres de distance ; la réserve en petites colonnes suit sur les chemins à 400 mètres environ.

Une fois le pied posé dans le bois, on s'empare de toutes les issues pour empêcher les retours offensifs.

Dans les bois peu touffus, la seconde ligne forme une série de petites colonnes de soutien ; n'engagez jamais toutes vos forces dans la forêt avant d'avoir gagné la lisière opposée. Derrière les flancs des lignes de tirailleurs, on place de petites colonnes pour les protéger.

La cavalerie est inutile dans l'attaque d'une forêt ; l'artillerie la protége efficacement en chassant, au moyen des obus et de la mitraille, les défenseurs des saillants que l'on veut attaquer.

On ne prendra position dans les bois qu'avec la plus grande circonspection ; leur occupation pourrait devenir funeste. Dès qu'on est repoussé de la lisière, on perd de vue les mouvements de l'ennemi.

On attache généralement aux forêts, dans la défensive, une importance qu'elles ne possèdent pas. Les combattants ne se voyent pas entre eux, et les officiers ne peuvent coordonner avec fruit tous les moyens de défense.

397. *Défense des plaines couvertes.* Les plaines couvertes offrent les mêmes moyens de résistance que les forêts. Les haies, les taillis cachent les défenseurs et leur permettent de fusiller les assaillants parfaitement à l'abri. Ces positions deviendraient cependant inutiles si l'ennemi parvenait lui-même à s'en couvrir. Lors donc que l'on devra défendre un pays coupé de haies et de broussailles, on se créera, par des abatis convenablement faits, plusieurs lignes de défense ; on conservera sur le front de ces abatis les maisons, les enclos les plus susceptibles de résistance, qui formeront autant de bastions protecteurs du terrain où l'on veut résister.

VILLAGES.

398. On ne se détermine pas à la guerre à attaquer ou à défendre un village sans de puissantes raisons. Il faut pour cela qu'ils aient la qualité de postes de guerre, et que leur occupation soit utile à l'ensemble des opérations militaires projetées. On occupe 1.º les villages situés en avant du front et des flancs d'une position ; 2.º ceux qui sont situés sur les lignes d'opérations ; 3.º ceux qui couvrent un défilé, un pont, une digue, ou servent d'appui aux avant-postes, ou peuvent favoriser une retraite ; 4.º les villages situés sur les débouchés que l'ennemi peut prendre et ceux qui peuvent balayer ces débouchés.

399. Tous les villages ne sont pas susceptibles de la même défense. Les uns ont leurs maisons agglomérées, ils sont entourés de haies et cernés par des plaines bien ouvertes, ce sont ceux dont l'occupation est la plus facile ; d'autres ont leurs maisons dispersées.

On a résumé à l'article *village* tout ce qu'il est utile de noter dans leur reconnaissance. (1.re partie, n.os 208 à 213.)

400. Quand une armée marche en avant, l'avant-garde occupe les villages qui couvrent les défilés que l'armée doit traverser ; si l'ennemi attaque, on les défend à outrance jusqu'à l'arrivée de l'armée. Dans les retraites, l'arrière-garde tient ferme dans les villages qui couvrent les lignes de retraite des différentes divisions. Mêmes précautions pour les marches de flanc.

401. *Défense.* Voyez pour la mise en état de défense ce qui a été dit à l'article *occupation des postes* (page 184.) La défense d'un village n'est efficace qu'autant qu'elle est protégée par le feu dirigé d'une position située en arrière, et assez près pour que l'ennemi ne puisse se poster entre elle et le village. La défense d'un village isolé n'est justifiable que lorsqu'il garde un défilé, est appuyé aux bords d'une rivière, d'un fleuve, car ces obstacles naturels empêchent qu'il ne soit attaqué de tous côtés. Défendez autant que possible les approches du village, gardez le plus de terrain que vous pourrez pour ne pas être attaqué simultanément de tous côtés ; en conséquence, les villages en pays coupés sont plus faciles à défendre qu'en pays de plaines.

402. Divisez vos troupes en trois parties : la 1.re partie couvre le village, donne une double ligne de tirailleurs aux défenses extérieures et aux maisons crénelées ; ces tirailleurs ont pour soutiens des petites masses placées dans les rues ; la 2.e partie forme des postes de ralliement derrière les endroits les plus exposés et relève au besoin les postes avancés ; la 3.e partie forme la réserve et occupe une position centrale. La cavalerie est avec ce corps de réserve ; l'artillerie, derrière de bons épaulements, bat toutes les avenues du village et les terrains découverts.

403. Si l'ennemi agit d'une manière décousue, aventure ses ailes, faites des sorties vigoureuses, en occupant fortement la partie du village par où doit rentrer la sortie ; si l'ennemi est repoussé, ne le poursuivez pas.

Ne mettez jamais dans un village plus de troupes qu'il n'en faut pour sa défense.

Défendez le village pied à pied : que la réserve placée dans le réduit empêche l'ennemi de s'y établir, tandis que le reste des troupes rallié en arrière prépare des retours offensifs. Tout village doit être défendu jusqu'à la dernière extrémité.

404. *Attaque.* Craignez d'attaquer un village si vous n'êtes pas supérieur en force ; ne l'attaquez jamais si sa possession n'est pas indispensable à la réussite de vos projets, car un village bien défendu n'est conquis que par beaucoup de sang. Tâchez d'approcher à couvert; examinez si le village est dominé par une hauteur; quelle est la force des murailles ou maisons ; si les flancs sont garantis par des troupes placées en arrière. Inquiétez l'ennemi par de fausses attaques dans toutes les directions, et ne vous décidez à l'attaque de front que lorsqu'il vous est impossible de l'isoler de ses troupes de soutien.

Partagez vos troupes de la manière suivante : 1/6 pour l'attaque, 3/6 pour les troupes de soutien et d'appui, 2/6 pour la réserve. La cavalerie est avec la réserve prête à repousser les sorties et les entreprises dirigées contre les flancs des attaques.

L'artillerie joue un grand rôle dans les attaques des villages; elle démonte celle de l'ennemi, jette des obus, détruit les défenses, les pallissades, enfile toutes les grandes rues. Puis les tirailleurs sont lancés au pas de course et sans tirer vers les premiers obstacles, et luttent avec l'ennemi de haie en haie, de maison en maison. S'ils sont repoussés, ils s'embusquent et dirigent sur l'ennemi un feu bien nourri. Alors les colonnes de soutien s'élancent et cherchent à pénétrer par les ouvertures faites par le canon et les tirailleurs. Si l'attaque réussit, elles se portent subitement vers le centre du village, occupent les points principaux, tandis que les tirailleurs garnissent l'enceinte. Si l'attaque ne réussit pas, la réserve s'avance, recueille les colonnes et protége leur retraite.

DÉFILÉS.

405. 1.º Les communications qui se prolongent au milieu des obstacles ; 2.º les chemins des vallées, les routes entre deux montagnes ; 3.º les digues à travers les marais et les inon-

dations ; 4.° les routes resserrées entre des fossés et des haies impénétrables ou des bois épais ; 5.° les chemins des villages qui ne peuvent être tournés ; 6.° les ponts ; forment des défilés plus ou moins longs.

L'attaque et la défense des défilés sont spécialement du ressort de l'artillerie et de l'infanterie. La cavalerie isolée, chargée de *garder*, *attaquer* ou *défendre* un défilé, doit, dans les deux premiers cas, faire mettre pied à terre à une partie de son monde, et dans le troisième se tenir en arrière du défilé, laisser passer une partie des ennemis et charger impétueusement leurs têtes de colonnes.

406. *Défense et occupation du défilé.* Occupez, si le défilé doit être conservé, une position en avant et en demi-cercle, les ailes s'appuyant aux obstacles qui bordent le défilé. Si le défilé n'a aucune importance, placez-vous à la sortie dans une bonne position, et foudroyez de votre artillerie tout ce qui voudrait en sortir. On est forcé d'en agir ainsi lorsque le terrain au-delà du défilé est mauvais à défendre et se trouve dominé. Si le défilé a sur ses flancs quelque poste important, occupez-le en force. Si plusieurs défilés se croisent, occupez en force les carrefours. Placez des tirailleurs sur les obstacles qui longent les défilés ; qu'ils bordent les points culminants et tous les sentiers qui les traversent ; ayez soin que leurs communications avec le corps principal soient assurées. Les tirailleurs seront convenablement appuyés par des postes intermédiaires.

Les défilés par eux-mêmes se défendent rarement dans leur intérieur, à moins qu'ils n'aient quelqu'étendue ; quand on ne peut en défendre efficacement l'entrée, on préfère abandonner le défilé lui-même et disputer la sortie. Tout défilé qui peut être tourné à peu de distance, n'est pas susceptible d'être défendu.

On défend l'entrée du défilé, lorsqu'il est très-long, lorsque quelque partie de l'armée n'a pas rallié, ou lorque le terrain en arrière du défilé ne permet aucune formation. La retraite s'exécute sous la protection de l'artillerie et commence par les deux ailes. La cavalerie, avant de se retirer, pousse contre l'ennemi, pour arrêter ses efforts, une charge brusque et violente.

Quand le défilé ne peut être tourné et que l'on se décide à le défendre, on le coupe de distance en distance par des barricades qui servent d'épaulement à l'artillerie, et que l'ennemi doit successivement emporter. Dans les défenses des barricades des défilés, on ne doit point craindre de perdre quelques pièces. Si l'ennemi avance contre la barricade, on charge les pièces jusqu'à la gueule; on le foudroie à bout portant; si après cela, la réserve d'infanterie ne parvient pas à repousser l'ennemi ainsi décimé, jusqu'à ce que l'artillerie ait retiré ses pièces, cette arme ne doit point regarder comme un déshonneur de les avoir perdues.

La défense de la sortie d'un défilé est spécialement réservée à l'artillerie que l'infanterie protége en arrière, et aux attaques de la cavalerie contre les têtes de colonnes de l'ennemi qui débouche.

407. *Attaque.* Evitez toujours les défilés que vous pouvez tourner, ne les abordez de front que lorsque vous ne pouvez faire autrement. Dans le cas où le défilé peut être tourné, alarmez l'ennemi par des démonstrations et cherchez à l'induire en erreur.

S'il faut tenter le passage de vive force : 1.º approchez du défilé le plus possible, mais de manière toutefois à ne pas être incommodité des menus projectiles de l'ennemi ; 2.º disposez les troupes et l'artillerie de manière à ce qu'elles puissent agir avec la plus grande efficacité contre les troupes qui en défendent l'entrée ; 3.º dirigez aussitôt qu'on le pourra des batteries d'écharpe et d'enfilade dans l'intérieur et le long des flancs du défilé ; 4.º jetez de nombreux tirailleurs sur les flancs ; ces tirailleurs, que soutiendront des détachements, auront ordre de se saisir des sommités et des autres points essentiels à occuper ; 5.º faites soutenir l'attaque par une forte réserve que l'on tient autant que possible à couvert des feux de la position, mais pourtant de manière à ce qu'elle puisse arrêter l'adversaire, s'il venait à se porter en avant à la suite d'un échec des colonnes d'attaque; 6.º si le feu de l'ennemi se ralentit, faites enlever la position à la baïonnette par de petites colonnes échelonnées, après avoir préparé l'attaque par le redoublement du feu de l'artillerie ; 7.º à la sortie du défilé, formez les trou-

pes sur le centre sous la protection des tirailleurs, l'artillerie
et la cavalerie sur les flancs ; une réserve massée à la sortie du
défilé ; 8.º tout l'art de l'attaque consiste à agir par les ailes,
pour emporter les points culminants et déborder sans cesse
le gros des forces opposées, qui de cette manière est con-
traint de songer à la retraite, souvent même avant d'avoir
essuyé le choc de la colonne qui le presse de front dans la
vallée ; 9.º lorsqu'un corps trouve un défilé non occupé, son
avant-garde doit le passer vivement ; une moitié se disperse en
tirailleurs, l'autre moitié se forme en petites colonnes qui
poussent des reconnaissances dans toutes les directions. Trois
autres détachements suivent aussitôt le premier ; l'un masque
la sortie, les deux autres se portent sur les flancs et protégent
les tirailleurs et les reconnaissances. (*Rocquancourt* et *Lallemand.*)

PONTS.

408. *Défense.* Les ponts se défendent par les têtes de ponts.
S'il n'y en a point, la position de défense la plus naturelle est en
arrière. Si le pont est à un rentrant, les abords sont facilement
défendus par des batteries qui croisent leurs feux en avant.
Si le pont est à un saillant, on se forme en croissant vis-à-vis
le débouché et on foudroie tout ce qui en sort. L'artillerie au
centre foudroie le pont et tire à boulets ; les pièces des ailes
lancent la mitraille contre les troupes déjà passées.

409. *Gués.* Les gués ne se défendent jamais qu'en-deçà.

410. *Digues.* Une digue comme un gué ne peut se défendre
avec facilité qu'en-deçà. Des batteries enfilent la digue, d'autres croisent leurs feux sur les troupes qui s'y engagent. On a
soin d'augmenter les difficultés du passage par des coupures et
la destruction des ponts qui s'y rencontrent.

CONVOIS.

411. *Défense.* Ce qui regarde la conduite et la défense d'un
convoi est réglé par le Règlement du service en campagne. La
troupe chargée de la défense se partage en trois corps : *avant-
garde, corps principal, arrière-garde.*

La force de l'arrière-garde et de l'avant-garde réunies est de 1/3 de la troupe.

412. Le corps principal lui-même se divise en quatre parties ; une est à la tête du convoi, l'autre à la queue, la troisième au centre ; ces trois parties forment l'escorte proprement dite, et constituent le 1/3 de la force ; la quatrième comme réserve marche à la hauteur du centre sur le flanc le plus menacé ; elle est à elle seule du 1/3 de la force totale. Des petits pelotons appartenant aux trois premières parties sont échelonnés le long de la colonne de marche.

Avec les convois marchent des voitures de rechange et des chariots chargés d'outils ; si l'on fait bien, on munira les chariots de chevaux de frise à lames ployantes, pour les opposer au besoin à la cavalerie.

413. Dans les haltes ou dans l'attaque, le convoi parque. Cela se pratique de trois manières : 1.° en *écuries*, c'est-à-dire sur plusieurs lignes parallèles avec des espaces suffisants pour la circulation ; 2.° en *carré*, les voitures placées essieux contre essieux, les timons dans l'intérieur ; 3.° en *échelle* ; si l'on est attaqué en route, on serre les voitures sur deux files, les chevaux tournés vers l'intérieur.

414. Quand on est forcé de défendre le parc, les conscrits occupent le pourtour et garnissent les voitures. Au centre est une réserve qui charge à la baïonnette tout ce qui y pénètre, et fait des sorties. L'artillerie occupe les angles du parc ou se case entre ses voitures.

415. *Attaque.* L'attaque d'un convoi est plus simple. Le meilleur moyen est de tendre une embuscade. Le rôle principal de l'attaque est réservé à la cavalerie et à l'artillerie légère ; l'infanterie sert de soutien. Les assaillants sont partagés en trois parties. Dans un terrain resserré, attaquez les extrémités, tuez les chevaux. En plaine, faites de fausses attaques sur les extrémités et tombez comme la foudre sur le centre. Quand le convoi est parqué, la cavalerie charge l'escorte et cherche à la disperser ; l'infanterie se glisse entre les voitures. Si le chef du convoi est sur ses gardes, l'assaillant tient toutes ses forces réunies, harcèle constamment la réserve, et cherche à l'entraîner dans quelque faute dont il profite pour pousser une pointe sur le convoi.

Mais ce qui jette le plus grand désordre dans un convoi et favorise sa prise, ce sont des obusiers servis par l'artillerie à cheval.

416. *Convois de prisonniers.* On les attaque presque toujours avec la cavalerie seule, l'infanterie et l'artillerie détruisant par leur feu ceux-là mêmes que l'on veut délivrer.

417. NOTES *servant à apprécier la longueur des convois et des colonnes, et le temps de la marche.*

INFANTERIE, *par minute.*		CAVALERIE.		ARTILLERIE.
Pas ordinaire . .	50m.	Au pas. . .	100 à 110	90
» de route. . .	65	Trot. . . .	200 à 220	165 à 210
» accéléré . . .	71 à 78	Galop . . .	500	500
» de charge . .	85 à 100	Charge. . .	400	450 à 525
» de course . .	100 à 120			

D'un bataillon (en colonne serrée, du guide de la tête au premier guide du bataillon suivant . . . . 59 pas, 26m,00

D'un régiment de cavalerie de quatre escadrons, du guide de la tête au premier guide du régiment suivant. 72

Les convois parcourent en chemin uni 5000 mètres en une heure. Il faut une heure pour mettre en file 500 voitures à quatre chevaux. Un chariot à quatre chevaux occupe 12 mètres, y compris l'intervalle; à six chevaux, 16 mètres; à huit chevaux, 20 mètres. On évalue la longueur du convoi, en ajoutant 1 mètre à chaque longueur de voiture, et en mettant un 1/4 en sus pour les accidents. 50 voitures à 8 chevaux tiendront 50 (20+1) ou 650 mètres plus 1/4 ou 157,50; c'est-à-dire 787,50 de longueur.

Une batterie d'artillerie avec ses caissons marchant sur deux files, occupe 225 mètres.

Une division d'infanterie de 12 bataillons de 700 à 800 hommes, suivie de deux batteries d'artillerie marchant en colonne serrée, occupe une profondeur de 1000 à 1100 mètres. Un corps de 25,000 hommes occupera 5,500 mètres et mettra un peu plus d'une heure pour se déployer sur une aile en moitié sur son centre; 120,000 hommes sur une seule route demandent, d'après Napoléon, un espace de six heures pour se déployer. Une division de cavalerie de 24 escadrons, de 48 files, marchant par pelotons, occupera 1200 mètres de longueur; son déploiement pourra se faire en huit minutes au trot, et en quatre minutes sur le centre. On fait ici abstraction des obstacles que présenterait le terrain.

VIVRES ET FOURRAGES.

418. Le système de guerre adopté de notre temps ne permet pas de nourrir l'armée uniquement avec ses magasins. Le soldat porte toujours avec lui pour quelques jours de vivres, mais il n'y touche qu'à la dernière extrémité. Autant qu'on le peut, on le fait vivre aux dépens du pays. Ce n'est souvent que lorsque le pays est épuisé que l'administration régulière intervient. L'action par laquelle on se procure militairement les subsistances nécessaires à une armée se nomme *fourrage*. On est quelquefois forcé de fourrager à portée ou en présence de l'ennemi, et cette opération devient par conséquent importante et délicate à conduire.

419. Il y a deux sortes de *fourrages* ; fourrage *au sec* et fourrage *au vert.*

420. Le fourrage au sec se compose des provisions que renferment les villes et les villages, et par conséquent du supplément de la dernière récolte ou des approvisionnements des habitants. Lorsque l'on est chargé d'un fourrage de cette nature, il y a inhumanité, à moins d'ordres précis et de famine dans l'armée, d'enlever autre chose que le superflu : on doit laisser à l'habitant son approvisionnement et ce qu'il faut pour ensemencer ses terres. Donnez aussi à celui que vous dépouillez un certificat constatant ce que vous lui prenez, s'il s'exécute de bonne grâce et si vous en avez le temps.

421. *Conduite du fourrage.* Le chef prescrit en partant la quantité de fourrage à enlever par chaque localité, et donne ordre d'arrêter et garrotter tout soldat pris maraudant. L'escorte du fourrage part une heure avant les fourrageurs, entoure l'espace par ses petits postes et occupe en arrière une position centrale. Chaque colonne de fourrageurs, ayant une escorte particulière, se rend aux endroits désignés. Elle s'arrête à 800 pas du village, que l'escorte entoure de ses sentinelles, puis on y pénètre pour fourrager.

Les fourrageurs sont munis de sacs et de cordes. Les sentinelles ne permettent leur sortie du village que chargés et sous la conduite d'un sous-officier. Des patrouilles nombreuses parcourent les rues pour empêcher les désordres et les exactions. On charge vivement les voitures que l'on a amenées, ou que l'on a requises, et au temps fixé pour le départ, on s'assure que tout le monde est sorti et on regagne le camp.

422. *Attaque.* Même attaque que pour un convoi. Un fourrage est censé détruit lorsque l'ennemi n'a pu l'enlever.

423. *Fourrage au vert.* Lorsque le fourrage *au sec* ne fournit pas assez abondamment à la nourriture des chevaux, on fourrage *au vert*; c'est-à-dire que l'on coupe les moissons sur pied. Pour cela, il faut dresser au préalable un croquis du terrain à fourrager, et y joindre un rapport sur la nature des denrées que le terrain contient. Puis on répartit le terrain par corps en raison de la force de chacun d'eux. On fourrage ordinairement pour deux jours au plus, afin d'éviter : le désordre, une trop grande étendue du terrain à garder, le gaspillage, et surtout la perte de temps.

424. Tout fourrage au *vert*, comme le fourrage au sec, est protégé par une escorte composée des trois armes, et forte en raison de l'importance du fourrage et de son éloignement du camp. Elle forme ses lignes de postes en avant et sur les flancs du fourrage avec une réserve dans une position centrale. Chaque détachement de fourrageurs a une petite escorte particulière chargée de faire la police et d'empêcher le désordre. L'escorte générale part une ou deux heures à l'avance, et les travailleurs ne se mettent à l'œuvre qu'après l'établissement des postes. Au fur et à mesure que les trousses sont achevées, des petits détachements les portent au camp.

425. *Attaque.* L'attaque d'un fourrage au vert doit être *brusque.* Il faut passer vivement la ligne d'avant-postes, et chercher à inquiéter les travailleurs, qui aussitôt abandonnent leurs trousses pour songer à se défendre.

426. *Vivres.* La ration de vivres par homme est fixée comme suit :

	kil.		kil.
Pain de farine de froment non bluté . .	0,750	Sel	0,016
		Riz	0,030
Biscuit	0,500	Légumes secs. . . .	0,060
Viande fraîche . . .	0,250	Genièvre (litre) . . .	0,050
Id. salée	0,250	Vinaigre (litre) . . .	0,050
Lard salé	0,200	Bois à brûler (stère) .	0,040

427. Un quintal métrique de blé donne 166 rations. Le pain se compose de 198 parties de farine, 117 d'eau et 1 partie de sel. Un pain de deux rations doit peser k. 1,50 quand il est cuit, et 1,715 en pâte.

Le poids moyen de bœufs tués est de 250 kilogrammes. Ce poids donne 1000 rations.

Quand en campagne on livre la viande sur pied, on déduit du poids 40 % sur les bœufs, 44 % sur les vaches, 40 % sur les veaux, et 47 % sur les moutons.

428. Dans les pays bien cultivés, on compte trouver la nourriture de 1 soldat par 5 habitants; et par 10 habitants, dans les pays de montagnes.

	kil.		kil.
429. Un hectolitre de fro-		D'orge	65
ment pèse	75	D'avoine	46
De seigle	70	De maïs	80

430. 100 kilogrammes de froment donnent 121 rations,
100 id. de farine, 180 id.

431. D'après Lagrange, il faut à l'homme 2 parties de substance animale contre 7 de substance végétale : sur 100 parties de nourriture, il y en a de nutritives :

Dans le pain	80	Les pois	93
La viande	54	Lentilles	94
Les haricots	92	Carottes	14
Les fèves	89	Choux	8

D'après ces données, k. 0,50 de bon pain équivaut à 1,50 de pommes de terre; 0,153 de viande à 1,60 de pommes de terre; 0,50 de haricots, pois, fèves, à 1,75 de pommes de terre.

432. *Fourgons.* Pour porter les vivres, les armées ont à leur suite des *fourgons* ou *caissons*. Chaque fourgon de quatre chevaux contient 750 kilogrammes, qui représentent :

1,000 rations de pain,	12,500 rat.s de légumes secs,
ou bien :	10,000 id. eau-de-vie,
1,200 rations de biscuit,	185 id. d'avoine à 5 par rat.
25,000 id. de riz,	1,300 id. de farine.

Une armée de 100,000 hommes a besoin de 800 voitures ou équipages réguliers.

433. *Fourrages.*

Rations.	Avoine.	Foin.	Paille.
Ration forte , 5 kil.	5 kil.	4 kil.	
Ration légère , 4 1/2 kil.	4 kil.	4 kil.	

Un bœuf ordinaire consomme 10 kil. de foin par jour, et donne 900 à 1000 rations ; un mouton consomme 2 kil. de foin , et donne 30 rations.

434. Des piles de 6 à 8 mètres de hauteur, donnent au mètre cube de foin 100 kil. ; de paille, 84 kil. Si le foin est pressé , le mètre cube pèse 130 kil. , et le mètre cube de paille 85 kil.

En litres, il faut d'avoine :

7 litres pour 3 kil. 9 litres pour 3,80 kil.

8 id. pour 3,40 kil. 10 id. pour 4 kil.

Pour les mêmes poids, la mesure de son doit être double de celle de l'avoine.

435. *Fourrage au vert.* Par cheval, il faut 40 kil. de vert par jour. On réunit le fourrage par bottes , et les bottes par trousses de 160 kil. Une trousse est la charge d'un cheval non monté, et suffit à la nourriture de 4 chevaux.

Dans le bon terrain, un hectare fournit, terme moyen , 20 trousses , et suffit à la nourriture de 80 chevaux ; en mauvais terrain, 10 trousses , et donne la nourriture de 40 chevaux.

Les blés doivent être coupés aussi près de terre. En une heure , 50 hommes peuvent mettre en trousses un demi-hectare ou la ration de 40 chevaux.

Une voiture à 4 chevaux emporte cinq trousses ou la ration de 20 chevaux.

L'officier chargé d'un fourrage au vert, fait préalablement confectionner quelques trousses, et juge par le terrain dépouillé de l'espace nécessaire à tout le fourrage ; car la quantité de fourrage au vert que donne un champ, dépend de la saison à laquelle a lieu le fourrage au vert. Jacquinot de Presle, et de Brack après lui, fixent la quantité moyenne de kilogrammes fournie par un hectare à 3000.

436. *Données d'expérience nécessaires à la conduite des fourrages et à l'établissement de la statistique d'un pays.*

Au vert. Les fanes vertes de froment sont échauffantes. Les meilleures sont celles de l'orge, puis du seigle et de l'avoine ; mais on aura soin d'en retrancher les épis. Si l'on n'a que du vert de froment, on retranche 10 kil. On remplace le vert par les *carottes*, la *pomme de terre*, les *navets*, les *raves*, les *panais*, la *betterave*. La dose est de 10 à 12 kil.; 35 à 40 kil. de carottes et 4 kil. de foin font une très-bonne nourriture. Quant à la pomme de terre, on a soin de ne jamais la donner que concassée, et cette opération se fait au moment même du repas. S'il est possible on joint, à la ration de pommes de terre, du sel de cuisine.

Enfin on remplace encore le vert par, les feuillards ou jeunes pousses de certains arbres. Le meilleur feuillage est celui de l'*orme*, puis de l'*érable*, du *bouleau*, du *hêtre*, du *noisetier*, du *murier*, de la *vigne*. On les donne en même quantité que la paille.

Au sec. On remplace l'avoine par les *graines*, comme : *haricots*, les *pois*, *lentilles*, *maïs*, *seigle*, *blé*, *sarrasin*. On donne 2 kilog. de ces graines pour 3 kilog. d'avoine ou les 2/3 de la ration. Il faut avoir la précaution de les faire tremper 12 heures à l'avance dans l'eau potable. L'orge ne vaut rien comme nourriture dans le nord de l'Europe ; en Espagne, elle peut remplacer l'avoine.

Un hectare de bonne terre rend par an : foin, 4840 kil.; froment, 2410 kil., on en sème 120 litres ; seigle, 2156 kil., on en sème 140 litres ; orge, 2728 kil., on en sème 176 litres ; avoine, 2896 kil., on en sème 151 litres ; pommes de terre, 256 hectolitres, on en sème hectol. 5,28. Pour les terres de deuxième classe, diminuez le produit d'un 1/4 ; pour les mauvaises, de la moitié.

Annuellement on compte qu'un habitant de la campagne consomme 2 sacs de seigle, 1/12 de froment, 1/12 de sarrasin, 4 sacs 1/2 de pommes de terre.

Pour apprécier ce que contiennent les granges, on saura que : un hectare de bonne terre donne 880 gerbes de 5 kilog. environ ; que 40 gerbes donnent 1 1/2 hectolitre de graines. Après avoir cubé une grange, on comptera le nombre de gerbes et on évaluera d'après cette donnée ce que contiennent en paille et en graines les autres granges et les meules.

Un sac de pommes de terre vaut 1 hectolitre et 7 litres. Il en est de même du seigle et du froment ; le sac contient un peu plus qu'un hectolitre.

TROISIÈME PARTIE.

LEVÉS DES PLANS EN CAMPAGNE.

437. *Vues générales*. Il est utile de s'entendre sur ce que l'on appelle le *levé à vue*. On a beaucoup abusé de ce mot, au point de faire croire qu'il existait des méthodes pour enseigner, tout d'abord, à lever le terrain, sans se servir d'instruments, sans prendre de mesures ni au pas ni au mètre. Cela n'est point. S'il existe des ingénieurs-géographes qui possèdent le talent de rapporter sur le papier la forme d'un terrain qu'ils parcourent en se promenant, ils n'ont acquis cette faculté que par l'emploi continuel des instruments. A force de prendre des angles, de mesurer des distances, leur coup-d'œil s'est formé à leur application immédiate. C'est ainsi que nous voyons dans des ateliers de construction des ouvriers habiles élevant des perpendiculaires à l'œil avec une rare perfection. Mais demandez comment ils sont parvenus à ce résultat : ils vous repondront qu'ils n'en savent rien ; car c'est en se servant beaucoup de l'équerre qu'ils ont acquis le pouvoir de construire leurs figures par induction. Nous dirons donc à celui qui veut apprendre à lever *à vue :* étudiez la topographie avec un soin extrême ; servez-vous des instruments toujours et sans cesse, mesurez des distances avec la chaîne, et avant chaque station, ou avant chaque mesurage, évaluez dans votre pensée la valeur de l'angle ou de la distance. Ces évaluations, d'abord très-fausses, mais que l'observation corrigera aussitôt, approcheront avec le temps de la réalité, et vous apprendrez peu à peu, mais seulement alors, à *lever à vue*. Notre intention n'est pas davantage de décrire ici les moyens plus ou moins ingénieux employés en campagne par les officiers-géographes pour suppléer aux instruments dont ils sont dépourvus. C'est ainsi, par exemple, que l'un se fait un graphomètre avec un petit rapporteur en corne fixé au bout d'un jalon; l'autre construit un équerre au moyen de petits bâtons en croix munis d'aiguilles à leurs extrémités; un troisième trouve une planchette dans son carnet et fait une alidade d'un morceau de papier ployé. Le Manuel, dans le cadre qui lui est tracé, doit rejeter et l'induction et la spéculation, et n'acceuillir que les méthodes sûres, positives et faciles à mettre en pratique, au moyen desquelles l'officier de cavalerie ou d'infanterie peut, en campagne, faire les opérations topographiques qui tombent dans ses attributions; à savoir, le lever d'une position, d'une route, le tracé d'un ouvrage, sans se servir d'instruments difficiles à transporter, et qui pourraient gêner, en quoi que ce soit, ses allures. Le Manuel n'entrera pas non plus dans des discussions théoriques; il ne donnera, des divers problèmes, que des solutions pratiques, faciles à comprendre et à appliquer par ceux qui ont quelques idées de dessin linéaire et de géométrie. On a écarté avec soin tout ce qui peut embarrasser l'élève peu avancé, et on indiquera pour les autres les ouvrages de géométrie auxquels ils peuvent recourir s'ils veulent se rendre un compte exact de la solution. On suppose encore que l'officier connaît ce que c'est qu'une échelle et les moyens de rapporter sur le papier les triangles levés sur le terrain.

438. Voici les matières dont il sera fait mention dans cette troisième partie, et qui suffira à l'officier pour ses travaux de campagne : 1.º *Evaluer les distances au pas*; 2.º *levés au mètre*; 3.º *levés par alignements*; 4.º *levés à l'équerre à miroir*. L'équerre à miroir est l'instrument par excellence des officiers d'infanterie et de cavalerie, et chacun d'eux devrait en être pourvu.

439. *Des distances au pas*. Pour mesurer les *distances*, on se sert de la chaîne. En campagne, lorsque cette ressource manque, on les évalue au pas de l'homme ou du cheval. L'habitude permettra de faire cette évaluation. Pour acquérir cette habitude, parcourez des distances de 800 à 1000 mètres, mesurées préalablement à la chaîne; d'autres distances de 100, 200 et

300 mètres; car le pas se raccourcit par la fatigue, et l'on serait amené à commettre des erreurs si l'on opérait toujours sur de petites distances. On compte combien de pas on a fait, et l'on connaît la proportion qui existe entre le pas et le mètre. Au bout d'un certain nombre d'épreuves, on acquiert un pas régulier. Si l'on parcourt par conséquent 500 mètres en 700 pas, le pas sera les 5/7 du mètre et 5/7 sera la quantité dont il faudra multiplier le nombre de pas obtenus pour avoir la valeur en mètres. Si l'on fait les 500 mètres en 860 pas, il faudra multiplier le nombre de pas par 500/860 = 25/43, et ainsi de suite. Une autre méthode d'évaluation est celle-ci : on calcule, la montre à la main, combien on fait de pas en une minute; l'on compte le nombre de minutes nécessaires pour parcourir un espace, puis on multiplie ce nombre par la quantité de pas faits en une minute. Par exemple, si mon pas est le 2/3 du mètre (c'est-à-dire s'il faut 3 pas par 2 mètres), si j'ai marché deux heures et que je sache que je fais 105 pas à la minute, le nombre de mètres sera = 2/3 (120 minutes × 105) = 8400 mètres; mais on conçoit que la première méthode vaut mieux que la seconde, car pour évaluer les fractions de minutes, il faudrait que l'officier possédât une excellente montre à secondes indépendantes, et ces montres ne sont pas communes dans une armée en campagne.

440. Ce que l'on fait pour l'homme, on le fait pour le cheval ; on parcourt avec lui une distance bien mesurée et jalonnée, on réitère l'épreuve au *pas* et au *trot*, jusqu'à ce que ses allures soient régulières. Par exemple, un cheval fait habituellement 1200 pas pour parcourir 1000 mètres, le pas sera donc le 1000/1200 ou le 5/6 du mètre. Si l'on suppose encore qu'une distance parcourue compte 87 pas, cette distance sera en mètres 87 × 5/6 = 72.50. On cherche aussi combien de mètres son cheval parcourt en une minute, afin d'évaluer de cette manière, et la montre à la main, les grandes distances, comme par exemple, la longueur d'une route.

DES LEVÉS AU PAS ET AU MÈTRE.

441. Les levés au pas et au mètre se font sans autre secours que la *chaîne* ou le *pas*, auxquels on donne pour auxiliaires des jalons et des piquets. Un cordeau gradué sur place, au

moyen du double décimètre dont l'officier doit toujours être
pourvu, peut tenir lieu de chaîne. La méthode de ces levés
repose sur cette seule propriété des triangles, à savoir : que
l'on construit un triangle quelconque à l'aide de ses trois côtés.

442. Soit sur le terrain le triangle ABC. (Pl. II, fig. 8.) Si la
ligne AB $= 100^m$, CB $= 90^m$, AC $= 80^m$; on construit, sur le
papier, le triangle de la manière suivante. On prend sur
l'échelle adoptée pour le plan, $ab = 100^m$, du point a comme
centre avec un rayon égal à 80^m de l'échelle, on décrit un
arc de cercle ; du point b comme centre avec un rayon égal
à 90^m de l'échelle, on décrit un autre arc de cercle ; ces deux
arcs de cercle se rencontrent en un point c qui est le sommet
du triangle cherché. Ceci posé, voici les problèmes que l'on
peut résoudre avec la chaîne seule.

443. I. *Déterminez sur le papier le changement de direction*
que fait une route.

Soit la route ABC (pl. II, fig. 9) qui éprouve en B un changement de direction. Prolongez la partie AB, au moyen de
jalons, d'une quantité quelconque, BD $= 30^m$ par exemple ;
mesurez la même quantité BE $= 30^m$ sur la nouvelle direction ;
puis mesurez le côté DE que vous trouvez égal à 22^m. Il ne
reste plus dès lors qu'à construire sur le croquis, et à l'échelle,
un triangle semblable au triangle DBE.

Soit ba la partie de route déjà dessinée ; prolongez la ligne
ba, et prenez avec le compas et à l'échelle du plan une
distance $bd = 30^m$; du point b comme centre avec un rayon $= 30$
mètres, décrivez un arc de cercle ; du point d comme centre
avec un rayon $= 22^m$, décrivez un arc de cercle, et la rencontre
de ces deux arcs vous donne sur le papier la position du point e ;
joignez b et e que vous prolongez, et vous aurez la nouvelle direction de la route.

Nota. On détermine de la même façon la direction *générale*
de tous les chemins qui viennent rencontrer la route qu'on
lève. On se sert à dessein du mot générale, car il est inutile
de lever toutes les petites sinuosités. Dans la fig. 10, par exemple, il suffit d'avoir la direction générale AB, et l'on ne doit
pas s'inquiéter des petites inflexions du chemin.

444. II. *Connaissant la position de deux points* A *et* B, *déterminez celle d'un troisième point* C *dont on ne peut approcher.*

Pl. II, fig. 10. Sur le terrain, au moyen de jalons, on détermine les directions AC et BC. On prolonge la ligne AB, de chaque côté, d'une quantité arbitraire, par exemple, de 40m. On prolonge également les lignes AC et BC d'une même quantité=40m. On mesure les distances entre les extrémités de ces prolongements, et l'on trouve DE = 35m et FG = 30m. Voici donc deux triangles ADE et BFG connus par leurs trois côtés, et qu'il est facile de construire sur le papier, ainsi qu'on l'a indiqué plus haut. On prendra donc, sur le papier, une distance égale à la ligne AB; aux extrémités de cette ligne prolongée, on construira les deux petits triangles à l'échelle du plan, puis en prolongeant les lignes AC et BC, on aura, par leur rencontre, la position du point C cherchée.

Au lieu de construire les triangles à l'extérieur, on aurait pu (et cela vaut mieux dans la pratique) construire les triangles intérieurs A*bc* et B*ac*, ainsi que l'indique la fig. 10.

445. III. *Une droite* AB *étant déterminée de position, fixez sur le papier la position du troisième point* C *accessible suivant la ligne* AC.

Fig. 12. On détermine, au moyen de jalons, les directions des lignes AB et AC. Sur leurs prolongements, on prend deux distances quelconques A*e* et A*d* égales, par exemple, à 30 mètres; on mesure *ed* que l'on trouve également égale à 30 mètres. Au moyen du petit triangle A*ed*, dont on connaît les trois côtés, on fixe sur le papier la direction AC. Cela fait, on mesure sur le terrain la distance AC laquelle est de 90 mètres; on prend sur l'échelle du plan la distance représentative, on la reporte sur le papier de A en C, et le point C est déterminé.

446. IV. *Levés par la méthode des triangles.*

Si ces problèmes ont été bien compris, rien n'est plus facile que de lever un terrain donné au moyen de la *chaîne*. Soit le terrain de la fig. 13. Les points dont on désire fixer la position sont: A, B, C, D, F, G et O. On joint deux à

15

deux les points A , C , D et G par des lignes fictives que l'on
mesure à la chaîne. On obtient, de cette façon, 4 triangles
dont on connaît les trois côtés, et que, par conséquent, on
peut rapporter sur le papier. On rapporte d'abord une des
lignes, par exemple AB, puis avec deux rayons égaux aux
distances de l'échelle équivalentes aux distances du terrain,
AG et BG, on détermine la position du point G. Au moyen
de la ligne AB et des rayons BC et AC, on détermine la position
du point C. La position du point D se détermine au moyen
de la ligne AG et des rayons AG, GD ; et le point E au moyen
de la ligne GD et des rayons GE et DE. Il ne reste plus qu'à
déterminer les points F et O. Le point O sera connu de position en construisant sur le terrain les petits triangles B*pq*,
C*rs*, comme le prescrit le problème II. Quant au point F,
comme il est accessible suivant EF, on le détermine par le
petit triangle E*mn* et la distance EF, en vertu du problème III.

447. V. *Levez un terrain par intersection.*

Voici le cas le plus général des levés au *mètre*. Il consiste
à lever tous les points d'un terrain par *intersection*. L'officier
qui désire acquérir de la facilité dans ses levés de campagne,
doit répéter souvent l'opération que l'on va indiquer. Contrairement au levé précédent, qui consiste à couvrir le terrain
à lever d'une suite de triangles qui lient tous les points remarquables, la méthode des *intersections* ne demande que la mesure d'une *base*, et relie tous les points remarquables du terrain
à cette base, par des triangles. Pour les construire sur le papier,
on évalue tous les angles de la base de ces triangles par la
méthode indiquée au problème II. Voici comment il faut s'y
prendre. Soient (fig. 14) les points C, D, E, F, G, que l'on désire
lever. On choisit dans un endroit favorable deux points A et B,
tels, que l'on puisse, placé près de chacun d'eux, apercevoir les
points désignés. Cela fait, deux piquets sont placés en A et B. Si
vous n'avez pas une chaîne de 20 mètres, construisez-en une
avec un cordeau que vous graduez au moyen du double décimètre, et placez deux piquets en *a* et *b*, dans le prolongement
de la base, à 20 mètres de leurs extrémités. (Au lieu d'une
chaîne de 20 mètres, on peut en avoir une de 15, 25, 30, etc.;

plus elle est grande et exacte, et moins les erreurs du levé
seront considérables.) Lorsque la base est ainsi construite,
préparez des jalons ou des piquets surmontés de morceaux
de papier, et placez un des bouts de votre chaîne à une des
extrémités de la base, par exemple en A. Cela fait, portez-vous
au point *a* en tendant votre chaîne, puis décrivez, à partir de ce
point, et en arrière de la ligne AB, un arc de cercle, en tenant
toujours la chaîne tendue. En décrivant cet arc de cercle, tenez
à la main, à l'autre bout de la chaîne, un piquet; portez votre
œil en arrière dans l'alignement de ce piquet et du jalon placé
en A, et lorsque dans votre course circulaire vous rencontrez,
dans le prolongement de la ligne qui passe par le piquet et
le jalon, un des points à lever, arrêtez-vous et plantez le
piquet. Dans la figure, l'observateur arrivé en *g*, a vu, dans
le prolongement de *g* A, le point G, et il a planté le jalon *g*
sur le papier duquel il inscrit la lettre correspondante au point
du terrain qu'il a aperçu. Il dégage alors le bout de la chaîne du
piquet *g*, et prenant en main un second piquet, il continue sa
course circulaire; arrivé en *f*, dans le prolongement de la ligne
AF, il plante le piquet *f*, et ainsi de suite les piquets *e, d, c*.
Quand l'observateur a placé tous ses piquets dans les prolongements de l'extrémité de la base A et de chacun des points
à lever, il dégage l'extrémité de sa chaîne du jalon *a*, se porte en
B, où il répète l'opération. On conçoit que tous les piquets plantés
sont tous à égale distance des points A et B, et que tous les
petits triangles *a*A*g*, *a*A*f*, *a*A*e*, etc., seront connus si on
mesure les troisièmes côtés, *ag, af, ae*, etc. L'observateur reviendra donc sur ses pas et mesurera *ag* = 12^m; *af* = 15^m;
ae = 20^m; *ae* = 24, en plaçant un des bouts de la chaîne en *a*
et en approchant successivement la chaîne tendue des piquets
g, f, e, d, c, etc., et comme les autres côtés du triangle ont une
longueur constante (celle de la chaîne), toute cette opération
sera renfermée dans le tableau suivant, qui permet de construire ces triangles sur le papier :

Base AB $=$ 80 *mètres ; longueur de la chaîne*, 20 *mètres*.

OBJETS OBSERVÉS AU NORD DE AB.	OBSERVATIONS EN A.	OBSERVATIONS EN B.
C arbre	$ac = 28^m$	$bc = 10^m$
D coin ouest de la forêt.	$ad = 24$	$bd = 14$
E angle rentrant de la forêt	$ae = 20$	$be = 18$
F coin est de la forêt et nord du chemin.	$af = 15$	$bf = 22$
G auberge	$ag = 12$	$bg = 26$

Rien n'est plus facile, au moyen d'un tableau semblable, de fixer sur le papier la position respective de tous les points levés. En effet, on prend à l'échelle du plan une distance de 80 mètres que l'on porte sur une ligne tracée sur le papier; on a les points A et B. De ces points comme centres, avec un rayon égal à 20 mètres de l'échelle du plan, on trace des circonférences de cercle qui, en rencontrant la droite prolongée, déterminent les autres points a et b. Cela fait des points a et b, comme centres (fig. 15) avec des distances de l'échelle successivement égales aux troisièmes côtés des triangles repris au tableau, on trace des petits arcs de cercle qui, coupant les circonférences, déterminent enfin la position des petits points c, d, e, f, g. Pour avoir la position du point c, il suffit de mener les lignes Ac et Bc, et de les prolonger; leur rencontre donne le point C. On détermine ainsi successivement tous les autres points.

Si, au lieu de se contenter de la base AB, on déterminait sur le terrain un triangle AOB, on aurait de cette façon trois bases qui permettraient de fixer tous les points de l'horizon par rapport aux sommets de ce triangle connu.

448. Aussitôt que les points principaux du terrain sont ainsi fixés sur le papier, on achève le plan à vue. Dans celui qui nous occupe, on peut déterminer facilement la position de la rivière au moyen des différentes lignes passant par les points A et B et les différents piquets placés en c, d, e, f et g. Pour avoir les points 1, 2 et 3 (fig. 14), on mesure A1, A2 et A3,

et on reporte ces distances sur les directions AC, AD, AE, et ainsi de suite.

489. L'officier peut en quelques jours se familiariser avec ces levés au mètre. S'il mesure les distances au pas, il aura la précaution, afin de rapporter la distance au mètre sur le plan, de faire sous l'échelle adoptée pour le levé une seconde échelle indiquant le rapport de son pas avec le mètre. Soit par exemple AB (fig. 11) une échelle de 100 mètres adoptée pour le plan. On veut lever au pas, et l'on sait que 150 des pas de l'observateur font 100 mètres; on partagera la partie inférieure de l'échelle de 100 mètres en 15 parties, chaque partie en 10, et on construira de cette façon une seconde échelle CD qui est celle des pas dont on peut se servir pour rapporter, sur le plan, les mesures au pas prises sur le terrain. Si le pas donnait 165 pas pour 100 mètres, il faudrait diviser l'échelle de 100 mètres en 165 parties, et ainsi de suite. L'officier, s'il est monté et fait ses reconnaissances à cheval, aura de ces échelles toutes faites pour les différents pas de sa monture.

LEVÉS PAR ALIGNEMENTS.

450. Les levés par alignements sont une variété des levés au pas, et on les emploie préférablement à la méthode des triangles lorsque tous les objets à lever sont accessibles. Les levés au moyen des triangles, employés exclusivement, entraînent à de graves erreurs, attendu qu'il est impossible de mesurer bien exactement tous les côtés, de sorte que ces erreurs s'accumulant et influant sur la figure des triangles, conduisent à d'énormes divergences dans la forme du plan. Par la méthode des *alignements*, on pare à une partie de ces inconvénients. Employée avec discernement, elle procure des résultats assez satisfaisants. Cette méthode repose sur la solution du problème suivant.

451. VI. *Une droite AB étant donnée de position et un point* D *hors de cette droite, déterminez, par des alignements, les positions des points* C *et* E *hors de cette droite.*

Fig. 16. L'observateur se place derrière le point D et fait marcher un aide sur la ligne AB avec des piquets. Quand l'aide arrive sur le prolongement de DC en *m*, il plante un piquet ; lorsqu'il arrive sur le prolongement de DE en *n*, il place un second piquet. Alors on mesure les distances et l'on trouve par exemple : A*m* $= 20^m$, *mn* $= 15^m$, *m*C $= 25^m$, *n*E $= 18^m$; les distances A*m* et *mn* permettent de fixer sur le papier les positions des points *m* et *n* et par conséquent les alignements D*m* et D*n*. Pour avoir la position C, il suffira de porter sur D*m* prolongé une longueur de 25^m prise sur l'échelle du plan ; et pour avoir le point E, sur D*n* prolongé, une longueur de 18 mètres aussi prise sur l'échelle du plan.

452. VII. *Levez un terrain par la méthode des alignements.*

(Fig. 17.) Sur le terrain donné on choisira trois points A, B, C, dont on mesurera avec le plus grand soin les distances. Ils serviront de base au levé. Le point A est fixé de position par rapport à la ligne BC ; le point B à la ligne AC ; le point C à la ligne AB. Et d'abord pour opérer on prolonge les côtés du triangle ABC au moyen de jalons, et l'on divise ainsi tout le terrain extérieur en six régions, de telle sorte que les opérations partielles faites dans chacune d'elles, si elles sont fautives, n'influeront pas sur l'ensemble du plan et sur les opérations faites dans les autres régions. On remarquera encore que ces côtés prolongés servent déjà à fixer plusieurs points du terrain ; aussi les points E, F, G, H, sont déterminés de position par les distances AE, AF, CG et CH.

Soit proposé maintenant de déterminer les points O, L et M. Pour le point O, on se porte en C, et l'on détermine le point *n* sur AB par le prolongement CO ; pour le point L on se porte en A, et on détermine la place du piquet *o* ; pour le point K, on se porte en B, et l'on détermine la place du piquet *p*. Puis on mesure B*n* et *no*, B*p* et *o*L, A*p* et *p*M, et on rapporte les points sur le papier comme il est dit ci-dessus. (*Problème* VI.)

453. Dans un terrain à lever, où sont situés des points accessibles et des points inaccessibles, on peut combiner la méthode de lever par *intersections* avec celle par *alignements*, et l'on parvient ainsi à rapporter facilement sur le papier, sans autre secours que la chaîne et le pas, tous les points remarquables d'une position même très-étendue.

454. *Application de la théorie des transversales aux levés à la chaîne et au jalon.* La théorie des transversales appliquée aux opérations topographiques, a permis de résoudre, sur le terrain, sans autre secours que la *chaîne* et le *jalon*, une foule de problèmes intéressants et utiles en campagne. On va donner ici ceux d'entre eux dont la solution n'exige aucun calcul, ni des constructions compliquées. Comme on l'a fait précédemment, on laissera de côté la théorie, qui ne peut trouver place dans ce Manuel, pour ne présenter que les résultats. On ne peut assez engager l'officier à exécuter ces exercices sur le terrain et à les répéter souvent, il acquerra par ce moyen une facilité extrême dans le maniement du jalon, et, chose fort importante, il se formera le coup-d'œil.

Jusqu'à présent on a supposé que l'officier savait prendre des alignements ; l'Ordonnance sur les exercices et les manœuvres indique en effet les moyens à employer pour jalonner une ligne de bataille, et prendre des points intermédiaires sur une droite dont on connaît les deux points extrêmes, et dont on ne peut approcher. On n'y reviendra pas ici ; on fera cependant remarquer que lorsque l'on prend des alignements au moyen des *jalons*, ceux-ci doivent se couvrir autant que possible tout entiers, et que pour cela, il faut qu'ils soient plantés bien verticalement. Les *jalons*, comme on sait, sont des bâtons de 1^m à 1,50 de longueur, ferrés et en pointe par le bas, et fendus par le haut pour recevoir un petit carré de papier. En campagne, on y substitue des bâtons aussi droits que possible, auxquels on fait une pointe au moyen d'une hachette. Lorsqu'on jalonne une ligne, on est dans l'habitude d'aligner toutes les têtes, et l'on peut donner à ces têtes une direction à peu de chose près horizontale par le moyen suivant (fig. 18). On place au sommet de deux jalons contigus les extrémités d'une corde plus longue que la distance qui les sépare ; on abandonne cette corde à son propre poids, et l'on cherche le point le plus bas (ce que l'on trouve facilement en promenant le long de la corde un petit poids ou une pierre muni d'un œillet). Si le point le plus bas est à égale distance des sommets des jalons, ces sommets sont placés sur une ligne horizontale ; dans le cas contraire, on rectifie. Lorsque le terrain est montueux, on en suit les sinuosités de trois en trois jalons, en alignant chacun des jalons avec les deux qui précèdent.

455. Pour placer un jalon à l'intersection de deux droites données sur le terrain et déterminées par deux jalons, on s'y prend de la manière suivante (fig. 19). Soient les droites AB et CD déterminées de position par les jalons A, B, C. D, on place un jalon sur l'alignement d'une des lignes, par exemple de AB au point 1, et si l'on voit la ligne CD vers l'intérieur de l'angle, on recule toujours dans l'alignement de AB en 2, 3, etc. jusqu'à ce que le jalon se trouve également dans l'alignement de CD ; tel est le point 4, qui est l'intersection cherchée.

456. On doit également savoir placer un jalon à l'intersection de deux droites qui se coupent et passent par quatre points donnés du terrain. Soit donné sur le terrain 4 points A, B, C et D (fig. 20), on propose de placer un jalon à l'intersection des droites AD et BC. Si l'on peut se porter derrière ces points, par exemple en A et B, on place dans le prolongement des lignes AD et BC, des jalons E et F, puis on se porte dans l'intérieur de la figure, et l'on détermine le point d'intersection par le moyen indiqué dans le paragraphe précédent. Si l'on ne pouvait se porter derrière les points donnés, on placera des jalons à des points intermédiaires d'après la méthode indiquée dans l'Ordonnance sur les manœuvres.

Plus loin, lorsqu'on traitera de l'équerre à miroir, on indiquera les moyens de prendre seul, et sans le secours d'aucun aide, ces points intermédiaires.

Cela posé, et aussitôt que l'officier est familiarisé avec le maniement des jalons, il pourra résoudre les problèmes suivants. Les opérations devront se faire sur le terrain et avec le plus grand soin.

Il est bien entendu que lorsqu'on se sert de l'expression, *mener une ligne sur le terrain*, cela signifie que l'on jalonne deux points de cette ligne.

457. VIII. *Étant donnés une ligne droite sur le terrain et un point hors de cette droite, menez par le point donné une parallèle à la droite.*

(Fig. 21). Soit AB la ligne donnée, et D le point hors de cette ligne par laquelle on doit mener un parallèle. Sur la

direction de AD, prenez un point quelconque I : prenez sur
AB deux distances égales AC et CB, puis jalonnez les directions IO et IB. Sur IC, placez un jalon D à la rencontre de la
ligne DB ; et dans l'alignement de AD, fixez un jalon en K
à l'intersection de IB. Le point K appartient à la parallèle que
l'on trace en joignant DK.

458. IX. *Mesurez la distance d'un point accessible à un point
inaccessible.*

La solution de ce problème est nécessaire à l'artilleur,
au pontonnier, à l'ingénieur, afin de connaître : la distance
qui sépare une batterie de l'ennemi, la largeur d'une rivière,
la distance d'un point d'une parallèle à un ouvrage de fortification. On supposera ici que le point connu B est séparé
du point inaccessible A par un grand fleuve.

Première solution. Prolongez (fig. 22) AB d'une quantité arbitraire par le jalon C. Par ce point, et dans un alignement quelconque, placez deux jalons I et D à égale distance, de sorte
que ID = DC. Dans l'alignement de IB, placez le jalon E de
sorte que EI = IB. Enfin à l'intersection des alignements DE
et AE, placez le jalon O, et la ligne EO est égale à la ligne AB
cherchée.

Deuxième solution. Si la ligne AB est considérable et
que l'on n'ait pas un grand espace en-deça de la rivière, on
se sert du moyen suivant (fig. 23). Prolongez comme dans la
solution précédente AB d'une quantité arbitraire BC. Par le
point C, prenez un alignement quelconque CID, mais au lieu
de prendre CI = ID, faites ID un multiple de CI, c'est-à-dire le
1/3, le 1/4, le 1/5. Dans l'exemple on suppose que ID est
le 1/4 de CI ; dans l'alignement de IB, prenez EI le 1/4 de IB ;
enfin placez un jalon en O à l'intersection des lignes DE et AI,
et OE sera le quart de AB.

Troisième solution. Voici une autre solution de cette
question, plus compliquée que les autres, mais qui a l'avantage de donner la valeur de AB sur un terrain choisi à volonté (fig. 24.) Prolongez AB de deux quantités arbitraires et
égales entre elles BC = BD. Par le point D menez un alignement
dans une direction arbitraire, et à partir de D menez sur cet

alignement deux quantités DE et EF égales entre elles et aux quantités DC et CB. Cela fait, placez un jalon I à l'intersection des alignements BE et CF ; placez un deuxième jalon G à l'intersection des alignements DI et AF ; enfin un troisième jalon O aux intersections des alignements DF et GB ; la ligne OF est égale à la ligne AB cherchée.

459. Les deux problèmes qui suivent sont assez compliqués, mais celui qui veut acquérir dans les levés de la facilité d'exécution, doit s'attacher à bien les exécuter sur le terrain.

460. XI. *Mesurez la distance exacte de deux points inaccessibles A et B.*

Soit AB la ligne à mesurer (fig. 25). D'un point quelconque C, menez un alignement arbitraire DCE, de façon que CD = CE, faites en sorte seulement que cette ligne approche autant que faire se peut de la perpendiculaire élevée sur le milieu de AB. Menez un alignement par un des points inaccessibles et l'extrémité de la ligne DE en D, et prolongez AD d'une quantité arbitraire DK ; puis dans l'alignement de CK, posez un jalon en F, de façon que CF = CK. Maintenant à l'intersection de DB et AC, posez le jalon G et portez au-delà du point C le jalon A, de façon que CG = CH. Cela fait, placez le jalon O à l'intersection des alignements FE et AC, et le jalon I à l'intersection des alignements BC et EH, et vous aurez une ligne IO égale à la ligne AB cherchée.

461. Dans cette construction, IO est parallèle à AB, et le point C se trouve à la même distance de AB qu'il l'est de IO. Il résulte de ce fait que la solution de ce problème peut servir à résoudre le suivant : *Trouver la position d'un point donné par rapport à une ligne inaccessible dont on peut apercevoir deux points.*

462. XII. *Déterminez le prolongement, au-delà d'un obstacle, d'une droite inaccessible dont on aperçoit deux points.*

Soit AB la ligne donnée que l'on désire prolonger au-delà d'un obstacle (fig. 26). Prenez arbitrairement deux alignements AC et AD ; mais de façon que le point D voie au-delà de l'obstacle, et par ce point D, menez, au-delà de cet obstacle, un alignement quelconque DX. Placez un jalon E à l'intersection des alignements AC et DX, puis un jalon F à l'intersection des alignements AD et BE. Prenez enfin un point quelconque G entre les jalons, D et F, et placez un jalon H à l'intersection des alignements GE et FC. Cela fait, posez le jalon I à l'intersection des alignements DH et BE, et le point O placé à l'intersection des alignements DX et GI appartiendra au prolongment cherché.

Pour avoir un second point de ce prolongement, on ôte tous les jalons, à l'exception des jalons D et C, et par le point D on mène derrière l'obstacle une nouvelle ligne DX' ; on opère comme précédemment et on obtient le second point O' du prolongement cherché.

463. Ces problèmes, entièrement dégagés de calculs, suffiront pour former le coup-d'œil de l'officier. Ceux qui seraient avancés en mathématiques et désireraient approfondir la théorie des transversales, si riche en heureuses applications, devront étudier CARNOT, *Géométrie de position* ; SERVOIS, *Problèmes peu connus de Géométrie pratique* ; BRIANCHON, *Application de la Théorie des Transversales*, et le *Dictionnaire des Mathématiques de* MONTFÉRIER. (1)

DE L'ÉQUERRE A MIROIR.

464. L'équerre à miroir, inventée par M. Lippekens, ancien inspecteur-général du cadastre dans les Pays-Bas, est le meilleur instrument de campagne que l'officier d'infanterie ou de cavalerie puisse posséder. Il lui est aussi nécessaire que le sextant de poche à l'officier d'état-major. Celui qui a mis en ordre ce Manuel a vu, pendant six ans, les géomètres du cadastre obtenir avec l'équerre à miroir des résultats étonnants dans leurs levés des communes, et cela dans le Luxembourg, le pays le plus accidenté de la Belgique ; il s'en est servi lui-même, et ne craint pas, par consé-

---

(1) Un officier de l'armée, M. le capitaine Godebski, a réuni dans un mémoire fort bien fait la théorie complète des transversales et ses nombreuses applications ; il serait à désirer qu'il mît au jour son travail.

quent, d'en préconiser l'emploi comme d'une utilité fort grande
à la guerre, non-seulement pour les levés de reconnaissances
et pour les tracés d'ouvrages de campagne, mais encore pour
l'établissement des lignes de bataille et les tracés des camps.
Cet instrument, attaché à un ruban, est passé au col, et,
par suite de son petit volume, on peut l'introduire entre deux
boutons de l'habit d'uniforme. On sait observer avec lui des
angles de 90° et de 45°, et, chose précieuse, prendre, seul
et vite, un point intermédiaire sur un alignement dont les
extrémités sont inaccessibles. Comme l'observation des angles
est instantanée, il est permis, par conséquent, d'observer à
cheval sans qu'il soit nécessaire de descendre de sa monture
pour prendre station.

465. *Description de l'équerre à miroir.* On ne peut développer ici avec extension les principes sur lesquels repose la
construction d'une équerre à miroir ; les données suivantes
suffiront pour en faire apprécier le mécanisme.

Lorsque l'on regarde un miroir placé devant soi, il réfléchit
les traits ; mais si vous le mettez obliquement, vos traits
disparaissent et le miroir réfléchit les objets placés près de
vous ; si vous l'inclinez vers le bas ou vers le haut, vous
verrez vos pieds ou le plafond. La réflexion des objets se fait
d'après la loi suivante. Soit un miroir (fig. 27) AB sur lequel
vous avez marqué un point C ; si vous regardez ce point C
suivant une oblique EC au miroir, vous apercevrez un objet
placé en D de telle façon, que l'angle DCA est égal à ECB.
L'angle ECB est dit l'angle d'incidence, et l'angle DCA angle
de réflexion. Ces deux angles sont égaux. Mais si, au lieu de
regarder un objet D par un seul miroir incliné BA, on place
les deux miroirs, l'un près de l'autre et inclinés sous un certain angle comme dans la fig. 28, si on observe un point,
voici ce qui arrivera. Soit N ce point, TS et SR les deux miroirs. Le point N frappant le miroir TS en M, le rayon NM
sera réfléchi suivant MH ; mais en H, il rencontre au second
miroir SR, il sera donc de nouveau réfléchi vers L, de sorte
que l'observateur placé en L voit l'objet N suivant un rayon
visuel brisé LHMN. Il en est de même dans la fig. 29 ; les
miroirs AB et DC sont inclinés suivant un certain angle ;

l'objet **E**, réfléchi par le miroir **CD**, en **H**, va frapper le miroir **AB** suivant la ligne **HG** en **G**, et est de nouveau réfléchi vers l'œil suivant **GF**. Or, on a démontré que les rayons partant de l'œil et de l'objet observé se croisent sous un angle double de celui que font entre eux les miroirs. Par exemple, dans la fig. 29, le rayon **FG** partant de l'œil, et le rayon **EH** partant de l'objet observé, se croisent en **Y**; donc, l'angle **EYG** est le double de l'angle **AIC** que font les deux miroirs. Si donc les miroirs font ensemble un angle de 45°, l'angle **EYG** sera droit; si cet angle **AIC** était de 22°,50', l'angle **EYC** serait de 45°.

466. Dans la fig. 28, les deux miroirs font un angle de 90°: il s'ensuit que les lignes **NM** et **LH** font ensemble un angle de 180°, c'est-à-dire qu'elles sont parallèles, et que l'œil placé en **L** voit en **H** le point placé exactement derrière lui dans la direction de **LH**, à la petite distance de **MH** près. Ce sont ces trois données qui ont servi de base à la construction de l'équerre à miroir. A cet effet, voici ce qu'on a imaginé. La glace, vers laquelle se dirigent les rayons visuels dans l'instrument, est partagée en deux parties; l'une est *étamée*, et l'autre ne l'est pas. L'œil voit donc à la fois sur la surface de la glace, et le point réfléchi et les objets placés derrière la glace. Dans la fig. 29, si le miroir **AB** est disposé de la manière qui vient d'être indiquée, l'œil placé à **F** verra dans le miroir en **G** le point réfléchi **E** et en même temps, par la partie non *étamée*, le point de la campagne **P** placé au-delà de l'instrument; il s'ensuit que le point **Y** où l'œil est placé est le sommet de l'angle droit formé par deux lignes passant par les points **E** et **P**. Dans la fig. 28, l'œil voit dans le miroir de la partie **RS** le point réfléchi **N** en **H**, mais il voit en même temps par la partie non étamée le point de la campagne **G**; **HG** est donc parallèle à **NM** à la distance de **MH** près, et comme cette distance, dans l'instrument, n'est que de quelques centimètres, on peut adopter, dans la pratique, ces deux lignes comme se confondant entre elles, et le point **H** comme intermédiaire entre **N** et **G**.

467. Cela posé, voici la *description* de l'instrument. Les

fig. 30 , 31 et 32 le font connaître dans toutes ses parties.
L'équerre n'est pas entièrement semblable à celle qu'a donnée
M. Lippekens ; elle est un peu plus longue, afin que les ju_
gulaires de la coëffure militaire n'empêchent point d'observer
les alignements. On a augmenté, de cette façon, la ligne MH
de la fig. 28 et l'erreur de l'observation ; mais que fait une
erreur de 1 centimètre au plus sur des distances de plusieurs
centaines de mètres? L'équerre de M. Lippekens, en outre ,
possède d'un côté de l'instrument des miroirs inclinés à 30°
pour prendre des obliques de 60°, et de l'autre des miroirs
inclinés à 22°,50 pour prendre des angles de 45° par la
double réflexion , et des angles de 90° par la quadruple
réflexion. Cette construction a ce désavantage pour l'officier,
que l'angle dont on a le plus besoin (l'angle droit ou de 90°)
présente le champ d'observation le plus obscur et le moins
développé , tandis que l'angle de 60°, le moins nécessaire ,
est cependant le plus facile à prendre. Dans l'équerre à
miroir que l'on conseille aux officiers d'adopter, l'angle de
60° est supprimé et on y a substitué deux miroirs inclinés
à 45°, donnant par conséquent des perpendiculaires par
simple réflexion. Avec cette équerre, telle que l'a construite
M. Beaulieu, ingénieur-mécanicien à Bruxelles, un officier
qui possède les principes du dessin linéaire exécutera en
peu de jours, avec célérité et facilité, les opérations dont on
va parler. A ce sujet nous leur dirons avec M. Lippekens :
« Les personnes qui n'ont jamais fait usage de l'équerre à
» miroir trouveront au premier abord quelqu'embarras pour
» opérer avec cet instrument ; cependant l'exercice facilitera
» tellement son emploi qu'il ne faudra que très-peu de temps
» pour être en état de s'en servir avantageusement. »

468. La figure 30 représente l'équerre lorsque toutes les
parties sont assemblées , c'est un parallélipipède de 11 centimètres de long , 2 1/2 centimètres de hauteur et 2 centimètres de large. En MR on voit les deux petits miroirs inclinés de 22°,50; de l'autre côté sont les miroirs inclinés de
45°. La couverture NOPSM peut s'enlever en ôtant les quatre
vis dont deux sont visibles y et x, et laisse alors apercevoir
l'intérieur disposé comme dans la fig. 31. Là, les pièces de l'in-

strument sont placées comme elles doivent l'être, tandis qu'elles
sont isolées dans la figure 32. MN est une pièce de cuivre
percée de cinq petites fenêtres o, p, q, r, s. Au-dessus des
fenêtres o, p, on applique un petit miroir à surfaces parallèles,
de même qu'au-dessus des fenêtres q et r; l'étamage est ôté
dans les parties correspondantes aux ouvertures, tandis que
l'étamage est conservé dans les intervalles. P et R sont deux
pièces de cuivre portant chacune un petit miroir dont la
surface réfléchissante est tournée vers le bas. Ces pièces se
fixent sur la pièce MN au moyen des vis v et z, et se placent
dans les échancrures a et b dont la figure 32 indique la forme.
Les vis E et F sont destinées à faire varier les angles formés entre les miroirs, lorsque ceux-ci sont placés comme
on le voit dans la fig. 31, car ces angles, qui doivent être
exactement de 45° et de 22°,50, peuvent se déranger, ce qui
a fait chercher le moyen de corriger l'erreur; l'erreur se cor-
rige avec la plus grande facilité par les vis de rappel E et F.
La pièce L est une lame de cuivre dont les deux extrémités
G et A sont pliées de manière à former un angle de 90°
entre elles. Celle G est en outre percée d'une petite fenêtre B;
on applique, sur chacun de ces bouts pliés de la lame L, un
petit miroir; celui sur le bout G sera non étamé dans la partie
correspondante à la petite fenêtre B; la pièce L porte en outre
quatre petits pieds dont on en voit deux en a et b. Comme il
est encore de rigueur que l'angle entre les miroirs de la pièce
L, soit bien de 90°, la vis de rappel A fournit les moyens
de le rectifier s'il se dérange.

469. Maintenant que l'instrument et les principes qui ont
servi à sa construction sont bien connus, nous allons appliquer l'équerre au levé des plans et aux opérations sur le
terrain.

EMPLOI DE L'ÉQUERRE A MIROIR.

470. XIII. *Placez-vous, au moyen de l'équerre, sur l'alignement
de deux objets inaccessibles.*

Placez-vous aussi près de cette ligne que faire se peut sans
le secours d'aucun instrument. Ensuite tournez le dos à l'un des
objets. En fermant un œil, portez devant l'autre l'ouverture c

(fig. 30), en ayant soin que l'équerre soit tenue horizontalement dans le sens de la longueur et que l'ouverture *d* soit au-delà des parties de la tête qui pourraient empêcher les rayons de lumière, venant de l'objet auquel on tourne le dos, d'arriver sur le miroir qui correspond à cette ouverture *d*. On verra dans cette position, par réflexion, l'objet qu'on a derrière soi, et directement, à travers la partie non étamée du miroir qui correspond à l'ouverture *c* (*s* de la fig. 32), l'objet qu'on a en face. Marchez alors, soit à droite, soit à gauche, sans changer la situation de l'équerre par rapport à l'œil, et vous arriverez sur la ligne droite qui joint les deux objets, au moment où ceux-ci paraîtront superposés.

471. XIV. *Trouvez, sur une direction donnée, le point où tombe la perpendiculaire abaissée d'un point donné hors de la direction.*

Placez-vous sur la direction donnée, et faites face au point donné hors de la droite. Tenez l'équerre horizontalement, et portez l'œil à l'extrémité ouverte où se trouvent les deux miroirs formant l'angle de 45°. Tournez l'équerre de manière à ce que vous voyiez directement à travers les petites fenêtres (*r* et *q*, fig. 32) le point donné placé devant vous, et, par réflexion, l'objet qui se trouve à une des extrémités de la ligne donnée. Si ces deux objets ne se superposent pas, marchez à droite ou à gauche dans la direction donnée jusqu'à ce que la superposition ait lieu; à ce point est le pied de la perpendiculaire cherchée.

472. XV. *Trouvez, sur une direction donnée, le point où tombe l'oblique de 45 degrés menée d'un point donné hors de la direction.*

Étant placé sur la direction donnée, à peu près au point où vous pensez que tombe cette oblique, faites face à l'objet par lequel elle passe, ensuite, avec l'œil tenu près des miroirs qui forment un angle de 22° 1/2, voyez à travers les petites fenêtres directement cet objet, et, par double réflexion, celui qui se trouve à l'extrémité de la direction donnée ; marchant ensuite sur cette direction jusqu'à ce que les deux objets se confondent, vous arriverez au point où tombe l'oblique. Mais

Il faut craindre, en observant, d'obtenir la quadruple réflexion qui donne l'angle droit ou de 90°, au lieu de l'angle demi-droit; pour cela tenez l'équerre de manière à ce qu'elle soit presque parallèle à la tangente qui toucherait en même temps le globe de l'un et l'autre œil.

473. XVI. *Déterminez la direction d'une ligne de niveau sur le terrain.*

Cette opération est intéressante, on ne peut assez s'y exer-cer; elle prouve que l'équerre à miroir peut servir au besoin d'instrument de nivellement.

A l'extrémité d'un jalon incliné, attachez un fil à plomb; sous ce fil à plomb, placez un morceau de papier blanc de manière que le bord soit à la fois perpendiculaire à la direction à niveler, et qu'un de ses poids corresponde exactement à la verticale du fil à plomb. Mettez à une distance de 10 à 15 mètres un jalon muni à sa tête d'un morceau de papier. Cela fait, prenez l'équerre du côté de l'angle de 45°, tenez le bout de l'équerre très-exactement au bout du jalon, puis examinez par réflexion le papier du second jalon. Vous faites baisser et élever ce dernier jusqu'à ce que le bord supérieur du papier de la tête corresponde exactement avec le bord du papier placé par terre. Lorsque ce contact a lieu, les têtes des deux jalons sont de niveau. Au moyen de ces deux points on en déter-mine une infinité d'autres dans la même direction. On voit donc que l'équerre à miroir remplace parfaitement le ni-veau d'eau.

474. XVII. *Réglez l'angle de 90° servant à déterminer l'alignement.*

Plantez deux jalons sur le terrain; placez-vous au milieu et cherchez comme dans le problème XIII le point intermé-diaire sur la direction; puis faites un demi-tour sur le talon correspondant à l'œil observateur, et recommencez l'expé-rience. Si les jalons se correspondent encore, l'instrument est bien réglé. Si les jalons ne se correspondent pas, plantez un piquet au premier lieu de l'observation; puis, dans la nouvelle position, portez-vous à droite ou à gauche jusqu'à ce que les jalons se correspondent de nouveau, et plantez un second piquet. Mesurez la distance entre les deux piquets, et placez-vous juste à la moitié de cette distance. Cela fait, observez les deux jalons, et au moyen de la vis A (fig. 31 et 32) vous ramenez les deux jalons l'un vers l'autre jusqu'à ce qu'ils correspondent exactement. Alors l'angle de 90° est réglé. On peut répéter l'opération plusieurs fois s'il le faut. On a soin également de planter les jalons à une bonne distance, et de ce placer, autant que possible, au milieu de la distance qui les lie.

475. XVIII. *Réglez les miroirs inclinés à 45° donnant des perpendiculaires.*

Étant placé sur la ligne qui joint deux jalons de manière à ce qu'on ait un de ces objets à sa droite et l'autre à sa gauche, on cherche le pied de la perpendiculaire, vraie ou fausse, menée d'un jalon placé hors de la ligne à une distance suffisamment éloignée (voir problème XIV). Ce point trouvé, sans quitter la droite donnée, on tourne le dos au jalon de gauche, et on cherche si le jalon placé hors la ligne correspond avec le jalon de droite. Si la superposition a lieu, l'équerre est bien réglée. Si l'équerre est fausse, on la rectifie comme suit. On plante un jalon sur la droite au point de la première observation ; après avoir fait le quart de tour, on cherche le nouveau pied de la fausse perpendiculaire et on y plante également un piquet ; on se place entre ces deux piquets, et au moyen de la vis F (fig. 31 et 32) on rectifie l'angle jusqu'à ce que le jalon placé hors la droite vienne correspondre aussi exactement avec l'extrémité gauche de la ligne qu'avec l'extrémité droite.

476. XIX. *Réglez les miroirs inclinés à 22° 1/2 donnant des obliques de 45°.*

On a déjà dit que les obliques à 45 degrés se voyaient dans ces miroirs par la double réflexion ; mais si, en observant de ce côté de l'équerre, on incline l'instrument vers l'œil, on voit par la quadruple réflexion des angles de 90° ou droits. D'après cela, on règle la quadruple réflexion comme on vient de le dire au problème XVIII, et les miroirs se trouvent tout naturellement réglés pour les obliques de 45 degrés.

LEVÉS A L'ÉQUERRE A MIROIR.

477. On connaît l'équerre à miroir, son emploi et les moyens de la régler ; voici maintenant les problèmes que l'on peut résoudre sur le terrain avec cet instrument.

478. **XX.** *Étant donné une droite* AB, *déterminez sur le plan la position du point* C, *pris hors de cette droite sur le terrain.*

Fig. 33. Cherchez sur le terrain (prob. XIV) le pied I de la perpendiculaire abaissée de C sur AB ; puis mesurez la distance AI qui se trouve être de 40^m, par exemple, et CI de 30^m. Sur le papier, à l'échelle du plan, portez une distance de 40^m à la droite de A, et le point I est fixé ; au point I on élève une perpendiculaire au moyen d'une règle et d'une petite équerre en bois, et sur cette droite, à partir du point I, on porte 30^m de l'échelle ; le point C est ainsi parfaitement déterminé.

479. **XXI.** *Tracez, sur le papier, le changement de direction d'une route, ou bien l'angle que deux droites font sur le terrain.*

Fig. 34. Soit AB une route ou une droite qui prend en B une nouvelle direction BC. Au point I quelconque de BA, élevez une perpendiculaire au moyen de l'équerre à miroir. Pour cela étant placé sur AB au point I, et ayant B à votre gauche, voyez ce point par réflexion dans les miroirs inclinés à 45°, et faites placer en avant un jalon M tel qu'il corresponde parfaitement avec le point B, MI sera perpendiculaire à BA ; cela fait, sur la ligne IM vous placez un jalon O à l'intersection des lignes CB et IM, et vous mesurez BI et IO, soit BI $= 35^m$, et IO $= 22^m$. Pour rapporter un changement de direction sur le papier, de B sur la direction de BA, vous portez 35^m à l'échelle du plan et vous avez le point I ; au point I vous élevez une perpendiculaire sur laquelle vous portez 22^m, et le point O est déterminé. En joignant O et B, vous avez la nouvelle direction BC.

480. **XXII.** *Levez les sinuosités d'une* route, *d'un* ruisseau, etc., *dont tous les points sont accessibles.*

Fig. 35. Soit ABCDEFG le ruisseau à lever ; joignez les extrémités A et G par une droite Aux points des changements

de direction, placez des piquets B, C, D, E et F, ou envoyez-y
successivement un aide; cela fait, avancez de A vers G avec
une équerre à miroir et cherchez les pieds des perpendiculaires
abaissées de ces points sur AG qui sont *b*, *c*, *d*, *e* et *f*. En
avançant, mesurez successivement les distances qui séparent
les pieds des perpendiculaires et les perpendiculaires elles-
mêmes. On rapporte la position de tous ces points, sur le
papier, par les procédés du problème XX ; puis on les unit
entre eux.

481. XXIII. *Levez un polygone irrégulier* ABCDEF *dont
l'intérieur est accessible.*

Fig. 36. Menez une des diagonales AD, elle servira de
base. Placez des piquets au sommet des angles du polygone,
puis avancez-vous à A vers D avec l'équerre à miroir, et
cherchez les pieds des perpendiculaires abaissées de tous ces
sommets sur la base. Mesurez les intervalles contre les pieds
des perpendiculaires et rapportez sur le papier, comme il est
dit ci-dessus. En calculant la surface des deux trapèzes et les
quatre triangles extrêmes, dont on a les bases et les hauteurs,
on obtient la surface de la figure entière. La méthode qu'on
vient d'indiquer est employée par tous les arpenteurs pour
lever les champs.

482. XXIV. *Levez un polygone irrégulier (limites d'un* marais,
d'une forêt, *etc.), dont l'intérieur est inaccessible.*

Fig. 37. Soit ABCDEFGHI la figure à lever. Prenez le côté
le plus favorable comme base, par exemple AB. Sur son prolongement en *m*, menez avec l'équerre une perpendiculaire qui
voie le plus de points possibles du périmètre. Sur cette ligne,
cherchez le pied *n* de la perpendiculaire abaissée de l'extrémité
G sur la ligne *mn* ; enfin supposez un alignement passant par
le point *p* du prolongement de BA et le point G. Le quadrilatère
p, *a*, *n*, G est parfaitement connu, puisque l'on peut mesurer
son pourtour, que les angles *m* et *n* sont droits, et que les points
p et G sont déterminés par les distances mesurables *mp* et *mG*.
Cela fait, cherchez (comme dans le problème XXII) où tombent,
sur *mn*, les perpendiculaires abaissées de C, D, E ; sur *n*G la per-

pendiculaire abaissée de F , sur *p*G les perpendiculaires abaissées de H et I, et faites mesurer toutes ces perpendiculaires. Pour rapporter la figure sur le papier , on construit d'abord le polygone connu *pmn*G, puis on fixe, comme on l'a indiqué précédemment , tous les points cherchés.

483. XXV. *Déterminez la position d'un point inaccessible sur le terrain.*

Fig. 38. Soit le point A inaccessible. Ce problème se résout par la méthode dite des *ordonnées*. Menez sur le terrain une ligne quelconque XY, et en Y une ligne YZ perpendiculaire à la première. Cherchez, en marchant de Y vers Z, le pied de la perpendiculaire abaissée de A , et en marchant vers Z le pied C de la perpendiculaire abaissée de A sur YZ. Mesurez YB supposé égal à 30^m et YC à 25^m. Il est évident que si sur le papier les lignes XY et YZ sont déterminées de position , au moyen des ordonnées YB et YC, la position de A sera bien vite connue. De Y vers X on portera 30^m de l'échelle du plan, et 25^m de Y vers Z; à ces deux points on élèvera des perpendiculaires, et leur rencontre déterminera la position de A. On fixerait par les mêmes moyens la position d'une suite de points E , F , G., H, etc.

484. Ce problème est un des plus importants de tous ceux que l'on résout avec l'équerre à miroir ; *car dès l'instant que l'on peut, sur un terrain à lever, tracer deux lignes perpendiculaires ou obliques* (car, d'après le problème XXI , on détermine sur le papier l'inclinaison des lignes), *on sait lever, sans quitter les deux bases , tous les points qui sont vus à la fois de ces deux lignes.*

485. Les questions suivantes, résolues par *Servois* et *Lippekens*, sont d'un haut intérêt pour l'officier.

486. XXVI. *Étant donné un point A sur le terrain, trouvez le point X inaccessible.*

Voici quatre solutions du même problème, si souvent employé par les officiers du génie et de l'artillerie.

487. *Première solution* (fig. 39). Sur la direction AX élevez une perpendiculaire AY; sur cette direction cherchez le pied B de l'oblique à 45° mené de X sur AY , et vous aurez AB = AX.

16.

488. *Deuxième solution* (fig. 40). Au point A, élevez une perpendiculaire sur laquelle vous portez deux distances égales AB et BC ; au point C, élevez une nouvelle perpendiculaire et placez sur elle un jalon à l'intersection de la ligne XB, et vous aurez OC = AX.

489. *Troisième solution* (fig. 41). Au lieu de faire BC = AB, faites cette ligne un multiple exact de AC, à savoir : le 1/2, le 1/4. Supposons ici le 1/4. Élevez en C une perpendiculaire, cherchez en O l'intersection de XB, et vous obtiendrez une ligne CO, égale au 1/4 de XA.

490. *Quatrième solution.* La solution qui suit est la plus intéressante, car un officier, sans quitter la route qu'il parcourt, sait trouver la distance qui le sépare des objets qui la bordent à plus de 1000 mètres ; elle est aussi pour l'artilleur d'un précieux avantage. (fig. 42.)

Soit A le point de station, X le point inaccessible ; au point A élevez une perpendiculaire AD ; placez-vous à un point quelconque B et sur la direction BX élevez une perpendiculaire qui coupera AX prolongé en C ; mesurez AB et AC et vous aurez la ligne cherchée $AX = AB^2$ divisé par AC. Si $AB = 25^m$ et $AC = 4^m$, la ligne cherchée sera égale à 25×25 ou 625 divisé par 4 ou $AX = 165^m,25$. Si la ligne AB était de 50^m et la ligne AC de 2^m, la distance AX serait de 1250 mètres. On le voit donc, sans quitter une route et sans avoir besoin de s'éloigner beaucoup du point d'observation, un officier peut apprécier en quelques minutes et sans calculs difficiles, la distance de tous les points qui bordent cette route. Pour faciliter les calculs, on peut toujours déterminer AC, alors le problème se réduit à marcher sur la ligne AD, jusqu'à ce qu'on trouve un point B, tel que CBX soit un angle droit ; on mesure AB, on élève la quantité au carré et on divise par la quantité AC connue.

491. XXVII. *Étant donné une droite inaccessible X et Y, menez sur le terrain une parallèle à la droite.*

Ce problème n'est pas moins intéressant que le précédent. *Solution* (fig. 43). Par un point quelconque N, menez un alignement arbitraire NM, et cherchez les pieds F et D des perpendiculaires abaissées sur cet alignement par les points Y et X ; cherchez, par un des moyens indiqués dans le problème précédent, et préférablement par le dernier, les distances FY et DX. Si DX est plus court, ajoutez en DG la différence de longueur de ces deux lignes, et FG est parallèle à YX.

492. Il suit de cette solution que FG *est égal à* YX, *et que par-conséquent, l'équerre à miroir donne un moyen facile de mesurer la distance entre deux points inaccessibles.*

493. Il suit encore que l'on peut, avec l'équerre à miroir, *trouver la direction de la perpendiculaire abaissée d'un point donné du terrain sur une ligne inaccessible.* Si O est le point donné, on abaisse de ce point une perpendiculaire sur FG, et son prolongement est perpendiculaire sur YX.

494. Il existe encore une foule d'applications heureuses de l'équerre. On les trouvera dans *Servois*, *Lippekens*, et les Annales de mathématiques de *Gergonne*.

495. XXVIII. *Trouvez au moyen de l'équerre la hauteur d'un édifice.*

Fig. 44. Menez sur le terrain une ligne MN horizontale ; cherchez sur MN un point M tel qu'en visant le point N par les ouvertures des miroirs inclinés à 22° 1/2, vous aperceviez le sommet *p* de la maison ; alors MN=PQ, puis ajoutez à cette donnée la quantité NO.

APPLICATION DE L'ÉQUERRE A MIROIR AUX MANŒUVRES DE LIGNE.

496. Les chefs de bataillon, les adjudants-majors, les aides-de-camp, les officiers d'état-major trouveront dans l'équerre à miroir un aide puissant pour tracer les lignes dans les manœuvres. La routine, on peut en être assuré d'avance, ne manquera pas de s'élever contre cette assertion. Se servir d'instruments de mathématiques pour manœuvrer, allons donc, dira-t-elle, c'est ridicule et peu militaire. Ce raisonnement est aussi concluant que celui qui rejetterait l'emploi des lunettes à longue-vue pour voir l'ennemi de plus près, et l'emploi de la hausse pour le viser des armes à feu. Oui, tout instrument doit être rejeté s'il gêne *en quoi que ce soit* les mouvements de l'officier ; il doit être rejeté si l'on gagne plus de régularité dans

les manœuvres aux dépens d'un temps précieux. Mais quand
on possède un instrument que l'on peut placer dans la fente
de l'habit d'uniforme entre deux boutons, ou qui ne tient pas,
dans la poche du pantalon, une place plus grande que la plus
petite tabatière; lorsque cet instrument peut être employé
sans que, pour ainsi dire, la main quitte l'épée; lorsqu'avec
de l'habitude on s'en sert en marchant; lorsque le tracé des
lignes se fait, par son secours, en moins de temps et plus
facilement qu'avec les moyens indiqués par l'Ordonnance,
on peut dire qu'il y aurait faute à en proscrire l'usage. Certes,
l'équerre à miroir ou tout autre moyen mécanique est inutile
partout où le coup-d'œil seul peut suffire; mais le coup-d'œil
seul ne suffit pas, 1.º dans la recherche des points intermédiaires sur l'alignement de deux points inaccessibles; 2.º dans les
marches en bataille d'une ligne déployée; 3.º dans les changements de front sur deux lignes; 4.º dans la formation des
carrés obliques; 5.º dans l'établissement du parallélisme de
lignes de bataille dans les manœuvres d'armée; 6.º enfin le
coup-d'œil ne peut suffire pour conserver la régularité dans les
mouvements lorsqu'une armée manœuvre par échelons, cette
formation par excellence, et pour l'attaque et pour la défense,
trop rarement employée dans les exercices des troupes.

497. 1.º *Cherchez un point intermédiaire sur l'alignement de
deux points inaccessibles.* L'École de bataillon (n.º 326) prescrit
à deux jalonneurs de s'aligner sur un des points, et de con-
verser en conservant avec soin cet alignement et en se faisant
face, jusqu'à ce que l'un et l'autre aperçoivent un des points
extrêmes de l'alignement masqué par son camarade. Avec
l'équerre à miroir, un seul officier se rend au galop le plus
près possible de la ligne, et au moyen des miroirs inclinés
à 90º, il trouvera le point intermédiaire. Ici l'avantage que
donne l'équerre à miroir n'est point fort important; il réside
en ce qu'un seul officier fait avec la plus grande facilité ce
que deux officiers exécutent ordinairement par des tâtonnements.

2.º *Marche en bataille d'une ligne déployée.* Rien n'est plus
difficile à bien exécuter que la marche en bataille d'une
ligne déployée; tout l'art. 1.er de la 5.e partie des Évolutions

de ligne (n.ᵒˢ 516 à 550) en fait foi. L'Ordonnance , alors
même qu'elle accorde au commandant en chef beaucoup de
coup-d'œil et d'habitude , ajoute que, dans cette supposition,
*il sera rarement dans le cas de changer la direction plus d'une
fois* (n.ᵒ 529 de l'Ordonnance). C'est , avouer 'qu'on regarde
comme impossible d'assurer de prime-abord une bonne direction à la marche. Un adjudant-major muni d'une équerre
à miroir empêchera tous ces flottements , tous ces à-coups.
Placé à six pas en avant du front du bataillon de direction,
sur l'alignement des guides généraux , cet officier cherchera
au loin un point dans la direction exacte de la perpendiculaire , et il l'indiquera au porte-drapeau qui vient le remplacer ; puis, se portant à quarante pas en avant sur la direction , il servira avec le porte-drapeau à fixer dans la
bonne direction les deux jalonneurs de l'arrière. L'équerre
à miroir rendra un service plus important encore. Si l'on
donne à l'adjudant-major deux guides , il pourra, de distance
en distance, les placer sur la perpendiculaire à la direction
générale, et redresser ainsi le front du bataillon. Dans les
autres bataillons de la ligne , les adjudants-majors indiqueront aux porte-drapeaux des perpendiculaires au front , qui
toutes se trouvant rigoureusement parallèles à la direction générale , imprimeront à la marche une régularité qu'il est
impossible de trouver par d'autres moyens.

498. *Changements de front obliques sur deux lignes.* On ne
fera pas mention ici des changements de front perpendiculaires ; mais on avouera sans doute que les changements
de front obliques demandent des dispositions préliminaires
d'un emploi lourd et qui entraînent de la perte de temps;
que serait-ce donc si l'on manœuvrait sur trois ou quatre
lignes de troupes ? (Voir n.ᵒ 754 et suivants de la 5.ᵉ partie
des Évolutions de ligne.) L'équerre à miroir pare à tous les
inconvénients, à tous les tâtonnements, et donne les moyens
de tracer en deux minutes deux et trois lignes parallèles.

499. Soit (fig. 45) une ligne de bataillons déployés et une
seconde ligne de bataillons formés en colonnes doubles , et
placés devant les créneaux de la première ligne. Le commandant en chef veut faire un changement de front oblique l'aile

droite en avant sur la gauche du premier bataillon. Il place deux jalonneurs A et B dans la nouvelle direction, et n'a plus qu'à fixer la distance des lignes. Un officier muni d'une équerre à miroir se place en A et trace la perpendiculaire AC; il s'avance le long de cette perpendiculaire le nombre de pas fixé par le commandant, et envoie prévenir le bataillon placé en O de lui envoyer deux jalonneurs; arrivé au point C, il élève la perpendiculaire CE à AD, et l'alignement de la seconde ligne est non-seulement déterminé, mais encore l'emplacement du bataillon placé en O. Si au lieu de manœuvrer sur deux lignes, il y en avait trois, quatre, etc., il se porterait dans le prolongement de ACD et élèverait aux distances désignées autant d'alignements qu'il voudrait. Peut-on nier qu'ici l'emploi de l'instrument ne donne un grand avantage?

500. *Des carrés obliques.* Les carrés obliques se font à 45°; on n'a donc pas besoin d'insister sur la facilité que l'instrument présente pour tracer la direction des faces des carrés. Mais son emploi est surtout utile pour redresser la ligne, si le commandant en chef désire l'avoir dans une situation parallèle à la première. Il suffit pour cela qu'un adjudant-major, muni d'une équerre à miroir, se place dans le prolongement d'une des faces qui ont obliqué à 45°, et fasse avec ce prolongement un nouvel angle de 45°. L'alignement obtenu par ce moyen sera parallèle à la première ligne de bataille.

501. *Des échelons.* Après tout ce qui vient d'être dit, si l'on adopte l'équerre pour les changements de front obliques et les marches en bataille des lignes déployées, on l'acceptera pour les échelons, surtout dans les terrains ondulés. S'il se trouve dans chaque échelon un officier muni de l'instrument, il suffira que le général en chef indique une direction générale de la marche, pour que chacun d'eux y rapporte de suite des alignements perpendiculaires. Quel que soit le changement de front qu'il fasse exécuter à un des échelons pris arbitrairement, au moyen de perpendiculaires élevées aux deux extrémités de l'échelon, on tracera en peu de minutes le parallélisme des autres échelons, et les changements de front des échelons s'exécuteront avec autant de facilité que ceux des lignes.

502. En quittant ce sujet accessoire pour le Manuel, mais que l'on approfondira avec plaisir si les officiers de l'armée le trouvaient digne de leur attention, on répètera encore que l'équerre à miroir, si éminemment utile pour lever les détails d'une position, est encore propre au tracé des camps et des ouvrages de fortification passagère, et qu'en conséquence il n'est pas d'instrument dont l'officier d'infanterie et de cavalerie puisse faire un plus fructueux emploi.

503. *De la mesure des distances.* Avant de terminer cette partie, il est utile de faire une dernière observation sur la mesure des distances. On a dit, qu'à défaut de chaîne, on se servait de la mesure au pas, ou d'une corde graduée au moyen du décimètre. L'officier jaloux de lever avec précision sera muni d'un cordeau fait d'une matière imperméable, de 10 mètres de longueur, s'enroulant autour d'un cilyndre, ainsi qu'on les vend chez les ingénieurs-mécaniciens. Une précaution que l'on aura soin d'observer en mesurant, c'est de tenir la chaîne dans une position bien horizontale. Ainsi, lorsque l'on reporte sur un plan la distance de A en B, ce n'est pas la longueur de la ligne oblique AB que l'on indique, mais la projection AC, c'est-à-dire la distance horizontale comprise entre le point A et le pied de la verticale menée par B. On obtient la mesure exacte en ayant soin de tenir la chaîne horizontalement, et d'opérer comme on l'indique à la fig. 46.

QUATRIÈME PARTIE.

DES RAPPORTS SUR LES RECONNAISSANCES MILITAIRES.

504. Toute reconnaissance militaire est suivie d'un rapport. Ce rapport se compose d'un *mémoire* èt d'un *plan;* ces renseignements se complètent l'un par l'autre. Sans plan , un mémoire deviendrait long et fastidieux, et le mémoire à son tour interprète le travail topographique.

MÉMOIRES.

505. Les mémoires ont pour objet, 1.º la description physique ; 2.º la statistique ; 3.º les communications ; 4.º des considérations militaires sur le levé du terrain. Les trois premiers objets ont été traités suffisamment dans la première et la deuxième partie du Manuel. Si l'on doit, par exemple, reconnaître un village, on aura recours aux n.ºs 208 à 211, de la première partie, et 304 à 315 de la seconde, où l'on a sous les yeux tous les éléments nécessaire à la description systématique d'un village, de sa position et des moyens de défense qu'il présente. On ne s'est pas attendu , sans doute , à trouver ici des formules toutes faites pour les rapports de reconnaissances. Rien n'est plus mauvais, dans l'application, que ces recettes littéraires; tout rapport calqué frisera toujours l'absurde. Examinez avec attention et avec méthode l'objet que vons voulez décrire , notez vos impressions à l'instant même, et quel que soit votre style, si votre recherche a été consciencieuse, vous produirez un travail utile.

506. On trouve donc, dans la première partie, comment il faut détailler chaque objet reconnu ; il est bon d'indiquer maintenant comment, dans un mémoire descriptif, tous ces

rapports particuliers doivent être coordonnés entre eux. Il suffira pour cela de consulter le document que l'on rencontrera plus loin, dressé par M. le général Pelet, pour les officiers de l'Etat-Major de France. C'est un cadre précieux dans lequel viennent se grouper tous les travaux de l'officier ; et en n'omettant, dans chaque paragraphe, aucun des détails compris dans la première partie, on est assuré de présenter un ensemble intéressant et utile à consulter. Chaque chapitre a trait à un ordre différent d'objets reconnus ; l'un résume les renseignements statistiques, un autre est relatif aux communications, etc., de sorte que, si plusieurs officiers sont chargés simultanément de la reconnaissance d'un pays, et veulent diviser la besogne entre eux, ils trouveront là le partage tout fait.

. Un des grands avantages qu'amènerait la généralisation dans l'armée d'un document semblable, serait d'obtenir des rapports de reconnaissances d'une forme identique et faciles à consulter.

Un dernier mot au sujet des *considérations militaires*. On a vu (n.º 256) qu'il était utile de ne jamais mêler la description physique du terrain avec la partie purement militaire. Un conseil que l'on doit ajouter est celui-ci ; c'est de ne jamais donner des *plans de campagne* dans les rapports. L'officier doit reconnaître une position pour elle-même et d'une manière générale, mais il laisse au chef seul le soin d'apprécier l'utilité de son emploi. Il s'abstiendra donc, à moins qu'il ne reçoive un ordre formel.

MÉMOIRE DESCRIPTIF ET MILITAIRE

Sur le terrain reconnu par Monsieur le (grade et nom de l'officier), compris dans les cantons de....... arrondissement de........ département de......

NOTA. — On écrira en tête de chaque chapitre son *titre*, et en marge les *sous-titres* de chaque article.

CHAPITRE PREMIER. — DESCRIPTION PHYSIQUE.

Position géographique du terrain reconnu. Limites approximatives entre lesquelles le terrain reconnu est compris. — Latitude, longitude et latitude du lieu le plus important du terrain. — Versant général dans l'Océan, dans la Manche ou dans la Méditerranée. — Dans le bassin de premier ordre auquel le terrain appartient.

Configuration générale du terrain. Aspect général du terrain : montueux ou en plaine, — couvert ou découvert, — d'un accès facile ou coupé d'obstacles, de haies, de fossés, de murs de clôture, d'escarpements, de rochers, etc., — couvert de bruyères, — sec ou marécageux.

Dans un pays maritime : forme de la côte : dunes ou falaises, leur hauteur, leur étendue, si elles sont rongées par la mer ou si leur forme reste intacte. — Estran : marécageux, sablonneux ou couvert de galets. — Plage unie ou semée de rescifs. — Anses, baies, rades, ports naturels, hâvres, points d'abordage pour la navigation maritime ou fluviale : avantages qu'ils offrent à la navigation. — Travaux de main d'homme destinés à arrêter les envahissements de la mer. — Tirant d'eau au-delà duquel les bâtiments ne peuvent entrer dans l'un ou dans l'autre port. — Bancs et barres qui se trouvent sur la côte et à l'embouchure des rivières navigables. — Décrire cette embouchure, signaler les difficultés de l'entrée des bâtiments en rivière et de leur sortie, soit par l'effet des obstacles du terrain, soit par l'action des vents ou celle des marées. Faire connaître si les barres sont mobiles, et si le passage est moins praticable dans une saison que dans d'autres

Bassins et lignes de partage. Orographie. Des bassins fluviales ou côtiers. — Désignation de celui ou de ceux dans lesquels se trouve le terrain reconnu. — Ordre auquel les bassins appartiennent.

Des chaînes de montagnes et de leurs ramifications : chaînes principales, secondaires — leur direction — aperçu descriptif. — Noms et cotes de hauteur des monts et des lieux les plus marquants.

Des chaînons, des contreforts, rameaux, appendices, etc. — Des chaînes de collines ou hauteurs d'un ordre inférieur. — Description de ces montagnes ou collines par chaîne ou par groupe. — Plateaux couronnant les hauteurs : indiquer par aperçu leur forme et leur étendue. — Lorsque le terrain ne renferme que des hauteurs d'un ordre secondaire ou inférieur, indiquer à quelle chaîne ces hauteurs se rattachent, en dedans ou en dehors de la feuille.

Des lignes de partage : leur direction — si elles sont de 1.er, 2.e ou 3.e ordre. — Points remarquables où elles passent ; ceux où elles se rattachent à la ligne de 1.er ordre. — Cotes des points les plus élevés

— si elles traversent des plateaux ou des sommités plus ou moins prononcées.

Vallées, vallons, ravins, gorges. — Leur longueur et largeur ; hauteur des berges et inclinaison de leurs pentes. — Grands accidents du terrain qui détruisent leur régularité ou qui gênent la circulation ; mamelons ou escarpements qui resserrent ou barrent les vallées, forêts, lacs, marais, etc.

Plaines unies, ondulées, entrecoupées de mamelons, de rideaux, de landes, de marais, etc.

Iles maritimes ou fluviales. — Leur longueur et largeur ; montueuses, plates, marécageuses ou couvertes de sables.— Boisées, cultivées ou en friche — habitées ou non. — Ports ou ancrages. — Les décrire comme le terrain de terre ferme, lorsqu'elles sont importantes. — Iles flottantes.

Hydrographie. Cours d'eau du terrain reconnu. — Lieux où ils prennent leur source. — Direction générale du cours. — Villes principales où passe le fleuve ou la rivière. —Longeur totale du cours d'eau. — Lieu de son embouchure ou confluent. — Affluents les plus remarquables.

Sur le terrain reconnu : si le cours est en ligne droite ou sinueuse. — Largeur et profondeur à l'état ordinaire ou normal, dans les hautes et les basses eaux. Etiage des fleuves et rivières. Si à cette limite le cours d'eau est guéable, variations de son lit. — Lieux où le fleuve ou rivière se divise ; importance des bras. — Encaissement du cours d'eau. — Pente par kilomètre. Signaler les changements de niveau, les chutes, les cascades et les barrages naturels. — Vitesse du courant par kilomètre. — Crues périodiques ou accidentelles ; causes qui les produisent ; époques auxquelles elles ont lieu généralement, leur hauteur au-dessus de l'étiage. — Inondations : jusqu'où elles s'étendent dans la vallée ; signaler les plus remarquables et les lieux qui en ont le plus souffert. — Travaux exécutés pour prévenir leur ravage. Digues, écluses, etc. Idem pour l'industrie. — Particularités remarquables sur les inondations et leurs effets. — Nature du fond : roche, gravier, sables, vases.— Nature des rives : en roche, sable, gravier, terrain fangeux. — Plates, en pente douce, escarpées, verticales, creuses. — Leur hauteur au-dessus des eaux normales. — Couvertes de pierres, de bois, de prairies, de roseaux, les bords seulement plantés. — Commandement constant ou alternatif d'une rive sur l'autre.

Pour les ruisseaux, on se bornera aux données principales suivant leur importance.

Canaux : leur désignation et lieux où ils aboutissent. (*On portera les détails descriptifs au troisième chapitre.*)

Lacs : leur longueur, largeur et profondeur. — Nature des rives. — S'il y a des parties guéables. — S'ils peuvent être traversés en bateau, ou s'ils sont propres à la navigation ; dans ce cas, en faire connaître les particularités. — S'ils sont poissonneux.

Etangs : naturels ou artificiels. — Permanents ou non. — Facilité de les vider. — Si le fond serait praticable pour des troupes. — Produits qu'on en tire par la pêche, par la culture. — Leur influence sur la santé des habitants.

Marais : formés par des courants d'eau ou par des sources. — Ayant des bancs d'eau ou seulement un terrain vaseux. — Leur étendue. — S'ils sont traversés par des chemins découverts ou cachés. — Facilité de les dessécher. — Tourbières : leur étendue — si elles sont praticables — si elles sont exploitées et les produits qu'on en retire.

Flaques d'eau, mares : usage qu'en font les habitants — si elles influent sur la salubrité.

Fontaines et sources : si elles sont nombreuses, abondantes — si elles donnent de l'eau potable, saline, bourbeuse, etc. — Désigner les principales. — Leur température quand elle diffère sensiblement de celle de l'atmosphère. — Usage qu'en font les habitants. — Particularités remarquables. — Fontaines jaillissantes, intermittentes, etc.

Citernes, puits : ordinaires, naturels. — Signaler les contrées où, à défaut de courants d'eau, on a dû recourir à ces moyens — s'ils suffisent aux besoins des habitants. — Puits artésiens : leur profondeur, abondance et qualités de leurs eaux. — Gouffres.

Nature du sol. Géognosie. De la nature du sol : à la surface du terrain, à différentes profondeurs. — Grottes, cavernes : leur étendue, usage qu'on en fait ou qu'on en pourrait faire. — Accidents remarquables du même genre : courants d'eau, lacs, souterrains, etc. — Composition de la terre végétale, son épaisseur sur les différentes parties du terrain.

Volcans : parties de la feuille occupées par des terrains volcaniques. — Cratères : leur situation, leur hauteur, leur forme. — Scories, laves, basaltes, etc.

Minerais de toute espèce : exploités ou non. — Mines, houillières :

leur profondeur et leur importance ; qualités des produits. — Carrières de marbre, de pierres, de chaux, de plâtre. — Sablières, nitrières. — Indiquer celles qui sont exploitées. — Qualités de ces matériaux.

Sources d'eau thermale, minérale : nature et qualités de leurs eaux. — De l'usage qu'on en fait.

Sel gemme, sources salées, marais salants.

Aérographie. Climat : chaud, froid, sec, humide. Hauteur moyenne du baromètre. — Température dans les diverses saisons. — Maximum de chaleur, de froid, température moyenne.

Nombre annuel de jours pluvieux, quantité moyenne de pluie par année. — Durée de la neige sur le sol ; rivières qui gèlent et à quelle température.

Vents régnants : brouillards. — Propriétés de l'air et des eaux relativement à la santé des hommes et des animaux. — Maladies endémiques. — Causes d'insalubrité, moyens d'y remédier. — Faits météorologiques intéressants : orages violents et fréquents, grêle, trombe, etc. — Plantes qui caractérisent le climat : le seigle, le blé, la vigne, l'oranger, la cochenille, etc. — Forêts en bois résineux, à feuillages, etc.

Marées : particularités importantes relatives aux marées. — Limites des marées dans les ports et dans les rivières.

CHAPITRE II. — STATISTIQUE.

Divisions politiques et administratives. Ancienne province dont le terrain faisait partie avant 1789. — Départements, arrondissements électoraux, communaux, cantons, désignation des communes. — Divisions et subdivisions militaires : légion de gendarmerie. Artillerie. — Génie. — Dépôt de remonte, de recrutement. — Ressort de cour royale. — Directions et bureaux de poste. — Ponts-et-chaussées ; mines. — Conservation des forêts. — Haras. — Direction et bureaux de douanes. — Circonscriptions ecclésiastiques : diocèse, consistoires. — Circonscription académique, etc. — Pour la marine : préfecture maritime, arrondissements, quartiers.

Population. Population totale par canton. — Répartition de la population entre les villes et les campagnes, entre l'agriculture et l'industrie, entre les pays de montagnes et les pays de plaines, etc.

Si la population est croissante ou décroissante. — Comparaison du

nombre existant avec celui d'une époque antérieure. — Cause de ce
mouvement. — Nombre d'habitants par myriamètre carré. — Recrutement : nombre d'hommes recensés (par canton) comparé à celui de
la population. — Nombre d'hommes déclarés bons pour le service
comparé à celui des hommes examinés par le conseil de révision,
taille moyenne des hommes soumis au recrutement. — S'ils sont plus
ou moins propres aux armes spéciales (cavalerie, artillerie ou train.)

Stature, constitution physique, caractère, mœurs, manière de
vivre et costume des habitants.

Dissemblance et homogénéité entre les habitants. — Sympathies
ou aversions. — Leur aptitude ou leur goût pour la guerre, les arts,
les sciences, le commerce ou l'agriculture. — Migrations d'ouvriers
pour l'agriculture ou l'industrie ; se portant dans d'autres contrées ou
venant des pays voisins ; étendue et durée de ces migrations.

Langage. Langues, dialectes, patois. — Parties de la population
qui les parlent. — Orthographe usuelle des noms de lieux ; leur
prononciation quand elle diffère du langage ordinaire ; leur étymolo-
gie. — Mots caractéristiques qui se trouvent dans le langage de la
contrée ; citer des exemples.

Religions. Religions et sectes diverses. — Rapport de la population des unes avec celle des autres. — Leurs dispositions réciproques.

Instruction publique. Degré d'instruction des diverses classes de la
population. — Rapport du nombre des individus qui savent lire,
écrire et compter, à la population totale. Écoles de toute espèce. —
Bibliothèques publiques. — Facultés académiques. — Sociétés sa-
vantes.

Édifices publics et objets d'art. Des édifices publics et des objets
d'art. — Églises ou temples, châteaux, hospices, maisons-de-ville ou
d'administration diverses, colléges, séminaires, musées, bibliothèques, prisons, bourse, halle, phares, etc. Maisons ou bâtiments
remarquables, soit par leur construction, soit sous le rapport historique. — Faire connaître leur destination, leur capacité et ce qu'ils
ont qui les distingue. — Objets d'art estimés.

Autres ouvrages de main d'homme. Habitations diverses. Maisons
de plaisance, fermes, métairies, etc. — Indiquer en général leur
forme, leur capacité, leur construction en pierres, en briques, en
pisé, en bois, etc. — Couvertes en tuiles, en chaume, etc.

Ressources pour le logement des troupes. Aperçu des ressources pour le logement des troupes, hommes et chevaux ; — pour les troupes en marche, en cantonnement ; — dans les bâtiments militaires, dans les autres établissements publics et chez les particuliers. — Grands bâtiments propres à réunir un certain nombre d'hommes ou de chevaux. — Dire si le pays ne contient que de petites habitations.

Matériaux de construction. Des matériaux de construction employés dans le pays : marbres, pierres de taille, moëllons, briques, pisé, etc. — Bois de charpente et autres. — Métaux. — Indiquer d'où ils sont tirés.

Agriculture. État de l'agriculture dans le pays : aperçu général de sa situation ; progrès ou décadence. — Qualités du sol : dire si le terrain est plus particulièrement propre à produire du blé, du seigle ou de l'avoine, pour la vigne, les prairies, les bois, etc. — Grandes ou petites exploitations. — Méthodes de culture : par des chevaux, des bœufs ou à la bêche. — Rotation des récoltes : assolements usités dans le pays ; prairies artificielles, variétés des cultures. — Rapport de la récolte à la semence. — Produit par hectare des terres labourables, des vignes, des vergers, des prairies ; indiquer les produits divers : chanvre, lin, plantes oléagineuses, betteraves, garance, tabac, etc. — Rapport des produits à la consommation.

Bois et forêts. Forêts royales. — Bois communaux et particuliers. — Quelles essences y dominent. — Hautes futaies, bois taillis. — Aménagement. — Aperçu de l'étendue des forêts et de leur état : fourrés, clairières, terrain cultivé, prairies, étangs, habitations, etc., qu'elles renferment. — Praticables ou non pour les troupes, pour l'artillerie. — Coupées de routes, de chemins, de tranchées. — Bois propres à la marine, à la construction des maisons, à la boiserie.

Bestiaux et économie rurale. Des bestiaux : races de chevaux, leurs qualités ; si ces races sont en progrès ou en décadence. — Nombre approximatif, par canton, des chevaux propres au service militaire : chevaux de selle, de trait. — Haras. — Lorsqu'il y a un dépôt de remonte, chevaux qu'il fournit annuellement en moyenne. — Mulets, ânes. — Race bovine ; si elle est nombreuse relativement à la population et aux besoins de l'agriculture ; ses qualités. — Bêtes à laine : races existantes ; si elles sont nombreuses : leurs qualités. — Chèvres seulement dans les pays où il y en a des troupeaux.

Produits de basse-cour, de chasse, de pêche qui entrent dans le commerce : volailles, porcs, gibier, poissons. — Beurre, œufs. — Laiteries, fromageries, ruches, huiles, fruits, etc.

Industrie. De l'industrie : moulins à bras, à vent, à eau, à la vapeur, ceux dits à l'anglaise : leur situation et leurs produits. — Indiquer les autres moulins : à huile, à tan, à foulon, etc. — Papeteries, leurs produits. — Fabrication : à la main, à la mécanique. — Usines pour la fonte et le travail des matériaux. — Salines. — Fabriques d'étoffes de laine, de coton, de toile, de soie, chapelleries, corderies, tanneries. — Fabriques de porcelaines, de faïence, de poteries, de briques, tuiles, etc. — Leur importance, nombre d'ouvriers qu'elles emplöient. — Fabrication : à la main, avec des chevaux, par l'eau, à la vapeur. — Produits annuels en nature. — Chômage.

Mesures locales dans le lieu principal du terrain reconnu : linéaires, agraires, de poids. — Leur rapport avec le système métrique.

Commerce. Du commerce : produits agricoles, industriels, — de consommation, d'importation, d'exportation, de transit. — Entrepôts. — Foires et marchés : de grains, de bestiaux, etc. ; à quelles époques ils se tiennent, leur importance.

Statistique particulière. De la statistique des chefs-lieux de département, d'arrondissement, des places fortes, des villes de garnison ou maritimes et de toutes celles ayant au moins 3,000 âmes de population. — Situation : avantages de la position du lieu pour sa destination comme place forte, centre d'industrie, de commerce, etc. ; comme port de mer, sur une rivière, à un nœud de route, dans un pays fertile, etc. — Sa distance aux villes importantes les plus voisines. — Aspect de ses bâtiments en général : leur forme, mode de construction, ressources qu'ils peuvent offrir pour le logement des troupes et les établissements militaires. — Fermée ou non : forme de l'enceinte, fortification ancienne ou moderne, mur d'octroi ou mur de clôture, etc. — Autorités diverses qui y siégent. — Détails sur la population, les établissements publics de toute espèce, la distribution des eaux à l'usage des habitants, pour l'industrie et le commerce. — Hommes célèbres du pays. — Origine ou lieu et changements importants qu'il a éprouvés jusqu'à nos jours.

La statistique particulière des places fortes sera plus détaillée que pour les villes ouvertes : ainsi quel système de fortification y est appliqué, le nombre des fronts, s'il y a des dehors (demi-lunes, chemins couverts , contregarde, etc.,) des ouvrages détachés , leur forme et leur importance ; si la place est protégée par une rivière , des inondations , des marais , des escarpements , etc. Indiquer les bâtiments à l'épreuve, les casemates ; enfin les ressources qu'offrent les bâtiments militaires , et au besoin les établissements publics pour le logement des troupes , les hôpitaux et les magasins. (Voir au chapitre IV.)

Application des ressources locales au service des troupes. Facilités ou obstacles de la part de l'administration ou des habitants pour appliquer avec promptitude les ressources du pays aux besoins des troupes, soit en marche , soit en cantonnement. — En quoi consistent les revenus communaux.

Garde nationale. Organisation de la garde nationale en légions , bataillons , escadrons , compagnies ou fractions de compagnies d'infanterie, de cavalerie , d'artillerie, de pompiers. — Force , par canton , de la garde nationale mobile. — Nombre d'hommes appartenant à la réserve de l'armée. — Armement au compte de l'état , des communes , des particuliers ; sa situation , son entretien ; habillement. — Degré d'instruction militaire. — Appui que prêterait au besoin la population armée.

CHAPITRE III. — COMMUNICATIONS.

Exposé sommaire du système général des communications.

Routes royales. Route de.... à... n.°... Détails pour chaque route royale : classe. — Direction générale. — Largeur. — Si elle est pavée, ferrée à la mac-adam ou à l'ancienne manière. — En terrain naturel. — Bordée d'arbres , de haies , de fossés , de murs , de jalons. — Pentes d'enrayage et autres accidents. — Défilés. — Facilités ou obstacles pour les charrois. — Distance du terrain reconnu aux villes importantes les plus rapprochées. — Comment fréquentée : relais de poste, voitures publiques , roulage. — Moyens qu'offrent les localités pour améliorer ou détruire les routes. — Parties de routes établies sur des voies romaines.

Routes départementales. Route de... à.... n.°... Des routes départementales : détails comme pour les précédentes , suivant leur importance.

Chemins vicinaux de grande communication. Indiquer par leurs aboutissants , les chemins vicinaux de grande communication qui passent sur le terrain reconnu. — Communes principales qu'ils met-

tent en communication. — Largeur de ces chemins. — S'ils sont
ferrés, ou en terrain naturel ; leur état d'entretien. — S'ils sont
propres aux charrois en toutes saisons. — Accidents du terrain qu'ils
traversent : escarpements, forêts, gués, défilés, chemins creux,
chemins en rampes, mauvais pas, etc.

Chemins communaux. Des chemins communaux : il y en a de
plusieurs sortes; faire connaître ceux qui dominent dans la contrée.
— S'ils sont praticables aux voitures, ou seulement aux bêtes de
somme. — S'ils sont praticables en toutes saisons. — Comment ils
sont entretenus.

Des sentiers ou chemins non classés; signaler les plus fréquentés
et ceux qui pourraient avoir de l'importance dans les opérations
militaires.

Chemins de fer. Des chemins de fer commencés ou livrés au public:
leur direction. — Lignes simples, doubles. — Villes où ils aboutissent. — Distances qu'ils parcourent. — Pentes qu'ils suivent — Obstacles qu'ils traversent : rivières, montagnes, forêts, etc. — Temps
désignés pour le voyage. — Mode de construction : sur le sol, sur
voûte ou viaduc, souterrains. — *Objet du chemin : pour le transport
des voyageurs*, d'objets de commerce, à l'usage des usines ou des
manufactures. — Influence de chacun de ces chemins sur les opérations militaires faisant le sujet du chapitre IV du mémoire. — Chemins
de fer projetés.

Lignes télégraphiques. Direction des lignes télégraphiques. — Villes
principales où elles aboutissent — stations télégraphiques existantes
sur le terrain reconnu. — Lignes projetées.

Navigation des rivières et canaux-rivières. Détail sur chacune des
rivières navigables. — Limites et étendue de la partie flottable,
navigable. — Ports ou gares. — Embarras ou accidents du terrain
qui gênent la navigation. — Travaux d'art et d'entretien pour la ca-
nalisation de la rivière : digues, écluses, sas, pertuis, barrages, déver-
soirs, etc., curage, réparations. — Durée annuelle du chômage.

Nombre, dimensions et tirant d'eau des bateaux — chargement mesuré par tonneau : des bateaux naviguant par le halage, à la voile,
à la vapeur. — Évaluation du transport annuel des voyageurs, des
denrées et marchandises agricoles, industrielles, indigènes, étrangères.

Canaux. Détail sur chaque canal passant par le terrain reconnu :

nom et aboutissants du canal; à point de partage, latéral à des rivières de communication entre deux voies navigables, etc. De grande ou de petite navigation — sa longueur, — sa destination et son importance. — Lieux principaux où il passe — sa largeur à la surface des vives eaux. — Nature du pays qu'il traverse — Pente générale. — Rivières ou autres eaux qui l'alimentent. — Travaux plus ou moins considérables qu'a exigé la construction du canal : digues ou percées, écluses, sas, etc. — Distances entre les écluses ou sas, ou longueur des biefs. — Hauteur de chute aux écluses.

Nombre, dimensions et tirant d'eau des bateaux employés sur le canal. — Leur chargement mesuré par tonneau. — Nature habituelle du chargement : voyageurs, denrées ou marchandises agricoles, industrielles, indigènes, étrangères.

Ponts, bacs et autres moyens de passage des rivières et canaux. Des moyens de passage des rivières et canaux existant sur le terrain reconnu. — Considérations générales sur les avantages qu'offrent ces points de passage pour la défense. — Points existants : leur emplacement ; leur longueur ; largeur de passage : leur construction : en pierre, en bois, en fer ; ponts suspendus à une ou plusieurs arches ; pour les voitures, pour les piétons seulement ; à péage. — Passerelles. — Ponceaux. — État d'entretien du pont. — Moyens de réparations qu'offrent les localités. — Comment les détruire.

Bacs, ponts volants : durée de la traversée. — Nombre d'hommes, de chevaux et de voitures qu'ils peuvent porter.

Gués : s'ils sont permanents ou mobiles. Leur direction perpendiculaire ou oblique au courant. — Qualité de leur fond : roche, gravier, sable fixe ou mouvant.—Leur longueur et largeur — s'ils sont propres au passage de l'artillerie, de la cavalerie, de l'infanterie seulement. — Moyens de les rendre impraticables.

Emplacements convenables pour des ponts militaires, de bateaux, de chevalets, etc. — Longueur que ces ponts auraient. — Facilités des abords.

Marine. Dans les ports : établissements de la marine royale lorsqu'il n'y aura pas de statistique particulière du lieu. — Bâtiments de la marine royale. — Nombre et tonnage des bâtiments du commerce, des bâtiments qui entrent et sortent annuellement. — Nombre d'individus faisant partie de l'inscription maritime.—Évaluation des marins attachés au commerce de long cours, au cabotage, à la pêche.

CHAPITRE IV. — CONSIDÉRATIONS MILITAIRES.

Considérations générales. Observations générales, sous le point de vue militaire, sur la zône des frontières, lorsque le terrain reconnu y sera compris ou en sera peu éloigné, et, dans l'intérieur, sur les rapports de cette zône avec les lignes de défense principales couvrant le terrain reconnu et les points de concentration où concouraient plusieurs lignes d'opérations. — Quand le terrain reconnu se trouvera en arrière de cette zône, on prendra, pour base du travail, ou pour point de départ, la ligne défensive la plus rapprochée et en avant de ce terrain. — Aperçu descriptif du terrain sur lequel s'exécuteraient les opérations militaires dont on fera mention dans le IV.me chapitre du mémoire. — Avantages ou inconvénients pour la défense du territoire, de cette disposition générale du terrain.

Lignes d'invasion ou grandes lignes d'opérations et lignes accessoires de l'ennemi. — Lignes de retraite de l'armée défensive et toutes autres communications dont on ferait usage dans les opérations militaires. — Lignes de défenses naturelles ou artificielles, que la nature des lieux permettrait d'opposer à une invasion : rivières profondes ou peu guéables, montagnes, forêts, défilés, places fortes, etc. — Distances entre les points principaux.

Direction que prendrait l'invasion d'après le but probable de l'ennemi, l'ensemble des communications, les obstacles du terrain et ceux qu'on peut lui opposer.

Système de défense ou moyens proposés par l'officier d'après la nature du terrain, les communications et les opérations militaires que comporterait le terrain reconnu. — Aperçu de la composition et de la disposition générale des troupes dans ce même système.

Les contrées d'un accès difficile, telles que dans les pays montueux ou accidentés, ceux couverts de forêts, de bocages, ceux enfin qui offrent de nombreux défilés, étant propres à la guerre de chicane ; on fera un aperçu de l'organisation d'une guerre de partisans proportionnée à l'importance des lignes d'opérations auxquelles le terrain appartient. — Indiquer l'étendue de la contrée dans laquelle cette guerre pourrait s'exécuter. — Les villes, bourgs ou villages et même les lieux non habités où plusieurs routes et chemins de grandes communications se croisent, pourraient servir de points de ralliement ou d'appui à des détachements ou à des corps de partisans ; les chemins qui unissent ces nœuds de routes entr'eux, et la distance qui les sépare. — L'influence que les opérations de ces corps auraieut sur les mouvements ou les communications de l'ennemi. — Le plus ou moins de facilités que l'on trouverait dans le pays pour l'organisation de ces corps ou pour les seconder dans leurs opérations, tant par l'esprit belliqueux ou le dévouement des habitants que par les ressources que le pays fournirait en hommes, chevaux, vivres, moyens de transport, etc. — Indiquer les parties du terrain reconnu propre aux embuscades, aux surprises, et ceux reconnus convenables pour l'établissement de postes retranchés. Les officiers se borneront à des considérations générales pour l'ensemble de la contrée ; mais ils entreront dans tous les détails pour ce qui concerne leur terrain.

Une grande invasion qui pénétrerait à l'intérieur du royaume exigerait le rassemblement des réserves et même des levées en masse, et l'emploi de toutes les ressources du pays à l'usage des armées (l'armement, l'équipement, les munitions de tout genre et les moyens de transport). Les grands centres de communications, de l'administration ou du commerce et les places fortifiées sont les points naturels de concentration ou les dépôts des hommes et des choses. — On signalera ceux de ces points existants sur le terrain reconnu, ou le point sur lequel ce terrain doit fournir. — Les contrées environnantes (par arrondissement) qui auraient à y verser leurs ressources en homme et approvisionnements. — Donner un aperçu de l'étendue des ressources qui se réuniraient sur chaque point de concentration. — Indiquer enfin les lignes et les positions défensives qui pourraient être alimentées ou renforcées par ces dépôts.

Quand le terrain reconnu sera à proximité ou dans un bassin côtier, on aura égard, dans l'étude du système de défense, aux attaques maritimes et aux débarquements qui pourraient s'effectuer à portée de ce terrain.

Position de..... Positions pour un corps d'armée, pour une division, pour un détachement plus ou moins considérable, couvertes par ces obstacles naturels ou à retrancher. — Positions de combat, places de campagne, camps retranchés, postes divers, etc. — Détails sur les positions que renferme le terrain reconnu, leur rôle dans la défense générale. — Distance à toutes les places voisines et aux lignes d'invasion. — Description de chaque position, considérée sous le rapport militaire. — Étendue du front et de la profondeur. —

Obstacles couvrant le front et les flancs. — Indication et facilité des communications et des diverses lignes de retraite. — Minimum et dispositions des troupes de toutes armes nécessaires à la défense de chaque position. Ouvrages à élever pour en augmenter les moyens de défense. — Lieux propres à mettre les parcs en sûreté. — Parti qu'on peut tirer des villes, villages, châteaux, églises, cimetières, fermes, etc.. pour la défense et pour former des dépôts. — Lieux d'où on pourra tirer les vivres et les fourrages, l'eau et le bois.

Lorsque le terrain reconnu contiendra une place forte et maritime, on complétera dans cet article ce qui aura été exposé dans la statistique particulière, en appliquant sur la position sur laquelle elle est assise les considérations indiquées ci-dessus qui s'y rapportent ; ajoutant des observations sur les avantages ou les inconvénients de la disposition et de la construction des ouvrages, et sur le flanquement, le défilement et la force ou capacité de ces ouvrages avec leur état d'entretien, indiquer le front ou les fronts d'attaque, et enfin donner un aperçu descriptif des environs pour faire ressortir les difficultés que l'ennemi aurait à entreprendre le siége. — Pour les places maritimes, on signalera par la description des abords si la place où les établissements de la marine seraient exposés aux effets d'un bombardement ou d'un incendie par les bateaux à vapeur ou les fusées. — Faire connaître si les localités permettraient, par quelques dispositions qu'on indiquerait, de tenir les bâtiments ennemis assez éloignés pour n'en avoir rien à craindre.

Sur les côtes, indiquer les points où l'on pourrait effectuer les débarquements. — Dispositions à faire pour s'y opposer. — Positions à occuper pour arrêter l'ennemi qui aurait débarqué.

Considérations sur les mouvements de retraite. Retraite de..... à..... Lorsqu'on aura à reconnaître des communications sur lesquelles on jugera que l'ennemi peut s'engager, on pourra supposer un corps en retraite devant un ennemi supérieur en forces, et on indiquera avec tous les détails proportionnés à leur importance, toutes les positions où l'on pourrait arrêter ou retarder la marche de l'ennemi ; on donnera un aperçu des mouvements principaux pour se retirer d'un point sur un autre et du temps que tiendra chaque disposition, dans l'hypothèse que l'on aura établie.

Considérations sur le terrain reconnu, en cas de retour offensif. Le terrain reconnu sera envisagé par un simple aperçu, sous le rapport de l'offensive, c'est-à-dire, quels seraient ses avantages ou ses inconvénients pour les opérations en cas de retour offensif. — Facilités qu'on aurait à se porter sur les flancs, et à déborder la marche des corps ennemis en retraite.

CHAPITRE V. — HISTORIQUE.

Section première. — Histoire générale.

Événements politiques. Aperçu des principaux événements politiques survenus depuis les temps anciens jusqu'à nos jours, dans la contrée où le terrain reconnu est situé : origine des lieux marquants ou de la population actuelle, lorsque le mémoire n'aura point de statistique particulière ; passage de la contrée sous différents gouvernements ou dominations, grands désastres qu'elle a éprouvés, événements dont elle a été le théâtre, hommes célèbres qui ont influé sur le sort du pays.

Section deuxième. — Archéologie.

Monuments historiques. Monuments fixes de chacune des époques gauloise, grecque, romaine, chrétienne. — Monuments meubles. — Chaque époque divisée en trois classes : monuments religieux, monuments militaires, monuments civils.

Villes ou villages, châteaux forts, camps anciens, temples, etc., leur emplacement. — Leur description. — Vestiges qui en restent. — Autorités d'après lesquelles on aura fait la description : historiens, traditions du pays, etc.

Voies romaines. Des voies romaines qui passent par le terrain reconnu. — Lignes qu'elles parcourent, leurs aboutissants et leurs ramifications. — Vestiges qui en restent. — Nature des matériaux.

Documents et matériaux historiques. Des documents et matériaux historiques existants dans les musées et les bibliothèques publiques et particulières : ouvrages imprimés, manuscrits, dessins, gravure et sculpture qui ne sont pas généralement connus.

Section troisième. — Histoire militaire.

Événements militaires. Relation des événements militaires remarquables à différentes époques et dont le terrain reconnu aura été le théâtre, tels que batailles, combats, siéges, etc., suivant l'ordre chronologique. — Circonstances que les historiens généralement connus n'auraient pas mentionnées où les renseignements auraient été puisés.

DE LA CONFECTION DU CROQUIS.

507. 1.º Les officiers colleront, s'il est possible, sur une planchette ou sur un carton, la feuille sur laquelle devra être dessiné le croquis-minute, et traceront sur cette feuille une ligne représentant la méridienne, le nord étant toujours au nord de la carte. Ils y porteront les points principaux relevés sur la meilleure carte existant dans le pays et à la plus grande échelle. Ils indiqueront sur une des marges d'après quelle carte le canevas a été établi.

2.º L'échelle du levé sera au 1/10,000 ou au 1/20,000 ; celles des profils qui seraient jugés nécessaires, pourront être au 1/20,000, au 1/10,000 ou au 1/5,000, selon la nature des lieux ou des objets à représenter. On s'exercera surtout à l'échelle de 1/10,000. Voici d'ailleurs le tableau des échelles des levés divers.

508. ÉCHELLES. Nota. *Les hauteurs du type de l'écriture sont exprimées en déci-millimètres.*

DÉNOMINATION.	RAPPORT avec la grandeur des objets.	APPLICATION AU SERVICE MILITAIRE.	HAUTEUR du type de l'écriture pour							
			Villes.	Villages.	Hameaux.	Routes.	Chemins.	Fleuves.	Rivières.	Ruisseaux.
1 cent.c p.r 10m	$\frac{1}{1,000}$	Campement d'un régiment, d'un bataillon, d'une compagnie.	Capitale droite.	Romaine droite.	Romaine penchée.	Romaine droite.	Italique.	Capitale penchée.	Romaine droite.	Italique.
1 cent. p.r 20m	$\frac{1}{2,000}$	Plans détaillés des villes, bourgs, villages, routes, canaux, tracé de fortification de campagne.								
1 cent. p.r 50m	$\frac{1}{5,000}$	Tracé des places de guerre et de leurs environs. Campement de plusieurs régiments.	120	60	40	50	18	60	50	20
1 cent. p.r 100m	$\frac{1}{10,000}$	Topographie complète d'un pays ; détails d'une frontière; cartes de marche, itinéraires, positions. Castramétation d'une division d'armée. Plans topographiques des places.	60	30	20	15	15	30	25	15
1 cent. p.r 200m	$\frac{1}{20,000}$	Cartes des reconnaissances en temps de guerre ; plans de bataille, combats et mouvements d'armées. Castramétation d'une armée entière.	50	25	15	12	12	25	20	12
1 cent. p.r 500m	$\frac{1}{50,000}$	Cartes d'ensemble des places et de leurs dépendances, tels que lignes, forts, canaux défensifs, descriptions d'opérations militaires dans le voisinage de quelques places.	40	20	12	10	10	20	15	10
1 cent. p.r 1000m	$\frac{1}{100,000}$	Opérations de guerre. Cartes de Cassini et Ferraris.								

509. Chaque officier déterminera sur la carte-minute, toutes les crêtes et sommités, tous les replis et ressauts remarquables qui se trouveront sur la pente des coteaux ou sur les flancs des hauteurs, le pied des rampes, les thalwegs et les lignes de partage des bassins. Il tracera au bas de la carte ou sur les marges, et à l'une des échelles fixées ci-dessus, les profils qu'il croira propres à mieux faire connaître chacune des positions militaires. Des chiffres indiqueront la hauteur exacte ou approximative des lieux les plus intéressants du levé, tels que les sommets des montagnes, les points extrêmes et les chutes des cours d'eau.

510. Comme l'appréciation de la hauteur approximative des cours d'eau est d'une immense utilité à la guerre, il est bon de donner ici un moyen simple d'approximation. L'officier sait mener une ligne horizontale sur le terrain au moyen de l'équerre à miroir, il sait aussi qu'il ne doit mesurer sur le terrain que des distances horizontales. Maintenant quand il voudra connaître la différence de niveau de deux points du terrain d'une manière approximative, il s'y prendra de la manière suivante. Il fixera, à l'extrémité d'un piquet, un rapporteur en corne au moyen d'une forte aiguille; à cette aiguille sera attaché un petit fil à plomb. (Pl. V, fig. 47.) Si le diamètre du rapporteur est bien horizontal, le fil à plomb coïncidera avec le 90° du limbe gradué. Si donc on place ce petit appareil au bas de la cote AC, si l'on place au sommet un jalon CI égal à la hauteur de l'instrument mA, et si l'on dirige vers ce point le diamètre lo du rapporteur, il est évident que le rayon correspondant à 90° ou mk s'écartera d'une certaine quantité du fil à plomb mn et formera avec lui un angle nmk égal à l'angle d'inclinaison du terrain CAB; on calcule donc cet angle d'inclinaison : si le fil à plomb s'est arrêté à 71°, l'angle cherché sera 90° — 71° = 19°.

Les mathématiciens ont calculé quelle pouvait être la différence de niveau CB en fonction de cet angle et de la distance AB (car il est évident que la différence de niveau est d'autant plus grande que l'angle est plus grand et la distance AB plus considérable), et la table suivante présente un abrégé de ces recherches. La distance est supposée de 1^m, de sorte que la distance verticale CB, exprimée par fractions de mètre, a rapport à 1^m de base horizontale. Pour avoir la hauteur de CB pour une base quelconque, on multiplie la quantité donnée par la table, par le nombre de mètres que peut contenir toute autre base que AB.

TABLE *pour calculer les différences de niveau.*

ANGLES AVEC L'HORIZON.	HAUTEUR verticale pour 1 m de base.	ANGLES.	hauteur.	ANGLES.	hauteur	ANGLES.	hauteur.	ANGLES.	hauteur.
	M								
1°	0,018	10	0,176	19	0,544	28	0,552	37	0,755
2	0,055	11	0,194	20	0,565	29	0,554	38	0,781
3	0,052	12	0,212	21	0,585	30	0,578	39	0,800
4	0,070	13	0,231	22	0,404	31	0,601	40	0,838
5	0,087	14	0,249	23	0.424	32	0,625	41	0,869
6	0,105	15	0,268	24	0,445	33	0,649	42	0,900
7	0,125	16	0,287	25	0,466	34	0,674	43	0,951
8	0,140	17	0,505	26	0,487	35	0,700	44	0,965
9	0,158	18	0,525	27	0,510	36	0,727	45	1,000

Si sur le terrain l'angle avec l'horizon est 19° et la distance AB = 50ᵐ, la différence de niveau sera 0ᵐ,343×50=17ᵐ,20 ; car dans la table le nombre 0ᵐ,344 est en regard de 19°. Si l'angle était de 6° 1/2 et la base horizontale de 305ᵐ, la différence de niveau sera (0ᵐ,105 + 0ᵐ,009) × 305 = 34ᵐ,77 ; 0ᵐ,009 étant la moitié de la différence de hauteur entre l'angle de 6° et celui de 7°.

511. Ces données seraient incomplètes si on n'y ajoutait celles qui suivent au sujet de la mesure des *bases horizontales.* On a dit (n.° 503) qu'il était essentiel de tenir la chaîne bien horizontale dans les divers mesurages. Mais lorsqu'il s'agit de parcourir de grandes distances, ou de les mesurer au pas, il est parfois impossible, faute de chaîne, de mesurer autre chose que la longueur même de la pente.

Soit la fig. 47. Si l'on ne peut mesurer AC, cette distance sera toujours plus grande que la distance horizontale AB, et la différence sera d'autant plus grande que l'angle avec l'horizon CAB sera plus grand. On a donc également calculé la valeur de AB en fonction de AC et des diverses valeurs de l'angle CAB ; la table suivante indique la diminution à faire éprouver à chaque mètre mesuré sur les pentes en raison de leur inclinaison. L'angle d'inclinaison se mesure par les mêmes procédés que ceux indiqués dans le paragraphe précédent.

TABLE *des longueurs auxquelles se réduit un mètre dans la projection horizontale sous les divers angles d'inclinaison.*

ANGLES AVEC L'HORIZON.	1 mètre se réduit à	ANGLES	1 mètre se réduit à	ANGLES.	1 mètre se réduit à	ANGLES.	1 mètre se réduit à	ANGLES.	1 mètre se réduit à
	M.								
1°	0,999	10	0,984	19	0,945	28	0,882	37	0,798
2	0,999	11	0,981	20	0,939	29	0,874	38	0,788
3	0,998	12	0,978	21	0,933	30	0,866	39	0,777
4	0,997	13	0,974	22	0,927	31	0,857	40	0,766
5	0,996	14	0,970	23	0,920	32	0,848	41	0,754
6	0,994	15	0,965	24	0,915	33	0,838	42	0,743
7	0,992	16	0,961	25	0,908	34	0,829	43	0,731
8	0,990	17	0,956	26	0,896	35	0,819	44	0,719
9	0,987	18	0,951	27	0,891	36	0,890	45	0,707

NOTA. Dans ces deux tables, on n'a pas dépassé l'angle de 45°, parce qu'il est bien rare que l'on ait à mesurer un angle excédant cette ouverture.

Si donc la longueur de la pente AC est trouvée égale à 650ᵐ et l'angle d'inclinaison *nmk* = CAB à 32°, la base horizontale AB sera égale à 650ᵐ × 0ᵐ,848 = 551ᵐ,20. La quantité 0ᵐ,848 est dans la table en regard de 32°. Si l'angle d'inclinaison était de 12° 1/2 et la longueur de la pente 125 mètres, la base horizontale, celle que l'on doit porter sur le papier, sera 125ᵐ × (0ᵐ,978 − 0ᵐ,002) = 122ᵐ; la quantité 0ᵐ,002 est la moitié de la différence entre 12 et 13 degrés. Lorsque l'inclinaison du terrain ne dépasse pas 5°, elle est inappréciable dans les reconnaissances militaires, car elle n'est que de 4ᵐ pour 1000 mètres; l'on peut agir alors comme en terrain horizontal.

455. *Teintes et signes conventionnels.* Pour indiquer sur les plans, les diverses natures de terrain, les bois, les champs cultivés, les eaux, les marais; pour indiquer encore les voies diverses de communication, les usines, les ponts, etc., on se sert de signes conventionnels. On trouvera dans une planche ceux que donne le 2.ᵉ volume du Dépôt de la Guerre de France. (Voir aux planches *signes conventionnels*.)

Mais le dessin exigeant trop de temps, on y substitue dans les levés topographiques des teintes conventionnelles. Les couleurs employées sont le *carmin*, la *gomme gutte* et l'*indigo*.

TABLEAU *des teintes conventionnelles.*

NOMS DES OBJETS.	NOMS DES TEINTES.	COMPOSITION DES TEINTES.
Terres labourées.	Nankin léger.	3 parties gomme gutte, 1 de carmin.
Prairies.	Vert bleuâtre.	3 parties gomme gutte, 1 d'indigo.
Vergers.	Vert,	4 parties gomme gutte, 1 d'indigo.
Forêts et bois.	Jaune verdâtre.	5 parties gomme gutte, 1 d'indigo.
Vignes.	Violet.	4 parties carmin, 1 d'indigo.
Friches.	Panaché vert et nankin.	Vert de prairie et nankin des terres lab.
Broussailles.	Panaché vert et jaune verdâtre.	Vert de prairie et jaune des bois.
Bruyère.	Panaché vert et rose.	Vert de prairie et carmin léger.
Sables.	Orange.	2 parties gomme gutte, 1 de carmin.
Marais.	Panaché horizontal vert et bleu.	Vert de prairie et indigo léger.
Fleuves, rivières, etc.	Bleu léger.	Indigo léger.
Mers.	Bleu verdâtre.	3 parties indigo, 1 gomme gutte.
Habitations.	*Carmin.*	*Carmin foncé.*

NOTA. Toutes ces teintes, à l'exception des habitations, doivent être faibles. (On entend par partie 1 pinceau plein.)

512. *Signes conventionnels pour les levés des champs de ba-taille.* Voyez la planche, *signes conventionnels*, à la fin du volume, et observez de plus les indications qui suivent :

Les troupes, dans les cartes de marche, dans les ordres de bataille, et dans les plans de bataille, sont distinguées par des couleurs et de la manière suivante :

Belgique. . . . . *tricolore belge.*
France . . . . *tricolore français.*
Angleterre. . . . . *rouge vermillon.*
Autriche et ancien Empire Germanique. *orange brun.*
Nouvelle Confédération Germanique. . *orange brillant.*
Russie . . . . *vert.*
Prusse . . . . *noir.*
Espagne. . . . . *brun-chocolat.*
Suisse . . . . *rouge amarante.*
Sardaigne . . . . *jaune de chrôme serin.*
Naples . . . . *rose.*
Émigrés français. . . . . *blanc bleuâtre.*

Afin de rendre bien distinctes les positions prises successivement, le jour de la bataille, par les troupes de chaque armée, on établira, entre les formes des signes destinés à représenter ces troupes, les différences indiquées dans la planche.

Si l'une des deux armées avait franchi, en se retirant, les limites du terrain levé, la direction qu'elle aurait suivie serait indiquée par les signes adoptés pour les troupes en retraite.

Lorsque des troupes d'une même nation se trouveront comme auxiliaires dans chacune des armées opposées, les signes destinés à représenter ces troupes seront divisés en deux parties égales par des lignes parallèles au front de bataille ; la moitié tournée du côté opposé à ce front sera teintée avec la couleur de la nation auxiliaire, on teindera l'autre moitié avec la couleur des troupes de la nation principale.

Si les armées, pendant la bataille, avaient pris plus de trois positions différentes, il faudrait, pour éviter la confusion, figurer dans un second plan et avec le secours des mêmes différences entre les signes, les positions postérieures aux trois premières. Ce plan, relativement au figuré du terrain et aux signes conventionnels, serait semblable au premier.

513. *Du canevas des croquis des reconnaissances et des opérations sur le terrain.* L'officier peu habitué aux travaux topographiques éprouve toujours de grandes difficultés pour commencer son opération sur le terrain. Il ne sait par où débuter. Voici les moyens qu'il mettra en pratique, et qui feront cesser toute incertitude. C'est encore l'équerre à miroir qui, en cette occasion, lui rendra les plus grands services.

On a déjà dit précédemment (n.º 507), que l'officier doit reporter sur la feuille-minute, avec la méridienne, les points principaux du terrain relevés sur la carte du pays la plus correcte et à la plus grande échelle. Nous supposerons même, qu'à défaut de carte correcte, une triangulation a été calculée par l'état-major, et que l'officier possède, sur sa feuille-minute, les éléments de cette triangulation. On suppose enfin que cette triangulation est bien exacte ou que la carte a été vérifiée. On sait maintenant que le sommets des angles d'une triangulation sont ordinairement des clochers des tourelles, des objets dont il est impossible de se servir comme de jalons d'un levé particulier, mais auxquels on rapporte les levés de détail et qui donnent le moyen de retrouver à tout instant le point du terrain où l'observateur se trouve placé.

514. Ceci posé, l'officier agira de la manière suivante. En arrivant il cherchera la direction la plus favorable pour mener un grand alignement qui puisse traverser tout l'espace à lever. (Il faut que cet alignement soit autant que possible horizontal.) Ce sera la *base* des opérations. Au moyen de l'équerre à miroir, il cherchera à se mettre sur la ligne qui joint deux points de la trangulation, et verra s'il peut faire coïncider sa base avec cette ligne, car alors la direction de cette base serait toute déterminée sur la feuille-minute. Pour indiquer sur la feuille-minute un point fixe du terrain, on s'avance sur la base jusqu'à ce que, au moyen de l'équerre à miroir, on trouve le pied de la perpendiculaire abaissée d'un troisième point triangulé sur l'alignement des deux autres. Soit (pl. V, fig. 48) les trois clochers A, B. C indiqués de position sur la feuille-minute. Au moyen des miroirs à angle droit, on trouve sur le terrain l'alignement AB (n º 470), puis avec les miroirs inclinés à 45º on trouve le pied D de la perpendiculaire CD. Les lignes

AB et CDE sont les bases du levé. On partage la ligne AB à droite et à gauche du point D en parties égales de 200, ou 400 mètres chacune, que l'on mesure avec le plus grand soin ; on divise de même la ligne DC et DE en parties de même grandeur, puis on élève des perpendiculaires qui, se rencontrant toutes deux à deux, diviseront tout le terrain à lever en carrés égaux entre eux. On place des piquets à chaque intersection, et l'on donne à un officier plusieurs carrés à lever. Toutes ces opérations seront indépendantes les unes des autres, s'exéteront facilement et sans que l'erreur faite d'un côté influe sur les autres opérations. On lève ordinairement les objets contenus dans chaque carré en se contentant de cheminer sur chacun des côtés et en se servant de la méthode des ordonnées (n.º 483).

515. Dans la figure 48, les parties ombrées P, Q, R, S, T, U, simulent les obstacles au travers desquels on ne peut faire passer les lignes du *canevas*. Dans ce cas, on cherche si on ne peut passer entre ces obstacles, par des perpendiculaires successives comme *o*, *og*, *gh*, *hi*, *ik*; et si cela n'est pas possible, on mène des droites inclinées à la direction des côtés des carrés comme FG et IK, et on fixe leur direction sur le papier par le moyen indiqué au n.º 479. Puis on chemine le long de ces lignes et on lève d'après la méthode indiquée au n.º 479.

516. On a supposé qu'il était possible de mener la base AB suivant l'alignement de deux points du terrain. Si cela n'est pas faisable, dans ce cas, on mène la base dans le terrain le plus favorable et on rattache cette base à la feuille-minute de la manière suivante : soit (Pl. V, fig. 49) XY la trace de la base. On choisit à droite et à gauche deux points A et B, et on chemine sur la base jusqu'à ce qu'on ait trouvé les pieds C et D des perpendiculaires abaissées des points A et B (n.º 471). Ces points trouvés, on détermine les distances AC et BD (n.º 478), et l'on suppose AC=950 mètres, BD=800. Cela fait, on décrira sur la feuille-minute du point B comme centre et avec un rayon = 800 mètres, à l'échelle du plan, une circonférence; du point A comme centre avec un rayon égal à 950 mètres, une autre circonférence; puis on menera une tangente aux deux cir-

conférences, laquelle tangente déterminera sur la feuille-minute la ligne CD du terrain. On vérifiera si l'on a bien opéré de la manière suivante : On cherchera le point E, intersection de l'alignement AB, on mesurera CE et EC, et on devra trouver CE×BD=ED×AC. La ligne XY étant déterminée de position, on opère comme dans la figure précédente, c'est-à-dire qu'on divise le terrain en carrés, ou qu'on y rattache des directions obliques sur lesquelles on chemine pour déterminer tous les points du terrain.

517. Si l'officier n'a à sa disposition ni cartes, ni points relevés sur une triangulation exacte, il mène ses bases dans le terrain le plus favorable et oriente son plan au moyen de la boussole, et s'il n'en possède pas, par la direction de l'ombre d'un jalon à midi.

518. *Bagage scientifique nécessaire pour les reconnaissances.* Carnet de la grandeur d'une feuille de papier à lettres, sur lequel on puisse lever au 1/10,000, 2500 mètres de long sur 2000 de large. Ce carnet sera partagé en quatre sections. La *première* est destinée aux levés topographiques, et les feuilles seront divisées en carrés de 100 mètres de côté; la *deuxième* aux relevés statistiques; la *troisième* aux itinéraires (les tableaux indiqués n.os 204 et 217 y seraient tracés d'avance); enfin la *quatrième* aux notes relatives aux mémoires. Ce carnet serait placé dans un portefeuille en cuir que l'on suspendrait au cou, et qui contiendrait de petits compartiments pour recevoir 1.º crayons rouges et noirs, 2.º bâtons de couleurs (encre de chine, carmin, indigo et gomme-gutte), 3.º un compas avec pièces de rechange, 4.º un rapporteur, 5.º un double décimètre servant de règle, 6.º une petite équerre en bois faite en forme de triangle rectangle isocèle, afin de construire facilement les angles de 45º, 7.º colle à bouche, gomme élastique, tire-ligne, deux pinceaux, aiguilles fines pour le rapporteur, fil à plomb, plumes de corbeau, deux godets. On ajoutera dans le carnet du papier végétal à décalquer.

L'officier sera en outre muni d'un cordeau gradué de 10 mètres enroulé autour d'un petit cylindre, et de l'équerre à miroir, dont le prix est de 18 à 20 francs.

CINQUIÈME PARTIE.

FORMULES; RENSEIGNEMENTS DIVERS; HYGIÈNE.

FORMULES, *lignes*. — R *signifie le rayon du cercle.*

1. Rapport de la diagonale au côté du carré $= \sqrt{2} = 1,414 = \frac{17}{12}$ ou $\frac{41}{29}$.

2. Rapport de la circonférence au diamètre $= \pi = 3,14159$.

3. La circonférence $= 2 \pi R = 6,28185 \times R$.

4. Le côté du *carré* inscrit $= R \times \sqrt{2}$.

5. Le côté du *triangle* équilatéral inscrit $= R \times \sqrt{3}$.

6. Le côté de l'*hexagone* inscrit $= R$.

7. Le côté du *décagone* régulier inscrit $= 0,618 \times R$.

8. Le côté du *pentagone* s'obtient en joignant deux à deux les sommets du décagone.

9 Le côté du *pentédécagone* est la corde qui soustend la différence des deux arcs correspondants de l'hexagone et du décagone.

10. La somme des angles d'un triangle $= 2$ droits.

11. Si *n* est la somme des côtés d'un polygone, la somme des angles sera $= 2$ droits $\times$ (*n* — 2).

12. La somme des angles extérieurs d'un polygone (formés par le prolongement des côtés du polygone $= 4$ angles droits.

SURFACES. — H *est la hauteur*, B *la base des figures.*

1. La surface d'un triangle $= 1/2$ H $\times$ B.

2. Si *a*, *b*, *c*, sont les côtés d'un triangle et *p* la moitié de leur somme ou $\frac{a+b+c}{2}$; on aura la surface du *triangle* $= \sqrt{p\,(p-a)\,(p-b)\,(p-c)}$; formule fort utile dans les levés au mètre.

3. La surface du *parallélogramme* = BH

4. La surface du *trapèze* = 1/2 (B+B')× H.

5. La surface d'un polygone quelconque s'obtient en le décomposant en triangles et par la formule n.º 2.

6. Lorsqu'un polygone est levé par trapèzes (pl. IV, fig 31), la surface totale est égale à celles des trapèzes et des triangles réunis.

7. Surface de cercle = πR^2 = 3,14159×R^2.

8. La surface du secteur circulaire = $\dfrac{\pi R^2}{n}$; $\dfrac{1}{n}$ est le rapport de l'arc secteur à la circonférence.

9. La surface du cylindre = $2\pi \times R \times H$.

10. Id. du cône droit = $2\pi R \times$ 1/2 du côté.

11. La surface du tronc de cône droit à bases parallèles = $2\pi(R+R')\times$ 1/2 du côte, ou bien = le côté × par la circonférence moyenne.

12. La surface d'une sphère = $4\pi R^2$ = 12,56637× R^2 = 4 fois la surface du grand cercle.

13. La surface de la zône sphérique = $2\pi \times R \times H$.

SOLIDES.

1. Solidité d'un prisme = $B \times H$.

2. Id. d'un tronc de prisme triangulaire = 1/3 B (H+H'+H'').

3. Id. d'une pyramide = 1/3 B×H.

4. Solidité d'une pyramide à bases B et B' parallèles, = 1/3 H (B+ B'+ $\sqrt{B \times B'}$) ou $\dfrac{(B \times C - B' - C') H}{3 (C-C')}$

5. Solidité d'un cylindre = πR^2 H.

6. Id. d'un cône droit = 1/3 $\pi . R^2 . H$.

7. Id. d'un tronc de cône droit à bases parallèles, = 1/3 π H (R^2+R'^2+R.R')

8. Solidité d'une sphère = 4/3 πR^3 = 4, 18859 × R^3 ou = la surface × 1/3 R.

9. Id. segment sphérique à 2 bases = $\dfrac{B+B'}{2}$× H + 1/6 πH^3.

10. Id. à 1 base = 1/3 πR^2 (3 R — H).

519. POIDS ET MESURES. — *Système métrique.*

NOMS.	VALEURS.	NOMS.	VALEURS.
MESURES LINÉAIRES.		**CAPACITÉS.** *Matières sèch.*	
Myriamètre.	10,000 mètres.	Kilolitre.	1000 déc. cubes 1
Kilomètre.	1,000 »⁻		mètre cube.
Hectomètre.	100 »	Hectolitre.	100
Décamètre.	10 »	Décalitre.	10
Mètre.	1 unité de m.	Litre.	1
Décimètre.	0.1	**MESURES DE SOLIDITÉ.**	
Centimètre.	0.01		
Millimètre.	0.001		
MESURES AGRAIRES.		Stère.	1 mètre cube.
		Décistère.	0.1
Hectare.	10,000 m. carrés.	**POIDS.**	
Are	100	Millier.	1000 kil. tonneau
Centiare.	1		de mer.
CAPACITÉS. *(Liquides.)*		Quintal.	100
		Kilogramme.	1.0 déc. c. d'eau
		Hectogramme.	0.1
Décalitre.	10 décim. cub.	Décagramme.	0.01
Litre.	1 unité.	Gramme.	0.001
Décilitre.	0.1	Décigramme.	0.0001

520. *Monnaies.*

1 Franc d'argent pèse . . . . gr. 5,0000

5   Id.   Id. . . . . » 25,000

1 pièce d'or de 20 fr. pèse. . . . . » 6,45160

1 kilog d'argent pur vaut. . . . . fr. 222,22

1 kilog au titre de monnaie. 200,00

La valeur de l'or est à l'argent :: 15 : 1; ainsi une

    pièce du volume de 1 fr. vaut. . . . . . fr. 25,65

1 fr. vaut 47 cents 25/100 de Hollande.

1 fr. vaut $0 - 11^s - 0^d \frac{5}{10}$ de Brabant.

La guinée anglaise vaut . . . . fr. 26,47

1 ducat d'Autriche vaut 11,86

1 florin   Id. 2,59

1 florin de Bade. . . . . fr. 2,09
1 couronne Bavière. 5,66
1 ducat de Prusse. 11,77
1 fréderic d'or 20,80
1 thaler de 30 silbergros 3,71

521. *Mesures de longueur et de capacité.*

	mètres.		mètres.
La lieue de 25 au degré.	4,445	Stade égyptien	222
Id. de marine de 20 au Id.	5,556	Stade grec de 600 pieds.	184
Lieue de poste française.	3,893	Ancienne lieue gauloise.	2,210
Lieue d'Allemagne 15 au		Le pied français. m.	0,32484
degré	7,408	Id. anglais . . .	0,30479
Lieue de Prusse. . .	7,533	Id. Liége. . . .	0.29114
Mille anglais. . . .	1,609	Id. Anvers . . .	0,28550
Mille marin	1,852	Id. Louvain. . .	0,28550
Id. romain de 8 stades.	1,476	Id. Bruxelles . .	0,27575
Stade	184	Id. Gand. . . .	0,27540

Le pied français est de 12 pouces, le pouce 12 lignes.
  Id. anglais   11   id.   12   id.
  Id. belge   11   id.   8   id.

L'aune belge se divise en 16 tailles.
L'aune de Paris vaut . . . . 1^m,20
L'aune de Bruxelles. . . . . ⎫
  Id. de Gand. . . . . ⎬ 0^m,6956
  Id. d'Anvers . . . . ⎭
  Id. de Louvain. . . . . 0^m,6966
23 Aunes de Bruxelles font 16^m — 0,^m0012.

111 Pieds de Bruxelles = 44 aunes de Bruxelles à peu près.
Le *bonnier* de Bruxelles à 4 journeaux ou 400 verges.
Le *bonnier* de 17 1/3 pieds à la verge = ares 91,3809.
La *verge* d'Anvers est de 18 1/2 pieds, 19 1/2 et 20.
  Id. de Liége est de 16 ou 20 pieds.
  Id. des Flandres . . . . hect. 0,0014
L'*arpent* de 300 verges. 0,4479
Le *bonnier* de 3 arpents. 1,3437
Le *foudre* de vin vaut 6 aimes, l'aime 100 *pots* à bierre ou
  96 à vin, le *pot* à 2 pintes, et la 1/2 pinte 4 *verres.*

	Litres.		Litres.
Le *pot* à bierre vaut. .	1,003	Le *pot* à vin de Lou-	
Id. à vin.	1,354	vain	1,80
Id. d'Anvers . . .	1,342	Id. à bierre. .	1,35

La *razière* de Bruxelles à 4 quartiers de 4 *picotins*.
     Id.   d'Anvers vaut 317 litres.

La *livre* de Bruxelles de 16 onces = 468 grammes.

108 livre, poids de Gand. . . . ⎞
 99 1/2 d'Anvers. . . . . . . ⎬ font 100 livres de Bruxelles.
 92 1/2 de Liége. . . . . . ⎠

Le *boisseau* de Bruxelles. . . . . litres. 57,00
     Id.   de houblon. 63,07

Le *muid* de Gand 134
     Id.   de Louvain 232

522. *Poids divers des hommes, chevaux et matériel de guerre.*

1 Homme armé pèse. . . . . kil.	80
1 Cavalier et son cheval.	588
1 Cheval	450
1 Pièce de 12 liv. de campagne avec avant-train et 80 kil. d'avoine	2400
1 Idem de 6 liv. id. id.	1900
1 Obusier long de 0^m,15 id.	1950
1 Id. court de 0^m,15 id.	1850
1 Caisson de 12 liv. avec 116 kil. fourrage et roue de rechange de 100 kil.	2200
1 Id de 6 liv. id. id. . . .	1950
1 Id. d'obusier long. id. id. . . .	1950
1 Id. d'obusier court. id. . id. . . .	2100
1 Caisson d'infanterie et de cavalerie.	2000
1 Forge de campagne	1650
1 Chariot de batterie	2050
1 Pièce de 12 liv. avec attelage et conducteurs.	5600
1 Id. sur affût.	1550

523. *Vue.* Avec une vue ordinaire et par un temps ordinaire, on peut à :

4,000 mètres, compter les fenêtres d'une fabrique.

2200 mètres, voir hommes et chevaux comme des points.

1200 » distinguer les chevaux.

800 » id. les mouvements des hommes.

700 » id. par moment la tête des épaules.

400 » id. très-bien la tête des hommes.

524. VENT. *Vitesse du vent.*

	par sec. métres.	par h. métres.		par sec. métres.	par h. métres.
A peine sensible,	0,5	1800	Très-fort ,	20.00	72,000
Sensible ,	1,0	3600	Tempête ,	22,50	81,000
Modéré ,	2,0	7200	Grande temp.,	27,00	97,200
Assez fort,	5,5	19,800	Ouragan ,	36,00	104,400
Fort,	10,0	56,000	Id. qui renv.se,	45,00	162,000

525. *Son.* Il parcourt 333m,61 par seconde dans l'air libre à 10 centigrades ou 8° de Réaumur. Cette vitesse augmente de 0m,60 par degré de température, ou diminue dans la même proportion. Il est donc facile d'évaluer à quelle distance on se trouve du tonnerre ou d'une pièce d'artillerie, en multipliant, par la quantité indiquée ci-dessus, le nombre de secondes écou‐ lées entre l'éclair et la détonation.

DE L'HYGIÈNE MILITAIRE.

(Cet article est dû à M. De Caisne , médecin de régiment au 4.e de ligne.)

L'hygiène militaire est cette partie de la médecine qui a pour but la conservation de la santé du soldat. Elle mérite d'autant plus de fixer l'attention, que la santé du soldat, jointe à une bonne discipline, fait la force d'une armée. C'est aux médecins militaires qu'incombe le soin de veiller constamment à ce que le soldat ne s'écarte pas des règles de l'hygiène ; mais pour arriver à ce but , toutes les fois que les circonstances l'exigeront il doit réclamer l'autorité des chefs de corps ; néanmoins , comme il est nécessaire que les officiers de tous grades en sachent les notions principales , nous allons faire connaître les préceptes les plus essentiels à l'entretien de la santé du soldat.

Du recrutement. Une bonne armée doit se composer d'hommes sains et vigoureux, capables de résister aux fatigues de la guerre. Les gouvernements doivent s'attacher à avoir de bons

soldats, et non un grand nombre parmi lesquels il s'en trouverait beaucoup d'impropres au service; c'est le moyen de s'en-
richir pendant la paix et de se couvrir de gloire en temps de
guerre. Il ne suffit pas de recruter des hommes vigoureux et
bien portants, il faut encore les prendre dans l'âge où ils ont
acquis toutes leurs forces. Cet âge, dans nos climats, est fixé
à 20 ans. Avant cette époque, le corps de l'homme n'a
pas acquis tout son dévelopement et assez de force pour supporter les fatigues.

Il convient donc d'écarter les hommes trop jeunes, ainsi que
ceux faibles de constitution, afin d'éviter l'encombrement des
hôpitaux en temps de guerre, et les nombreuses ressources en
temps de paix ; les réengagements peuvent se faire jusqu'à
45 ans.

Visite. Aux médecins militaires est réservée la tâche de consta-
ter l'état de santé des hommes appelés sous les armes et de ceux
qui s'engagent volontairement ; les malades sont immédiatement envoyés à l'hôpital, ceux trouvés impropres sont proposés pour la réforme.

Choix des soldats. La répartition des recrues dans les différents
corps doit être basée sur les professions, les localités, le genre
de vie et les habitudes. Il faut donc recruter la cavalerie,
l'artillerie légère et le train, parmi les hommes habitués à
soigner les chevaux. L'infanterie de ligne pourra être recrutée
parmi les paysans, les artisans et tous les hommes assez forts,
sans distinction de profession ou de pays. Pour l'infanterie
légère, on devra préférer les hommes fournis par les provinces
montagneuses dont les habitants sont naturellement chasseurs,
agiles et bons marcheurs. Quant à l'artillerie, on ne peut
mieux faire que de la choisir parmi les hommes qui travaillent
à des métiers pénibles et dans la classe des habitants des
bords des rivières ou de la mer; ces derniers conviennent
surtout au service des pontonniers. Enfin, c'est parmi les
carriers et les ouvriers des mines qu'il faut prendre les mi-
neurs.

Formation des régiments. Autant qu'il est possible, on doit
placer dans les mêmes corps, les recrues d'une même province.
Le soldat qui retrouve des camarades d'enfance, des hommes qui

parlent son patois et ont ses habitudes, s'attache facilement à son régiment. Au contraire, celui qui est placé au milieu de soldats d'une province éloignée de la sienne, entend un langage étranger au sien, ne forme pas de liaisons avec ses nouveaux camarades, il est triste, taciturne, déserte ou contracte la maladie du pays (*nostalgie*).

Tous les nouveaux soldats sont en général très-disposés à tomber malades. On doit attribuer cette cause au changement de nourriture et aux fatigues attachées à la profession des armes. Il est donc essentiel de ménager dans le commencement les nouvelles recrues.

DES ALIMENTS.

Pain. La base de la nourriture des soldats est le pain de munition. Celui-ci doit être fabriqué de farine de froment blanc ou rouge, non blutée, sans addition de son et sans mélange de seigle ou d'autres graines, ou de matières hétérogènes. La ration de pain est fixée à trois quarts de kilogramme ou 750 grammes par jour; nos soldats y joignent 100 à 120 grammes de pain blanc pour la soupe, ce qui porte la consommation effective à 870 grammes environ. Les pains doivent toujours être cuits au moins 24 heures avant la distribution. Si la cuisson n'est point complète, le pain devra toujours être refusé.

Le *biscuit* et le *pain biscuité* sont d'une grande ressource dans plusieurs circonstances, non-seulement parce qu'ils sont moins lourds à transporter, mais parce qu'on peut les conserver longtemps; on s'en sert principalement encore lorsqu'on manque des fours et des ustensiles de manutention.

Le *riz* et l'*orge* doivent toujours faire partie des approvisionnements d'une armée. Ils ne sont point susceptibles de subir la fermentation panaire et de former du pain, mais ces grains fournissent un très-bon aliment, et leur fécule, presque pure, les rend très-nutritifs. Le médecin doit surtout recommander l'usage du riz, lorsqu'une armée est campée vers l'automne, ou lorsque la diarrhée ou la dyssenterie commence à y régner. Les graines légumineuses, telles que *pois*, les *fèves*, les *haricots*, les légumes verts comme les *carottes*, les *navets*, les *choux*, sont une très-bonne nourriture supplémentaire, mais ne peuvent être en usage qu'en garnison ou dans les camps. La *pomme de terre*, à raison de son abondance, obtient la préférence ; aussi aujourd'hui entre-t-elle dans la nourriture de presque toutes les troupes de l'Europe. Selon MM. Fallot et Varlez, on ne devrait pas permettre que les soldats fissent la *ratatouille* avec l'eau qui a servi à cuire les pommes de terre ; il faudrait qu'on les laissât égouter, et qu'on y ajoutât de la nouvelle eau quand on les assaisonne : par ce moyen elles seraient plus saines et plus agréables au goût.

Viande. Après le pain, la viande est la nourriture la plus nécessaire à l'homme de guerre. La viande la plus nourrissante et la plus propre à faire de la bonne soupe, est celle de bœuf. Si celle-ci manque, on peut la remplacer par le mouton ou le porc frais, si l'usage ne doit pas en être prolongé. La ration est d'un quart de kilogramme. Elle suffit en garnison ; mais elle est trop légère pour des hommes en marche, et devrait être portée à 350 grammes. La meilleure manière d'employer la viande est d'en faire de la soupe. La viande fraîche est la seule dont les soldats fassent un usage régulier, en garnison et en campagne. Mais, dans quelques circonstances, on est obligé de leur distribuer du bœuf salé ou fumé, du porc salé, du poisson de mer desséché. Ces circonstances doivent fixer l'attention des officiers de santé qui doivent prévenir les affections scorbutiques par un supplément en boisson et l'usage des végétaux frais, s'il est possible. Comme il existe des exemples terribles du danger attaché à l'usage des viandes provenant d'animaux affectés de maladies, pour prévenir de tels accidents, il est urgent de faire examiner par un vétérinaire les bêtes destinées à la nourriture des troupes, avant qu'elles soient abattues. On doit veiller strictement à ce que l'on ne distribue pas aux soldats de la viande gâtée.

Le *sel* est le condiment généralement usité ; employé dans de justes proportions, il facilite la digestion. Il en est de même du poivre, du vinaigre, de l'oignon, de l'ail et des poireaux. En garnison, les soldats achètent ces assaisonnements ; en temps de guerre, ils reçoivent des magasins le sel et le vinaigre. La ration du premier est fixée à 16/100 de kilogramme, et celle du vinaigre à 1/25 de litre.

Les *ustensiles de cuisine*, pour l'armée en campagne, sont en fer-blanc, afin d'en rendre le transport plus facile. Ils consistent en une marmite d'une douzaine de litres, en une gamelle pour manger la ratatouille en commun, et en petites gamelles pour porter les vivres et manger séparément ; en outre d'un bidon pour l'eau, ou contenir les boissons de distribution. En garnison, la marmite est remplacée par une chaudière en fer, dans laquelle se fait l'ordinaire d'une ou deux compagnies. On doit veiller à entretenir tous ces ustensiles dans un état de propreté excessive, aussi bien en campagne qu'en garnison.

Repas. Les soldats font deux repas réglés par jour, le matin à dix heures et le soir à quatre heures. Au premier repas, ils ont la soupe et un morceau de bœuf bouilli ; au second, ils mangent la ratatouille. Il est nécessaire que le soldat ne fasse jamais de marche, ou de grandes manœuvres, sans avoir pris son premier repas, sinon en route il boit et s'enivre.

DES BOISSONS.

De l'eau. Cette boisson est la plus salutaire pour l'homme sain. Comme elle est indispensable au soldat, il est nécessaire qu'il en soit pourvu, et on ne peut trop recommander de la bien choisir. Toute eau, pour être potable, doit être fraîche, limpide, inodore, sans saveur désagréable ; elle doit dissoudre le savon, et cuire les légumes secs. L'eau qui ne réunit pas ces conditions indispensables doit être sévèrement proscrite aux soldats. Lorsqu'il s'agit d'établir un camp, des casernes, des forteresses, des hôpitaux, l'eau mérite une sérieuse attention, car elle a la plus grande influence sur la santé du soldat. L'eau qui coule sur le marbre, le plâtre, la craie, qui séjourne dans des tourbes, des bitumes, des mines ; celle des étangs et des marais ; celle dans laquelle on trempe le chanvre ou le lin, sont insalubres. Les eaux courantes des fleuves et des rivières, ou celles des puits, doivent toujours être préférées. Un moyen facile de s'assurer de la bonne qualité de l'eau dans un endroit où l'on se propose d'établir un camp, c'est de chercher si la constitution des habitants est forte et si la végétation est belle et bien nourrie. *(Marinus.)*

Si l'on est forcé de faire usage d'une eau malsaine, on diminuera ses dangers, en la faisant bouillir, et on la mélangera avec une certaine proportion de vinaigre, d'eau-de-vie ou de genièvre. Si elle est bourbeuse, ou contient des animalcules, il faut la filtrer à travers un linge. On doit recommander aux soldats de faire un usage très-modéré de l'eau pendant les marches, au retour des exercices, et lors des chaleurs de l'été ; le corps étant en transpiration, elle expose à des inflammations graves.

Lorsqu'une troupe est en marche, les chefs ne doivent jamais permettre aux militaires de se désaltérer en buvant des eaux stagnantes, la boisson qu'ils ont dans leur gourde pouvant facilement leur suffire.

La *bière* est une boisson nutritive propre à soutenir les forces et beaucoup plus salutaire que les boissons alcooliques. Les autorités dans les camps doivent veiller à ce que cette boisson soit de bonne qualité.

Le *genièvre*, pris en petite quantité pendant les temps froids et humides, comme dans les fortes chaleurs, pour diminuer l'excès de la transpiration, peut être utile et avantageux dans ces circonstances.

DES VÊTEMENTS.

L'*habillement* militaire doit être confectionné de manière à préserver du froid et de l'humidité, tout en laissant le plus de liberté possible aux mouvements du corps. Il doit être *aisé dans toutes ses parties*, c'est-à-dire que la respiration et la circulation ne soient nullement gênées. Il importe surtout que le collet de l'habit soit fait de manière à ne point serrer le cou. La mesure pour l'habillement de chaque homme doit être prise séparément. Le drap employé à la confection de l'habillement du soldat doit toujours être passé à l'eau avant de le couper. Faute de cette précaution, les habits se rétrécissent à la première pluie, et serrent les parties sur lesquelles ils sont adaptés. Le pantalon de toile blanche étant dans notre climat la cause de maladies, il devrait être supprimé. Les cols ne doivent pas être trop hauts, trop durs, ni trop serrés. Les souliers ou les brodequins doivent être faits sur deux formes; alors ils ne blessent point dans les longues marches. On doit se laver les pieds fréquemment, et les frotter avec du genièvre ou de l'eau-de-vie, ou bien les graisser, afin d'éviter les blessures dans les longues marches. Tout cavalier devrait porter un suspensoir, afin d'éviter le froissement des testicules et le développement des hernies.

SOINS DE PROPRETÉ.

Le moment le plus convenable pour faire baigner la troupe est le matin avant le repas. Jamais on ne doit faire baigner le soldat après le repas, l'exercice ou la marche. On doit empêcher que plusieurs soldats se lavent dans un même vase, ou se servent d'un même essuie-mains. On défendra strictement aux soldats de se mouiller la tête en se lavant. Les cheveux ne doivent jamais être coupés trop courts, en hiver surtout. On exigera que les fournitures de couchage soient exposées au grand air, et le plus souvent possible, dans les contrées humides. On doit punir sévèrement le soldat qui se laverait encore les yeux avec son urine. Enfin, on exigera que les femmes de compagnie lavent séparément chacun des effets du soldat.

DES LOGEMENTS.

Les *casernes* situées sur un terrain élevé, sec, accessible au vent et dans le voisinage d'une rivière, réunissent toutes les conditions. Les chambres ne doivent jamais être trop remplies et l'on ne doit jamais s'écarter des dispositions réglementaires existantes, relativement à l'espacement des lits. Chaque homme doit avoir au moins 5 toises cubes d'espace. Il faut faire renouveler l'air dans le courant du jour. On ne doit pas permettre que les soldats battent leurs habits dans les chambres, ni l'on ne peut tolérer qu'ils se couchent tout habillés sur leur lit. Le couchage à deux favorise la propagation de la gale.

Le *cachot* ne doit jamais être qu'une chambre, dans laquelle le détenu est renfermé seul. La *solitude* constitue une punition assez sévère, et l'insalubrité du local n'y ajoute rien comme punition.

Note. L'*air* contient en volume 21 parties d'oxigène et 79 d'azote, et à 0° pèse 1,299 kil. par mètre cube : celui-ci contient aussi des vapeurs dues à l'évaporation. Un homme absorbe par heure 31 litres d'oxigène ou 155 d'air atmosphérique, représentant 2 mètres cubes par 12 heures ; comme on ne peut absorber sans gêne pour la respiration , que le 1/4 de l'air contenu dans une pièce, il faut que celle-ci soit convenablement ventilée pour renouveler l'air absorbé. La ventilation sera calculée à raison de 1/10 de litre à l'entrée et à la sortie par seconde et par homme , ou 360 litres par heure, ou 8 mètres cubes par jour. Les *chambrées* auront de 3^m,50 à 4^m de hauteur et 16^m cubes de capacité par homme. Les *écuries* devront contenir 40 mètres cubes d'air par cheval. A une écurie simple de 6 mètres de large , chaque cheval occupant 1^m,50 , il faut une hauteur de 5 mètres.

Assainissement des bâtiments et écuries. Prenez un mélange de 50 grammes sel marin, 12 gr. oxide noir de manganèse , 25 grammes acide sulfurique concentré mêlé à 25 grammes d'eau. Fermez toutes les ouvertures et placez le mélange sur des charbons incandescents. Laissez agir les vapeurs pendant 12 heures, puis ouvrez tout pour les chasser. Cette proportion suffit pour un local contenant 40 hommes et une écurie de 20 chevaux.

EXERCICES , MANOEUVRES, MARCHES.

On ne doit jamais exercer ou manœuvrer sur un terrain sablonneux. Dans tous les cas, on ne doit jamais tenir la troupe au-delà de deux heures pour l'exercice , et de cinq pour les manœuvres. Il convient de varier les exercices des recrues , et de suspendre les manœuvres si le temps est excessivement chaud. On ne peut jamais frapper ni maltraiter les recrues , car elles se dégoutent de l'état militaire et désertent , ou contractent la maladie du pays *(nostalgie)*. En été , les exercices et les manœuvres doivent avoir lieu le matin, et celles-ci comme les marches doivent être réglées avec prudence. On se mettra en route au point du jour, afin d'arriver avant midi; en hiver, on attendra que le soleil soit un peu élevé au-dessus de l'horizon. Afin d'éviter la poussière, on ne marchera jamais en colonnes serrées. Si la troupe est obligée de marcher toute la journée ; il est nécessaire de faire deux grandes haltes. Si l'on ne peut arriver à destination avant midi , il faut faire la grande halte pendant le fort de la chaleur, et la faire à l'ombre , si c'est possible dans un bois. Dans les journées de marche, on doit faire une halte de cinq minutes toutes les heures, et l'on permettra aux soldats d'ôter leur col. Arrivés à la halte, les militaires ne s'exposeront point à la fraîcheur, et ne devront étancher leur soif qu'après quelques instants de repos.

DU CAMPEMENT ET DU BIVAC.

Le terrain le plus couvenable est une plaine sèche, bien découverte, un peu inclinée vers le midi ou l'orient, loin des marais ou des grandes forêts, et près d'une rivière.

Le voisinage d'une rivière est nécessaire pour fournir la boisson des hommes et celle des chevaux, ainsi que pour l'entretien de la propreté. On doit avoir soin d'indiquer d'avance : 1.º l'endroit où les soldats doivent puiser l'eau nécessaire à la boisson et à la préparation des aliments ; il faut toujours l'établir à la partie supérieure du cours de la rivière ; 2.º l'abreuvoir fixé au-dessous du premier ; 3.º et plus bas, l'endroit où l'on doit laver le linge ; 4.º enfin l'endroit où l'on peut se baigner ; 5.º la boucherie doit être établie à la partie inférieure de la rivière.

Dans les contrées marécageuses, il est très-utile d'allumer des grands feux pour empêcher la stagnation de l'air et dissiper son humidité. Les tentes préservent mal de la chaleur, du froid et de la pluie ; les baraques sont plus salubres. La paille à coucher doit être renouvelée au moins trois fois par mois. Les latrines doivent être situées au moins à mille pieds du camp, et tous les jours on fera recouvrir les matières fécales d'une couche de terre. Enfin les débris des animaux abattus doivent être enfouis tous les jours à une assez grande profondeur.

Dans les courtes nuits d'été, le bivac n'est pas très-nuisible, surtout s'il n'a lieu que pour quelques nuits ; mais il est fatal lorsque des nuits froides succèdent à des jours brûlants, et bien plus encore en automne et en hiver où se déclarent alors les diarrhées, la dyssenterie, le typhos, et les fièvres intermittentes.

FIN.

TABLE DES MATIÈRES.

N.º 12 Bassin, 13 Source, 15 Direction générale du cours
d'eau. 17 Profil du cours d'eau. 19 Bords. 20 Largeur. 21 Profondeur. 22. Thalweg. 24 Du courant et de la vitesse.
29 Cours d'eau à fond de gravier. 30 Cours d'eau à fond de
sable et de limon. 31 Les coudes. 32 Des crues et des inondations. 39 Du déboisement des hauteurs. 40 Embouchure,
confluents, affluents. 43 Amont, aval. 44 Navigation. 50 Des
rives. 51 Des glaces et débàcles. 53 Passage des cours d'eau.
54 Des ponts. 56 Passage sur les ponts militaires. 57 Petits
ponts sur ruisseaux et fossés. 58 Destruction des ponts.
59 Gués. 63 Passage à gué. 65 Du passage en bateaux. 66 Du
bac. 67 Passage sur radeaux. 71 Passage à la nage. 74 Empêchements placés au cours de la rivière. 75 Des épis. 76 Des
barrages. 78 Petites rivières et ruisseaux. 79 Gros ruisseaux.
80 Petits ruisseaux.

106 Mont, montagne. 107 Pic. 108 Aiguille. 109 Plateau
110 Chaîne principale. 111 Chaînon, chaîne secondaire.
112 Contre-fort. 113 Rameaux. 114 Renflement. 115 Appendice. 116 Colline. 117 Coteau. 118 Mamelons. 119 Arête.

Signes Conventionnels.

Grande Route
privée.

Route de Poste,
ferrée.

Route encaissée.

Chaussée.

Chemin de Communi-
-cation.

Chemins Vicinaux.

Lignes de Limites et de Divisions.

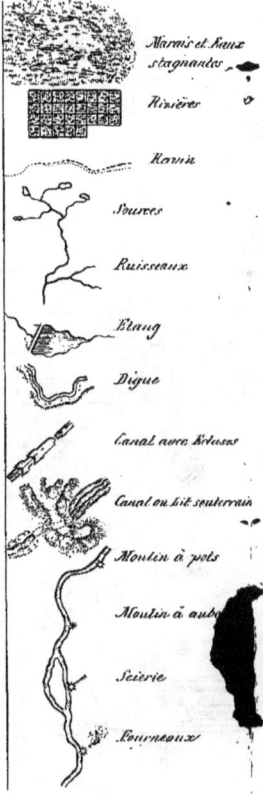

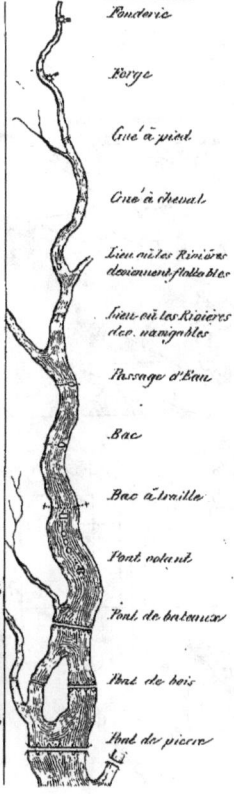

+++++++++ Royaumes.

—·—·—·— Divisions Militaires.

—··—··— Provinces.

——————— Duchés Principautés.

——————— Arrondissemens.

·············· Communes ou hameaux.

Marais et Eaux
stagnantes.

Rivières.

Ravin.

Sources.

Ruisseaux.

Etang.

Digue.

Canal avec Écluses.

Canal ou Lit souterrain.

Moulin à pots.

Moulin à aube.

Scierie.

Fourneaux.

Fonderie.

Forge.

Gué à pied.

Gué à cheval.

Lieu où les Rivières
deviennent flottables.

Lieu où les Rivières
deviennent navigables.

Passage d'Eau.

Bac.

Bac à traille.

Pont volant.

Pont de bateaux.

Pont de bois.

Pont de pierre.

FORÊT
et
Bois de Chênes.

FORÊT
et
Bois de Sapins.

Vergers.

Vignes.

Landes.

Prés.

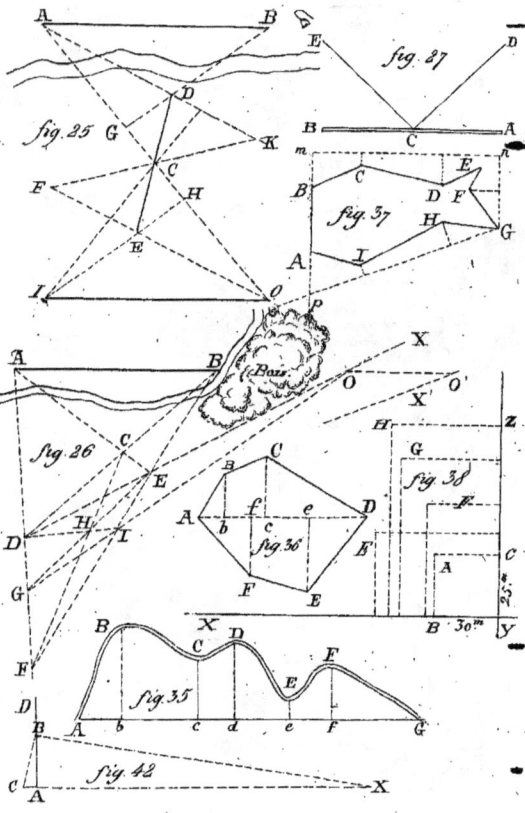

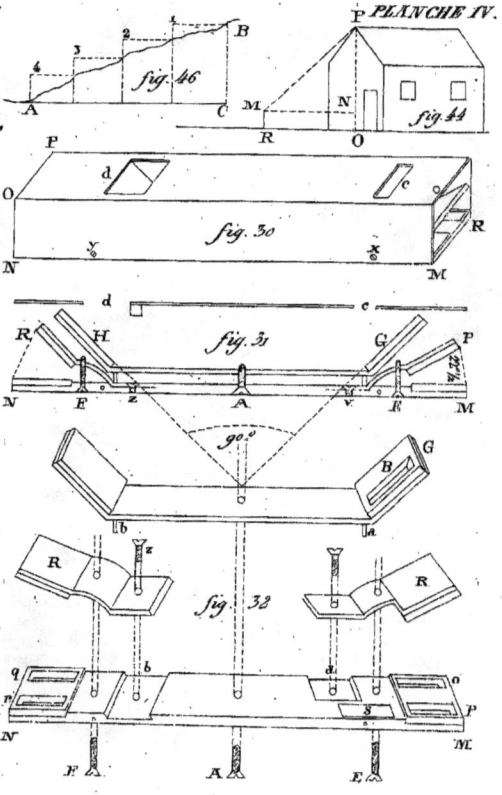

fig. 27

fig. 25

fig. 26

fig. 35

fig. 42

fig. 37

fig. 36

fig. 38

fig. 46

fig. 44

fig. 30

fig. 31

fig. 32

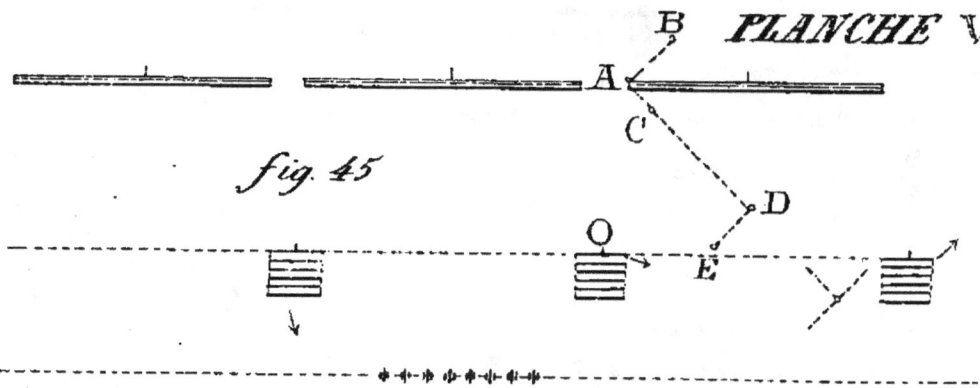

fig. 45

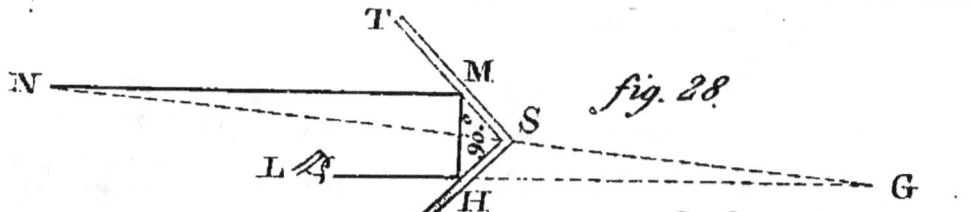

fig. 28

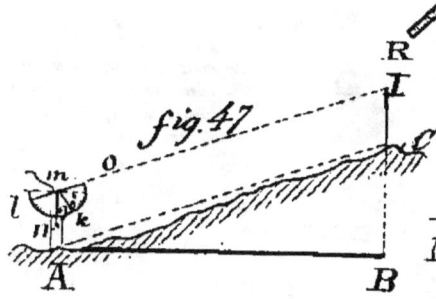

fig. 47

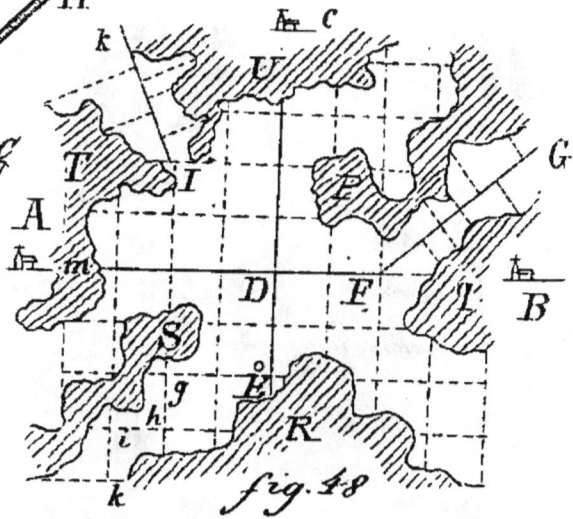

fig. 48

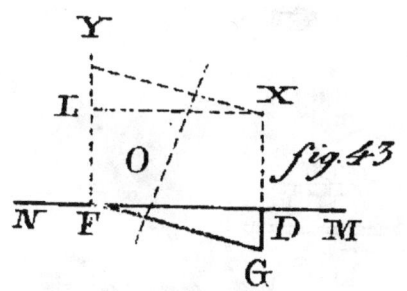

fig. 43

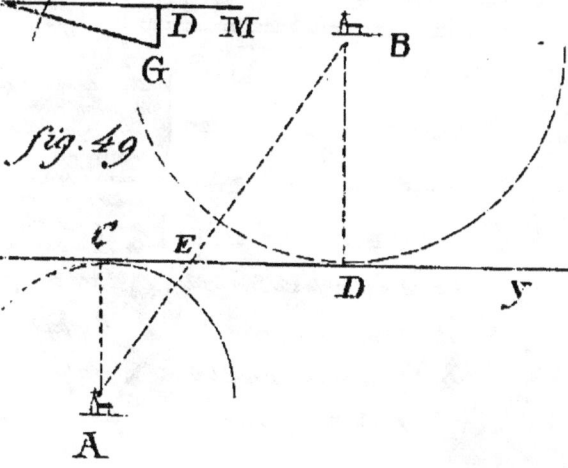

fig. 49

Signes Conventionnels.

		au $\frac{1}{10,000}$	au $\frac{1}{20,000}$	

Infanterie par Bataillon.

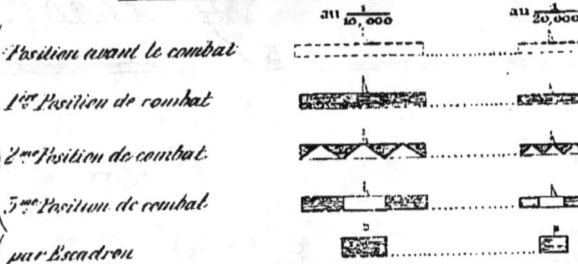

Position avant le combat — *Sans Teinte*

1re Position de combat — *Teintée*

2me Position de combat — *Teinter les triangles supérieurs seulement.*

3me Position de combat — *Teinter les deux cases extrèmes du parallélogramme.*

Cavalerie.

par Escadron

par Régiment de 5 Escadrons
(On figurera autant de Guidons qu'il y a d'Escadrons dans chaque Régiment.)
— *On distinguera les diverses positions par les mèmes signes et les mèmes teintes que pour l'infanterie.*

Artillerie par Batterie.

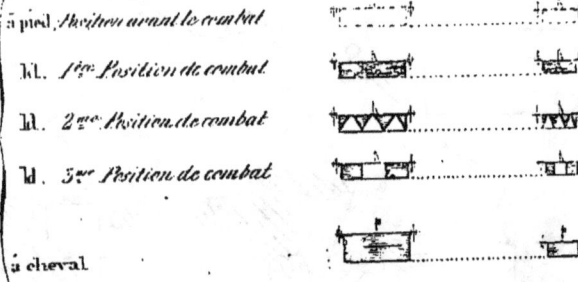

à pied. Position avant le combat

Id. 1re Position de combat

Id. 2me Position de combat
— *On distinguera les diverses positions en coloriant ces signes de la mème manière que ceux de l'infanterie.*

Id. 3me Position de combat

à cheval
— *On modifiera ces signes de la mème manière que ceux de l'artillerie à pied dans les diverses positions*

Colonnes en Marche.

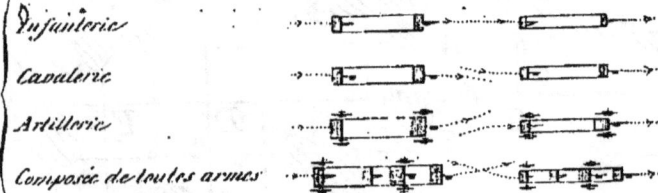

Infanterie

Cavalerie

Artillerie

Composée de toutes armes

Parc d'Artillerie

Parc Charrois

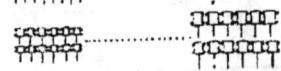

Campement

Position avant le combat

1re Position de combat

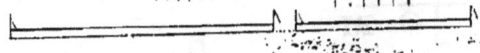

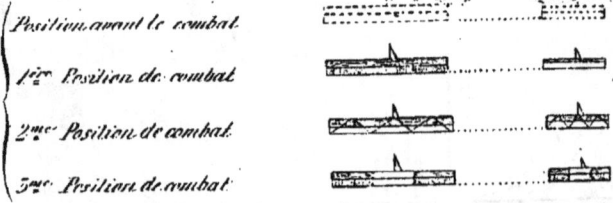

2me Position de combat
— *Dans la moitié supérieure du parallélogramme, les parties qui doivent être teintes, le seront avec la couleur affectée à l'armée principale, et dans la moitié inférieure, on employera pour ces parties, la couleur de la nation auxiliaire.*

3me Position de combat

Légende d'État major page 50.

Troupes d'une mème nation. servant concurremment dans chacune des 2 armées.

Grand-garde d'Infanterie

Grand-garde de Cavalerie

Avant-poste d'Infanterie

Avant-poste de Cavalerie

Quartier Général

Administration militaire

Parc d'Artillerie

Parc des Vivres

Combat

Bataille gagnée

Bataille perdue.

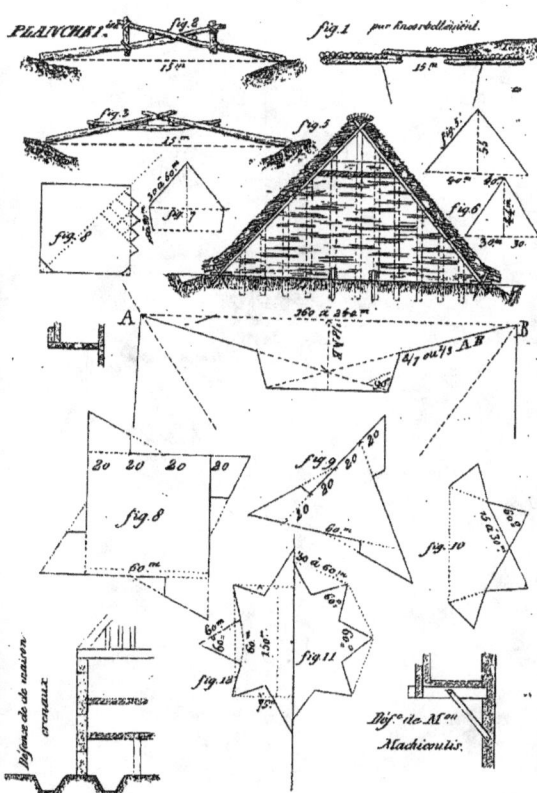

PLANCHE 1.

fig. 2 · fig. 1 *par knosrbellyricul.*

fig. 3 · fig. 5 · fig. 6 · fig. 7 · fig. 8

A · B · fig. 9 · fig. 10 · fig. 11 · fig. 18

20 20 20 20 · 20 20

fig. 8 · 60ᵐ

Défense de ce nouvecu créneau

Réf.ᵗᵉ de Mᵒⁿ Machicoulis.

ITINERAIRE du bourg A à la ville E.

Observat.ⁿˢ générales.	Signes conventionnels.	Observat.ⁿˢ particulieres.
&cc.	&cc.	&cc.
	B ○ Village	peut loger un bataillon.
	+0,12	Rivière guéable.
		Pont solide; on y passe sur dix de front.
La route de A à B est bonne partout, excepté vers le petit pont, où elle a de grandes ornières qui doivent être comblées pour le passage de l'artillerie.	−0,25 Village D à 1000 pas. +croix +0,15 hameau	Montée où il faut doubler les attelages. On découvre du haut une grande étendue de pays.
	0,35	
La distance est de 4ʰ 47ᵐ Savoir:	1,45	Ruisseau marécageux.
Plaine........ 3ʰ 15ᵐ		
Montée........ 52ᵐ	−0,15	
Descente........ 40ᵐ		Chemin conduisant à la ville C, il est praticable aux petites charrettes.
Total........ 4ʰ 47ᵐ	C 0,25	
	+0,25	
fig. 4.	1,10	Peut loger deux régimens, entouré de vieilles murailles.
	A ◎ Bourg.	

Grande tête de Pont de Rognat

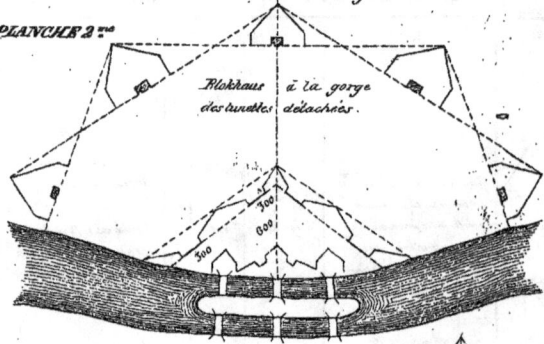

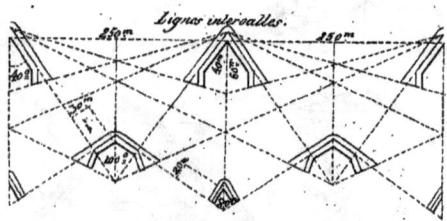

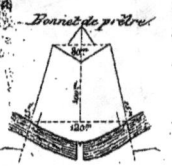

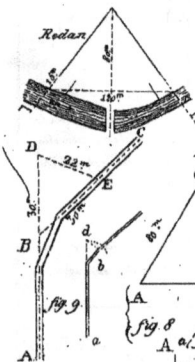

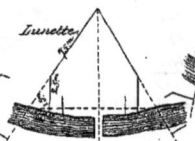

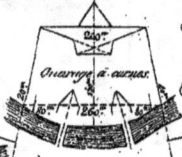

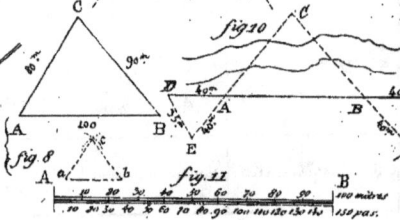

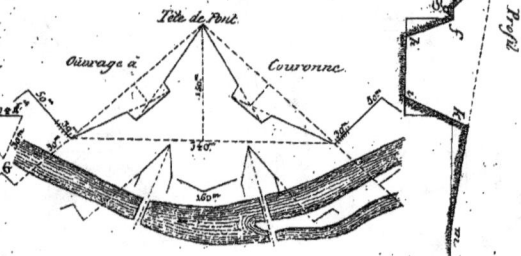

PLANCHE 2me

Blokhaus à la gorge des lunettes détachées.

Lignes intervalles.

Système Rognat.

Défense de maison. Palanques rondes.

Bonnet de prêtre.

Redan

Lunette.

Ouvrage à cornes.

Tête de Pont.

Ouvrage à Couronne.

fig 8

fig 9

fig 10

fig 11

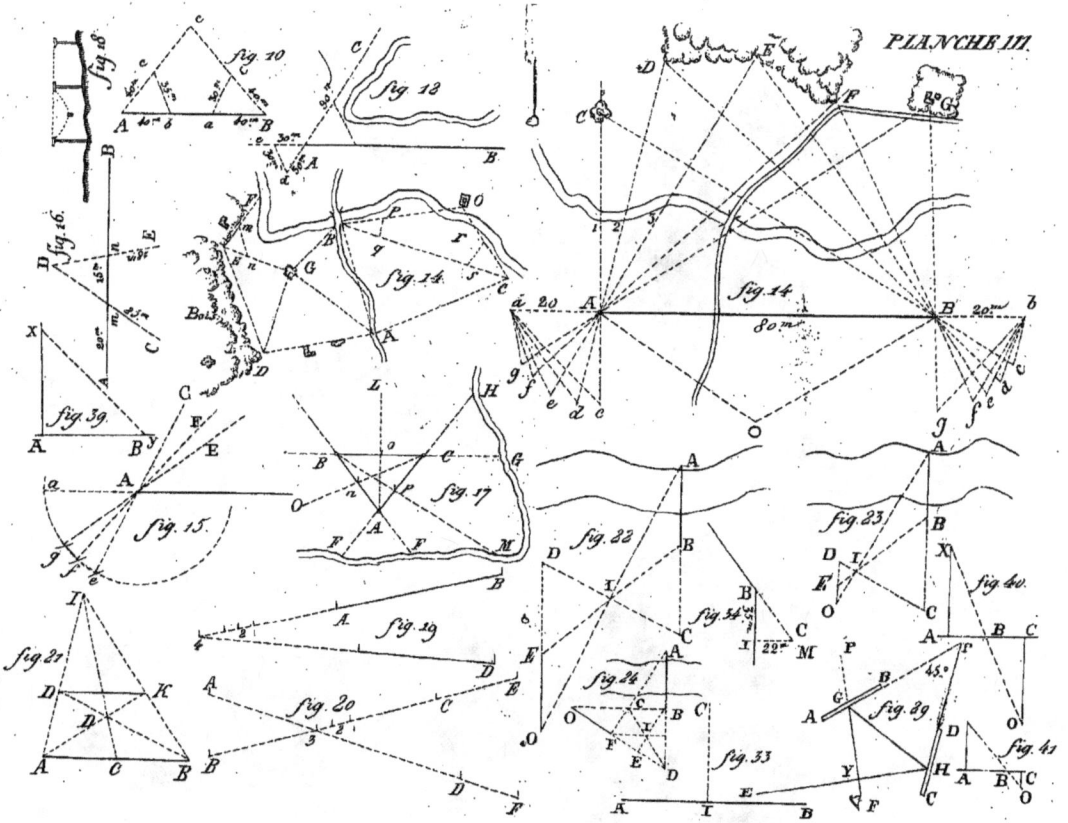

PLANCHE III.

fig. 18 &c. fig. 10 fig. 12 fig. 14 fig. 16 fig. 39 fig. 15 fig. 17 fig. 22 fig. 23 fig. 40 fig. 19 fig. 20 fig. 27 fig. 29 fig. 33 fig. 34 fig. 24 fig. 41

www.ingramcontent.com/pod-product-compliance
Lightning Source LLC
Chambersburg PA
CBHW050457270326
41927CB00009B/1790